KB264861

정토불교의 선구자 덕진스님

불국토의 새벽을 여는 사람

한 정 섭 편저

⬆ 미얀마 종교성 內
카바에 파고다에서 불사리 친견(2001.1)

⬆ 정토사 삼천불전 석가모니불 가섭 아난상

⬆ 故 최한형 회장님

1993년 11월 타종식에 함께 하신
청하 큰스님과 서정만 신도회장님

정토사 지장전 內

정토사 4사자 삼층 석탑

정토사 전경(정면 삼천불전)

🔴 덕진 스님 포교대상 공로상
　수상기념
　(2000.12.19 서울 조계사)

🔴 주지스님, 포교대상 수상

🔴 정토불교대학 제6기(주 · 야간) 졸업기념, 도법 스님 초청 설법회

🔺 정토사 경로 법회

🔺 정토거사회 창립 총회

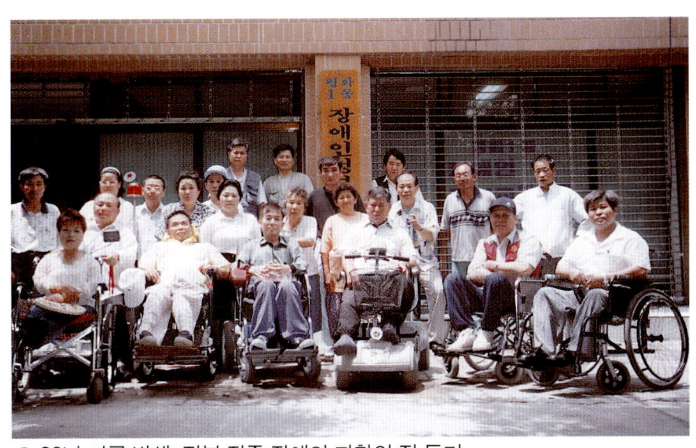
🔺 99년 여름 방생, 전북 전주 장애인 자활의 집 돕기

🔴 부처님 오신날

🔴 부처님 오신날

🔴 〈지혜문 행복문〉 출판 기념회

🔴 〈두번째 화살을 맞지 말라〉 출판 기념회

⬆ 송년법회(1999. 12. 31)

⬆ 경로잔치(2000. 4)

⬆ 정토사 창건 11주년
기념 국악제

○ 통도사 자장암 교육생 지도 중에
   시를 적는 모습

○ 정토사 1층 정토회관 입구에서 본 모습
   2층 사무실 · 승방, 3층 삼천불전

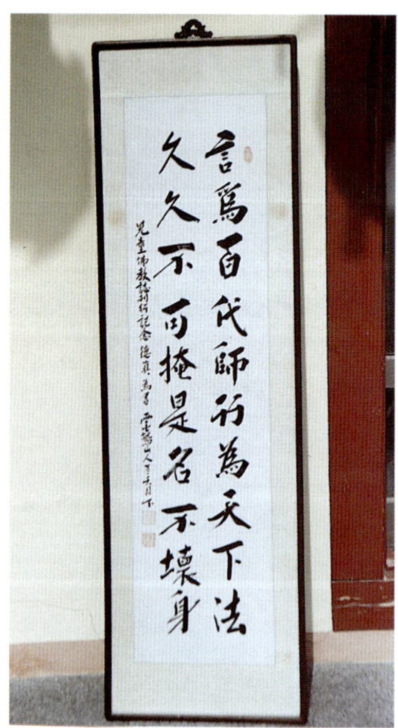

○ 월하(月下) 前 종정 스님 친필
   (1982년 아동불교 간행 기념)

○ 창건12주년 포교기금마련 도예전
   덕진휘호분청자기

정토불교의 선구자 덕진스님

불국토의 새벽을 여는 사람

한정섭 편저

우리출판사

덕진 스님은 2000년 대한불교 조계종에서 제정한 포교대상 공로상을 받은 유능한 포교사다. 어린이 포교는 물론 청소년, 군·경찰, 교도소 포교를 교육 문서를 통해 하기도 하고 복지 불사를 통하여 하기도 하여, 무엇이든지 인연만 닿으면 부처님의 자비를 몸소 실천하므로써 못쓸 것을 쓰게 만들고, 죽게 된 것을 살려내는 재주를 가지고 있는 분이다.

일찍이 불보종찰 통도사에 출가하여 금화사, 보명사 주지를 역임하고 지금은 울산 정토사를 창건, 주지직을 맡고 있으며 대한불교 어린이지도자연합회 회장을 겸하고 있다.

그 동안 불교의 의식를 개혁코자 〈한글불경요집〉을 만들고 〈불교천자문〉을 편찬하였다. 그리고 평소 포교 경험담을 쓴 〈두 번째 화살을 맞지 말라〉와 〈지혜의 문 행복의 문〉을 출간하였으며, 구도 시집 〈연꽃처럼 햇살처럼〉을 내어 많은 사람들의 공감을 얻었다.

누구나 도를 닦고 불사를 하고 포교를 하고 싶은 사람은 이 글을 보고 본을 받기 바란다. 이 시대, 어려운 여건 속에서 이만한 일을 해내기란 참으로 어려운 것이다. 부처님께서 '세상에 사람으로 태어나 불법 만나기 어렵고 불법을 만나서도 건강하고 바른 법을 얻고 깨닫기 어려우며, 바른 법을 믿고 깨달은 뒤에 중생을 위해 헌신 봉사하기 어렵다' 하였는데, 덕진 스님은 이 일곱 가지 어려움을 모두 성취한 법왕자(法王子)이다. 이 시대의 진정한 보살이요, 선지식이니 모두 함께 잘 받들고 그 분이 하는 일을 더욱 잘 될 수 있도록 보살펴 주시기 바란다.

이번에 금강선원 한정섭 법사님께서 그의 이력을 낱낱이 정리하여 출판하게 되었으니, 우리 불교계로는 훌륭한 귀감서가 나타나게 되었다 생각하고 감히 경찬사를 쓴다.

불기 2545년 부처님 오신날
대한불교 조계종 총무원장　정 대

　세상에는 뼈저린 가난과 혹독한 고통 속에 인생을 자포자기한 사람들이 적지 않다. 그런데 그 가난과 고통 속에서도 끝까지 물러서지 않고 정진하다가 마침내 건강을 회복하고 큰 불사를 성취한 사람이 있으니 이 사람이야말로 인간의 승리자다.

　나는 오랜기간 울산 정토사 덕진 스님께서 살아오신 길을 눈여겨보며 절망과 고통 속에 살아가는 모든 사람들의 길잡이가 될 수 있다 생각하여 믿고 따랐다. 과연 스님께서는 한 발짝도 허튼 걸음없이 인생의 참된 길을 걸어왔으며, 철저한 구도자로서 보살행을 실천하고 있다. 그래서 나는 그 분이 걸어오신 길을 털끝만큼도 가감(加減)하지 않고 대중 앞에 공개하기로 마음먹고 이 글을 썼다.

　세상은 무상하다. 무상하기 때문에 가난한 사람이 부자가 될 수 있고 허약한 사람이 건강해 질 수 있다. 누구나 건강해지고 싶고 부자가 되고 싶거든 덕진 스님을 보라. 자기 것이란 손톱만큼도 가진 것이 없으나 늘 세상을 풍요롭게 살고 권속 또한 하나 없어도 아들 딸 손자들이 강당에 가득하다.

　인생은 마음먹기에 달렸다. 나, 내것만 가지고 몸부림치는 사람이 있는가 하면 우리와 세계를 위하여 통째로 바쳐도 아까운 것이 없는 사람이 있고, 살아서 간을 이식해 주고 신장을 떼어주는 사람이 있는가 하면, 죽은 뒤에 시체까지도 시험용으로 보시해 버리는 사람도 있다.

그러나 〈금강경〉에 아침에도 갠지스강의 모래알 숫자와 같은 몸을 보시하고 낮에도 그렇게 하고, 저녁 때도 그렇게 하여 세세생생 끝없는 세월을 보시할지라도 한 생각 깨달아 무상(無相)을 얻는 사람만 못하다 하였다. 눈에 보이는 것보다도 눈에 보이지 않는 진리가 더욱 소중하기 때문이다.

연약한 몸으로 밤잠도 제대로 자지 않고 구도와 전법을 위해 희생하시는 덕진 스님. 그 분이야말로 이 시대의 보살이요, 부처이니 우리 다함께 그 분이 하는 일을 본받아서 이 세상을 불국정토로 만들도록 노력하자.

불기 2545년 3월 20일
편저자 한정섭 씀

불교는 큰 바다와 같아서 온갖 만물의 진리와 현상이 모두 들어 있습니다. 이 불교를 알아서 한 분야의 수행이라도 잘하면 금생에 지혜와 안락을 이루고, 보통 사람이 성인의 경지로 가게되는 무한 보배입니다.

소승은 이러한 불교를 믿고 의지하고 있으며 불법대로 살려고 노력은 하지만 아직 덕망도 지혜도 미천합니다. 그러기에 소승같이 미천한 사람의 이력을 드러낸다는 것은 심히 부끄럽고 송구스럽습니다. 그런데 한정섭 법사님께서 저의 이야기를 기록하여 책으로 출판한다는 말을 듣고 더욱 송구스럽게 생각되었습니다.

그러나 내용을 살펴보니 개인에 대한 화제만이 아니고 모든 수행자가 기본적으로 익혀야 할 승가대학 기본 과목인 초발심자경문과 치문, 사집(四集), 그리고 팔만대경장의 중요 부분인 사교(四敎), 즉 능엄경과 금강경, 기신론, 원각경 등을 수록하고 큰 스님들의 설법까지 사이사이에 넣어 정리·소개하였으므로 만인이 읽어서 수행과 삶에 양식이 되리라 생각됩니다.

소승은 병고(病苦)를 이기고 불은(佛恩)에 감사드리며 바른 원(願)으로 포교와 불사(佛事)를 하면 된다는 신념으로 열심히 일을 하다보니 좋은 인연이 모이고, 포교의 성과도 조금 있어서 보람 속에 힘겨움도 견디고 살아가고 있습니다.

소승의 이와 같은 점을 한정섭 법사님께서 좋게 보시어 책으로 엮어 주신 것입니다.

물질주의와 편의주의에 빠진 현세의 한국인을 바른 심성으로 이끌어 인격 도야와 지혜로운 삶으로 살아가도록 하기 위해 전국 경향 각처에서 명쾌한 설법을 하시면서 최상의 포교에 여념이 없으신 한정섭 법사님께서 저의 수행포교의 이력을 차근히 정돈하여 엮어주시니 진심으로 감사 드립니다.

또한 이것은 저에게 수행과 포교에 한층 더 정진하라는 채찍과 격려로 생각하고 감내 하겠습니다.

아무쪼록 독자 여러분께서는 본 서적과 한 법사님의 많은 저서들을 읽고 무명에서 벗어나 자비 · 지혜 · 광명 속에서 안락과 해탈을 얻으시기 기원합니다.

정토사 수효재에서

덕 진 씀

▣ 차례 ▣

제9편 | 국제불교순례(國際佛敎巡禮)

제10편 | 기 타

어려웠던 세속 생활

스님의 시 가운데 '다섯 인연' 이란 시가 있다.

억겁(億劫)의 윤회(輪廻) 속에
한순간 내 영혼이
아버님의 정기(精氣)와
어머님의 온상에 싹이 터서
인간 밭에 심어졌다.

할아버지는 현수(鉉洙)라는
이름을 지으시고
스승님은 덕진(德眞)이란
법명을(法名) 내려 주시니
다섯 인연

수많은 인연 속에 성장하고
만물과 더불어
사는 존재가 되었다.

다섯 인연을 비롯하여
모든 이의 은혜에 감사한다.
〈연꽃처럼 햇살처럼〉에서

하나의 영혼이 아버지의 정기와 어머니의 밭에 떨어져 인간으로 태어나 '현수'라는 이름을 가지고 수많은 인연 속에 살아 나가는 스님의 모습을 간략히 줄여 쓴 것이다. 8살 손위 누나가 밥 짓고 빨래하고 가정일과 농사일을 거들 때는 어머니가 병석에 누워 계셨어도 평온하였다.

그런데 현수가 초등학교 4학년 때 누님이 시집가고 나니 혼자서 물긷고 밥하고 아버지, 어머니, 세 동생의 빨래까지도 감당해야 하니 너무 힘에 겨웠다.

"세상이 이렇게 살기 힘들어서야 어떻게 살 수 있겠는가."

어린 나이에 이렇게 생각하면서, 어머님의 병환을 원망하기도 하였다.

"어찌하여 어머니는 허구한날 누워서 아프다고만 하시는가. 병 없는 세상은 없는가?"

이렇게 생각할 때마다 시집간 누나가 불현듯 생각났다. 현수는 밥솥에 불을 지피다 말고 땅바닥을 그으며 노래했다.

누님이 시집가던 날
"신부 출(出) ……, 신랑 재배(再拜) ……."
신기하게 시종 지켜보면서 떡국도 맛있고
손님들도 반가웠다.

삼일 후 누님을 시댁에 모셔두고
오는데 흰 눈발이 날리고,
누님과의 이별이 아주 이별은 아니라고
혼자 생각으로 다지고 다져보지만,
눈물은 체면없이 왜 그리도 흐르는지,
허전한 마음에 자꾸만 울음이 나왔다.
열두 살의 나
이별이 정말 슬픔을 실감했다.

〈연꽃처럼 햇살처럼〉에서

이별의 슬픔

살아서 이별도 슬프다 하는데 죽어서의 이별은 정말로 표현할
수 없다. 이것은 당해본 사람들만이 알 수 있는 일이다. 현수 나
이 21살 때 겨울, 갑자기 누나가 쓰러졌다는 소식이 왔다. 떡방아
간에서 떡을 하다 이 소식을 들은 현수는 떡 하던 것도 팽개치고
매형 집으로 달려갔다.

급히 택시를 불러 진주까지 달려갔으나 응급실이 없다, 다른
병원으로 가라 하였다. 비포장도로를 2시간이나 덜컹거리고 왔
는데 응급실이 없다고 다른 병원으로 가라고 하니 참으로 난감
한 일이었다. 그래서 사방으로 수소문하여 또 다른 병원에 이르
니 초저녁인데도 의사 선생님이 퇴근하고 없었다. 가까스로 돌
고 돌다가 네 번째 병원에 가니 응급진찰을 하신 의사 선생님께
서 고개를 저으며 "회생이 불가능하다"고 말했다. 이 말을 들은

매형은 그 자리에 주저앉아 통곡을 하였다.

무슨 일이고 어려운 일이 있을 때마다 어머니처럼 의논하고 사랑했던 누나가 이제 다시 말 한 마디 할 수 없는 처지에 놓인 것을 생각하니 가슴이 꽉 막히고 숨도 제대로 나오지 않았다.

가까스로 정신을 차려 택시 운전사에게 "다시 싣고 집으로 가자"고 하니 "죽은 사람은 영구차로 모셔야지 택시로 갈 수 없다"고 했다. 담배도 사주고 요금을 두배로 준다고 하여도 법을 어기면 처벌을 받는다고 반대하였다. 추운 날씨에 땅에 엎드려 빌면서 사정하니 택시 운전사가 어쩔 수 없었던지 누님을 들어 차에 싣고 되돌아 왔다.

누나는 차 안에서 몇 번이고 숨을 거두려 하였다. 현수는 숨이 곧 끊어지려는 누나를 무릎 위에 올려놓은 채 수액 주사병을 들고 인공호흡을 시켰다. 그러나 누나는 집에 도착하기도 전에 숨을 거두고 말았다.

힘겨운 인생, 인생이 이런 것인가 생각하니 기가 막혔다. 하필이면 그 날이 섣달 그믐날이라 한 해를 넘기면 안된다 하여 하루만에 친지 몇 사람이 모여 건너편 산 언덕에 묘지를 쓰니, 오늘 살았던 사람이 하루만에 일토배가 되고 말았다.

결혼하여 10년만에 자그만치 자녀들을 5남매나 낳아놓고 누님 홀로 세상을 떠나니 매형은 어찌할 바를 몰랐다. 엄마보다도 더 아끼고 사랑하던 누나, 그 누나를 생각하면 죽어도 잊을 수 없어 현수는 그 훗날 스님이 되어 '누님' 이란 시를 짓는다.

엄마보다 저를 더 아끼고 사랑하셨지요
투정도 감싸시고 힘겨움도 마다 않고
보채는 요청마다 해결해 주셨지요
모내기 추수기엔 한머슴 역할까지
눈보라 비바람엔 업고서 학교까지
그렇게도 깊은 정 받으면서도
인정도 사정도 모르던 제가…….

오늘 누님의 딸을 보며
당신 외손자의 재롱을 보며
어쩌다 비명으로 기약없이 가시던 순간을
목메인 눈물로 새삼 새겨요.

가족 사랑 이웃 인정 아낌없이 주셨지요
어려움 속에 몸부림 치면서도
삶의 멍에가 무겁다고는
한 말씀도 아니 하셨지요
님은 가서도 싹은 남아
결실이 알알이 영글었습니다.

님이시여! 깊은 정 넓은 가슴으로
비운의 사연일랑은 잊으소서, 놓으소서
잊고서는 그렇게 잊었다는 생각조차 없을 때
최상의 안락과 영원한 생을 누리오리다.

〈두 번째 화살을 맞지 말라〉에서

운명 속에 깊은 사색이

누님이 돌아가신 날부터 어머님은 매일같이 한숨을 쉬고 눈물을 흘리시며 딸을 잃은 비탄에 잠기셨다. 그 모습을 볼 때마다 현수의 가슴도 터질 듯이 아팠지만 그래도 어머니를 위로하며 억지로 참았다.

"어머니 건강하셔야지요. 이렇게 죽을 수는 없습니다. 어떻게든 살아야 합니다. 어머니!"

그러면서도 현수는 종종 이런 생각을 해 보았다.

"과연 장가가고 부인과 함께 자식을 낳고 산다고 해서 진정 행복해 질 수 있을까. 우리 누나처럼 젊어서 죽거나, 우리 어머니처럼 병고 속에 허덕이면서 자식 잃은 슬픔을 당하지 않는다는 보장이 없지 않는가?'

매형은 재혼했지만 자녀 두 명은 다른 가정에 입양시켜야 했고 몇 달도 안 되어서 재혼한 여인마저 떠나버렸다.

이처럼 매형 가정의 참담한 모습을 보면서 '사람의 운명과 길흉화복은 도대체 어디에서 오는 것일까, 어떻게 살아야 잘 사는 것이며 고통과 근심, 뜻밖의 불행을 당하지 않을 것인가? 하는 고민에 빠지고 사색에 몰두했지만 시원한 답이 나오지 않았다. 해답을 제시해 주는 세상 사람도 없었다.

그러나 집안의 어려운 살림살이 때문에 어머님 말씀대로 '되(升)글 배워 말(斗)글로 써야지' 하며 냉동 기술도 배워보고 시계 기술도 익혀보고, 병원에 취직도 해보고 고향에 다시 돌아와 가축도 길러보았다. 그러나 한 가지도 제대로 되는 일이 없었다.

　그런데 어느 날 엎친 데 덮친 격으로 갑자기 위가 나빠져 무엇을 먹어도 소화가 잘 되지 않고 먹으면 그냥 넘어왔다. 병원에 가서 X-레이 촬영을 하고 혈액, 대소변을 검사했는데도 별 이상이 없다고 하였다. 의사 선생님께서는 "몸에 큰 이상이 없으니 집에서 잘 먹고 적당히 운동하면 병이 나을 것이다"하며 정신력을 기르는 것이 최상의 약이라고 말씀하신다.

　급기야 군대에 들어갈 나이가 되어 신체검사를 받았으나 몸이 니무 쇠약해 체중 미달로 병역 면죄를 받았다. 어언 회갑이 다 되신 어머니는 동분서주 아들을 위해 좋다는 것은 무엇이고 다 하였다. 약은 말할 것도 없고, 점을 쳐서 굿을 하기도 하고 밥을 해서 버리기도 하여 안타깝기 그지 없었다. 시집간 딸도 잃고 큰아들까지 사람 구실을 하지 못할 것 같다고 근심 걱정이 태산 같았다. 차라리 그만 놓아두면 마음이라도 편할텐데 어머니까지 걱정을 시키니 현수의 마음이 더더욱 편안할 수 없었다.

　'어떻게 살 것인가.'

　약을 먹어도 낫지 않고 굿을 해도 효과가 없고 '차라리 죽는 것이 낫지 않을까' 도 생각해 보았지만 '어머님 앞에서 목숨을 끊어서는 절대로 안 된다' 는 생각이 들었다. 그래서 몇 번이고 자살을 기도했다가 중도에 그만 두고 말았다.

　이렇게 고민하고 있던 차에 어떤 분이 와서 어머니께 권했다.

　"절에 가서 휴양을 시켜보세요."

　현수 자신도 몇 번이고 그런 생각을 해보았으나 가정 형편이 어려워 차마 말을 하지 못했던 것이다. 그런데 현수 대신 말을 해주고 있었다.

"차라리 아무 것도 보지 않고 듣지 않으면 병이 나을런지도 모릅니다."

그 말만 들어도 속이 시원하였다. 이로 인해 어머니는 현수와 의논하였다.

"너 절에 가서 있어 볼래?"

"좋습니다, 어머니."

그래서 현수는 사천 어느 암자에 가서 머물게 되었다. 아침 저녁으로 스님을 따라 예불도 드리고 불경을 읽으면서 새로운 것을 깨닫게 되었다.

'모든 것은 마음이 짓는다.'

'자신이 지은 인과는 피하지 못한다.'

'마음을 닦으면 부처가 된다.'

불경을 들으니 남을 평계하던 마음이 없어졌다. 또 스님들께서 살아가시는 모습을 보고 출가 승려로 지내면서 부처님 법 따라 살면 내가 고뇌했던 것들이 풀릴 수도 있겠다는 생각도 넌지시 들었다. 세속 사람들은 명예와 재산, 가족에 대한 애착 때문에 온갖 고통을 겪고 있다는 것을 깨달을 수 있었기 때문이다.

'이러한 욕심만 없어지면 마음이 편하지 않을까?

그러나 청춘이 아깝다는 생각 때문에 단호하게 털고 쉽사리 일어설 수 없었다. 비록 당장 출가는 하지 못한다 하더라도 아침 저녁 예불을 모시는 일이 크게 위안이 되었다.

아침 저녁 예불문

아침에는 다기(茶器)를 올리고 다게(茶偈)를 하였고, 저녁에는
향을 피우고 오분향례(五分香禮)를 하였다.

아금청정수(我今淸淨水)
변위감로다(變爲甘露茶)
봉헌삼보전(奉獻三寶前)
원수애납수(願垂哀納受)

맑은 물을 떠다 올리고 이러한 게송을 읊으면 정말로 맑은 물
이 감로수로 변해지는 것 같았고, 부처님이 드신 물을 마시면 그
속에 부처님의 가피(加被)가 들어있어 병이 나을 것 같이 생각되
었다.

그리고 일곱 번 절을 하며 낱낱이 새겨보았다.

① 지심귀명례 삼계도사 사생자부 시아본사 석가모니불

  (至心歸命禮 三界導師 四生慈父 是我本師 釋迦牟尼佛)

② 지심귀명례 시방삼세 제망찰해 상주일체 불타야중

  (至心歸命禮 十方三世 帝網刹海 常住一切 佛他耶衆)

③ 지심귀명례 시방삼세 제망찰해 상주일체 달마야중

  (至心歸命禮 十方三世 帝網刹海 常住一切 達磨耶衆)

④ 지심귀명례 대지문수 사리보살 대행보현보살 대비관세음

  보살 대원본존 지장보살 미하살

  (至心歸命禮 大智文殊 舍利菩薩 大行普賢菩薩 大悲觀世音

菩薩 大願本尊 地藏菩薩 摩訶薩)

⑤ 지심귀명례 영산당시 수불부촉 십대제자 십육성 오백성 독
  수성 내지 천이백제대아라한 무량자비성중
  (至心歸命禮 靈山當時 受佛付囑 十大弟子 十六聖 五百聖 獨
  修聖 乃至 千二百 諸大 阿羅漢 無量慈悲聖衆)
⑥ 지심귀명례 서건동진 급아해동 역대전등 제대조사 천하종
  사 일체미진수 제대선지식
  (至心歸命禮 西乾東晉 及我海東 歷代傳燈 諸大祖師 天下宗
  師 一切微塵數 諸大善知識)
⑦ 지심귀명례 시방삼세 제망찰해 상주일체 승가야중
  (至心歸命禮 十方三世 帝網刹海 常住一切 僧伽耶衆)
  유원 무진삼보 대자대비 수아정례 명훈가피력 원공법계제중
생 자타일시성불도(唯願 無盡三寶 大慈大悲 受我頂禮 冥熏加被
力 願共法界諸衆生 自他一時成佛道)

① 한마음 함께 기울여서 삼계도사 사생자부 석가모니 부처님
  께 예배합니다.
② 한마음 함께 기울여서 시방삼세 항상계신 부처님께 예배합
  니다.
③ 한마음 함께 기울여서 시방삼세 항상계신 달마님께 예배합
  니다.
④ 한마음 함께 기울여서 대지문수 사리보살 대행 보현보살 대
  비 관세음보살 대원본존 지장보살님께 예배합니다.
⑤ 한마음 함께 기울여서 영산당시 부처님께 부촉받은 십대제

자 십육성 오백성 독수성 내지 천이백 모든 큰 아라한님들께 예배합니다.

⑥ 한마음 함께 기울여서 인도 중국 한국 세계 역대 전등 제대 조사 천하종사 일체 모든 큰 선지식님들께 예배합니다.

⑦ 한마음 함께 기울여서 시방삼세 항상 계신 승가님께 예배합니다.

오직 원컨대 삼보님께서는 대자대비로써 저희들의 예배를 받으시고 가피력을 내리시어 법계의 모든 중생이 모두 함께 불도를 이루어지이다.

절은 일곱 번 하여도 예배의 대상은 불·법·승 3보가 중심이었다. 부처님은 불교의 교주이신 석가모니 부처님과 시방 삼세에 항상 계신 부처님들께 예불하는 것이었으며, 법보는 한자리, 그리고 끝으로 승보님께 예배드리는 것은 보살승과 나한님, 역대 선지식 모두에게 예배하고 시방삼세 항상 계신 승가님께 예불하는 것이었다.

사실 현수는 학교에서 '부처님은 불교의 교주로 이 세상에 태어나 성불하신 사람' 이라 배웠지만 막상 절에 와서 보니 그 부처님이 사람으로 보이지 않고 신 가운데서 가장 영험한 신처럼 이해되었다. 그런데 오랫동안 이렇게 예불을 드리며 생각하여 보니 이제 와서는 사람은 사람이되 신보다도 영험이 있는 성현 가운데 성현으로 이해되었다. 3계(界)의 도사이시고 4생(生)의 자부이신 석가모니 부처님은 이름 그대로 모든 중생들의 길잡이인 것이 새삼스럽게 이해되었다.

그리고 스님들이 외우는 독경 소리나 염불하는 소리가 청정한 범음성(梵音聲)으로 하늘 끝까지 메아리치는 것을 느꼈다. 그래서 아침 저녁 예불 시간이 기다려졌고, 또 스님이 밖에 나가 계시지 않을 때는 스스로 목탁을 치면서 예불을 하기도 하였다.

그런데 이상한 것은 아침 저녁으로 예불 드리고 종치고 목탁치는 것이 남의 일같이 느껴지지 않고 오랜 세월 익혀왔던 일들을 까마득히 잊어버렸다가 새삼스럽게 본 고향에 돌아와 자기의 일을 되찾아 하는 것 같이 느껴져 어색하지 않았다.

더구나 이산조사 발원문을 외워보니 그 간절한 마음이 하늘 끝까지 솟아올랐다.

이산 혜연선사 발원문

시방삼세 부처님과 팔만사천 큰법보와 보살성문
스님네께 지성귀의 하옵나니 자비하신 원력으로
굽어살펴 주옵소서 저희들이 참된성품 등지옵고
무명속에 뛰어들어 나고죽는 물결따라 빛과소리
물이들고 심술궂고 욕심내어 온갖번뇌 쌓았으며
보고듣고 맛봄으로 한량없는 죄를지어 잘못된길
갈팡질팡 생사고해 헤매면서 나와남을 집착하고
그른길만 찾아다녀 여러생에 지은업장 크고작은
많은허물 삼보전에 원력빌어 일심참회 하옵나니
바라건대 부처님이 이끄시고 보살님네 살피시어
고통바다 헤어나서 열반언덕 가사이다 이세상의

명과복은 길이길이 창성하고 오는세상 불법지혜
무럭무럭 자라나서 날적마다 좋은국토 밝은스승
만나오며 바른신심 굳게세워 아이로서 출가하여
귀와눈이 총명하고 말과뜻이 진실하여 세상일에
물안들고 청정범행 닦고닦아 서리같이 엄한계율
털끝인들 범하리까 점잖은- 거동으로 모든생명
사랑하며 이내목숨 버리어도 지성으로 보호하리
삼재팔난 만나잖고 불법인연 만나오며 반야지혜
드러나고 보살마음 견고하여 제불정법 잘배워서
대승진리 깨달은뒤 육바라밀 행을닦아 아승지겁
뛰어넘고 곳곳마다 설법으로 천겁만겁 의심끊고
마군중을 항복받고 삼보를- 뵙사올제 시방제불
섬기는일 잠깐인들 쉬오리까 온갖법문 다배워서
모두통달 하옵거든 복과지혜 함께늘어 무량중생
제도하며 여섯가지 신통얻고 무생법인 이룬뒤에
관음보살 대자비로 시방법계 다니면서 보현보살
행원으로 많은중생 건지올제 여러갈래 몸을나눠
미묘법문 연설하고 지옥아귀 나쁜곳엔 광명놓고
신통보여 내모양을 보는이나 내이름을 듣는이는
보리마음 모두내어 윤회고를 벗어나되 화탕지옥
끓는물은 감로수로 변해지고 검수도산 날센칼날
연꽃으로 화하여서 고통받던 저중생들 극락세계
왕생하며 나는새와 기는짐승 원수맺고 빚진이들
갖은고통 벗어나서 좋은복락 누려지다 모진질병

돌적에는 약풀되어 치료하고 흉년드는 세상에는
쌀이되어 구제하되 여러중생 이익한일 한가진들
빼오리까 천겁만겁 내려오던 원수거나 친한이나
이세상- 권속들도 누구누구 할것없이 얽히었던
애정끊고 삼계고해 벗어나서 시방법계 중생들이
모두성불 하사이다 허공끝이 있아온들 이내소원
다하리까 유정들도 무정들도 일체종지 이뤄지다

잘 산다는 것이 무엇인가. 현수는 어렸을 때 생각하기에는 돈 많고 명예 얻고 여러 가족들이 울타리를 형성하여 사는 것으로 알았는데, 이제 와서 생각해 보니 행복은 그 속에만 있는 것이 아니었다. 건강하고 마음 편하면서 세상을 위해 복된 일을 하고 사는 것이 가장 잘 사는 일로 여겨졌다. 말하자면 현수는 절에 와 있으면서 아침 저녁으로 예불을 드리면서 인생의 행복관이 차차 변하고 있었던 것이다.

가사 한 벌, 발우 하나로 천하를 주류하던 석가 세존이 2500년 동안 많은 사람들의 귀의와 사랑을 받고 있는 것과 그의 제자 마하가섭이나 아난 존자도 당시에는 쟁쟁한 부호 명문대가의 아들로 출가하여 결혼도 하지 않고 자식도 낳지 않았으나 지금까지도 그 이름이 영세불망(永世不亡)하는 것으로 볼 때 그들 모두는 작은 즐거움을 버리고 큰 기쁨을 얻은 사람이었음을 깨닫게 되었다.

여태껏 스님들은 직업이 없이 시주만으로 살기 때문에 무소유한 것으로 생각하였는데 알고보니 농사도 짓고 절 일을 경영하면서도 세상 사람들이 배우지 못하고 깨우치지 못한 진리를 배우고 깨닫고 있다는 것이 참으로 소중하게 느껴졌다.

　생각을 이렇게 바꾸어 가지니 엊그제까지 자기 집으로 생각한 마을 집이 타향이 되고 지금 현재 와 있는 이 절이 본 고향처럼 느껴졌다. 스님께서 쓴 '길을 찾았다'는 시를 읽어가면 쉽게 이해가 간다.

인정과 냉정의 회오리를 벗어나려고
삶의 무게와 병고의 두려움을 벗어나려고
몸부림치는 나약한 중생!
생(生) 이별의 쓴 맛과 사(死) 이별의 아픔도
바른 길 인도하는 이정표 되니
방황의 미로에서 길을 찾았다.
외롭고 두려운 섬을 떠나는 배를 만났다.
이 배를 노저어 가며
힘겨운 땀방울이 쏟아져도
진리의 시원한 바람이 식혀 줄거야
스스로의 다짐이 굳센 힘이 되고
지난날 고뇌가 양식되어
보람의 저 땅에 도달 할거야
지혜봉(智慧峰) 정복하고
자비향(慈悲香) 시방(十方)에 은은하게 피울 거야.

〈두 번째 화살을 맞지 말라〉에서

원력 속에 새로운 삶이

이렇게 해서 스님이 된 현수는 '덕진(德眞)' 이란 법명을 받았다. '진실하고 덕있는 사람이 되라' 는 말이다. 안으로 은사 스님을 모시면서 밖으로 신도들을 접하는 일을 하다 보니 불교 공부를 전문적으로 한다는 것은 생각할 수도 없었고, 더군다나 부처가 되어 중생을 교화한다는 것은 엄두도 낼 수 없었다.

그러나 덕진 스님은 성급히 생각하지 않았다. 우선은 건강이 회복되어야 하고 그 다음에 가서 다른 생각을 해야한다는 것이 마음 속에 꽉 차 있었기 때문이다. 그러나 자신의 힘이 미치는대로 원력을 가지고 열심히 살았다.

스님께서 칭찬하시고 신도들도 좋아하였다. 어느 정도 몸이 회복되자 은사 스님께서 통도사 승가대학(당시는 강원)에 입학시켜 주셨다.

당시 담당 스님께서는 스님의 몸을 보더니 '이렇게 몸이 약해가지고 공부를 할 수 있을까' 의심하였다. 그러나 '공부를 하다가 죽는 한이 있더라도 일단 출가한 이상에는 공부를 해보고 싶다' 하니 입학을 승낙해 주셨다.

강원 교육은 사미율의(沙彌律儀) 초발심자경(初發心自警)으로부터 시작이 되었으나 옛날 할아버지에게서 한문 공부를 조금했던 것이 크게 도움이 되었다. 그런데 사미반(沙彌班)에 들어가니 큰방 부전(副殿)이라는 소임을 맡겼다. 큰방이란 큰절 전체 스님께서 공양하는 식당이고 사미(沙彌)·사집반(四集班) 스님들이 공부하는 공부방이며, 또 사미·사집반 스님들이 거처하는 침실이고, 다른 스님들이 돌아와서 회의를 하는 회의실이었다. 정말로 다목적으로 쓰이는 맘모스센터였는데 그 이름을 감로당(甘露堂)이라 불렀다. 그러니 말하자면 통도사에서는 가장 큰방의 시자가 된 것이다.

공양 때가 되면 방석을 준비해야 하고 찬상과 물 준비를 해야 했는데, 공양 후에는 청소하고 강의 시간 때는 강단 준비와 강사 스님의 차와 차담을 준비해야 하고, 간식 시간 때는 떡과 과일 과자들을 가져오고 먹고 나서는 설거지를 해야 했다. 또 저녁이 되면 침구를 준비하고 문단속을 철저히 해야 했고, 방이 건조하면 물을 떠놓는 것까지 해야 했다. 거기에다 개인적으로 익히고 배우는 과목을 예습 복습하고 아침 저녁으로 예불에 참석하다 보니 그야말로 눈 코 뜰 사이 없이 바빴다. 언제 밥을 먹었는지 옷을 입었는지 화장실에 가는 시간까지도 잊고 살았으니 어디 아플 시간이 있었겠는가.

간혹 몸살이 나기도 하고 소화력이 조금 떨어지기도 하였지만 이렇게 6개월을 정신없이 살다보니 병이 어느 곳에 붙어 있는지 약이 어느 곳에 있는지도 알 수 없게 되었다. 더군다나 절간의 식생활과 단체 생활에 대한 자신감이 생기고 불교 신앙에 대한 확신이 생기자 병은 저절로 낫게 되었고 생각 또한 건전해졌다.

비로소 내 병이 '신경성이었구나' 하는 것을 실감하게 되었고, 누구나 나 같은 처지에 놓인 사람이 있으면 '정신없이 살아 보라' 고 권하고 싶었다. 부지런히 살다보면 억겁의 장애도 모두 다 소멸될 수 있었기 때문이다.

스님께서 지으신 업장(業障)이란 시를 읽어보면 당시의 상황을 더욱 실감나게 이해할 수 있다.

  억겁(億劫)의 인연 닿아
  너와 내가 만나서
  아옹다옹 하는 틈에
  그가 있게 되었고
  억념(億念)의 헤아림
  눈물겨운 진참회에
  너와 내가 본자리로 서니
  그도 멀어져 간다.

  나도 너도 그도
  인연따라 자연 속에 가고 온다.

  이 도리 따라 그를 고이 보내고
  이 도리 알 때면 그를
  다스릴 수 있다 하더이다.

　　　　　　〈연꽃처럼〉에서

책벌레의 꿈

　실로 절 공부란 말할 수 없이 바빴지만 그 바쁜 일들이 모두 공부 아닌 것이 없었다. 전국 방방곡곡에서 성씨가 다른 사람들이 모여 갖가지 재능을 발휘하는 곳이 절이라, 얼마 있지 않았어도 모르는 것이 없는 것 같았다. 그래서 옛날 중국 사람들이 중 승자(僧)를 쓸 때 일된 사람이라 하여 일직 증(曾)자 옆에 사람인자(人)를 썼던 모양이다.

　사미율의 〈초발심자경〉을 배우고 〈치문경훈(緇門警訓)〉에 들어가니 어려운 글자는 많아도 글맛이 진짜 꿀맛이었다. 한참동안 책을 들여다 볼 때는 책이 공부하는지 사람이 공부하는지 알 수 없었다. 그러나 스님은 15리 길을 걸어다니며 학교 다닐 때 시간이 아까워 걸으면서 책을 보던 생각을 하였다. 집에 도착하면 꼴벨라 김매랴 땔나무하랴 정신이 없었기 때문이다. 그래도 책을 보며 '책벌레가 되어야지' 하였는데 인생 고개를 넘어가니 업연의 빛을 감추는 바람에 자신을 돌아보고 가꿀 수 있는 책을 탐구할 수 있도록 마음 단단히 먹었다.

　그래서 스님은 소년 시절에 품었던 것을 생각하며 '어머니 말씀대로' 란 시를 짓는다.

'되(升)글 배워서 말(斗)글로 써야지'
하신 어머님 말씀 명심하고
있습니다
할아버지께서 가르쳐 주신
하늘 천 땅 지가 배움의 씨앗되고
천고일월명(天高日月明)이 밑거름 되어
부처님 경전 말씀 됫박(升)으로
배웠지만 말(斗)보다 더 큰 텃밭되니
감사와 신심(信心)의 감로비가
흠뻑 내렸습니다.

수많은 사람들께 지혜 알맹이
꽉 찬 행복의 열매를 주렁주렁
탐스럽게 영글도록
한마음 다 바쳐 있는 힘 다 바쳐
도웁고 있습니다.

〈연꽃처럼〉에서

연지 율사 사미율의(沙彌律儀)

〈사미율의〉는 중국의 연지(蓮池) 율사가 편집한 것인데 인도
의 〈사미십계법과 위의〉라는 책에 나타난 의식 44과 217사와 위
의 38과 326사 중 중요한 것만 골라 정리한 것이었다. 내용을 보
면 사미가 지켜야 할 계(戒) 열 가지와 위의 24과 284가지를 기록

한 책이었다.

10계는 ① 살생하지 말라 ② 도적질하지 말라 ③ 음행하지 말라 ④ 거짓말하지 말라 ⑤ 술 마시지 말라 ⑥ 향수와 꽃다발을 사용하지 말라 ⑦ 스스로 노래 부르거나 춤추지 말고 가서 보고 듣지 말라 ⑧ 넓고 큰 침상에 앉고 눕지 말라 ⑨ 때 아닌 때 음식먹지 말라 ⑩ 금은 보화를 가지지 말라가 그것이고, 24과 위의문 284조는 ① 큰스님 공경하는 법 5조 ② 스님 시봉하는 법 17조 ③ 스님을 따라 출행하는 법 7조 ④ 대중에 처하는 법 32조 ⑤ 대중과 함께 공양하는 법 25조 ⑥ 예배하는 법 10조 ⑦ 법문하는 법 7조 ⑧ 경전 배우는 법 19조 ⑨ 사원에 들어가는 법 7조 ⑩ 선방에 들어가는 법 17조 ⑪ 소임보는 법 13조 ⑫ 목욕하는 법 9조 ⑬ 화장실 가는 법 16조 ⑭ 잠자는 법 7조 ⑮ 불 지피는 법 4조 ⑯ 방에서 거처하는 법 6조 ⑰ 비구니 절에 가는 법 10조 ⑱ 마을 집에 가는 법 20조 ⑲ 걸식하는 법 9조 ⑳ 마을에 들어가는 법 17조 ㉑ 물건 사는 법 5조 ㉒ 무슨 일이나 제멋대로 않는 법 11조 ㉓ 선지식을 참방하는 법 3조 ㉔ 가사와 발우에 관한 법 8조가 그것이었다.

조목이 너무 많기는 하였지만 주자 72계문에 비하면 그 내용이 개인보다도 대중 생활의 편의를 위한 것이 많았다.

초발심자경(初發心自警)

다음 〈초발심자경〉은 고려 때 보조국사가 지은 〈계초심학인문(誡初心學人文)〉에 신라 때 원효대사가 지은 〈발심수행장(發心修行章)〉과 그리고 조선조 초에 야운 스님이 지은 〈자경(自

警))을 합한 것인데 문장이 간결하면서도 명쾌하였다.

① **보조국사 계초심학인문**(誠初心學人文)

보조국사의 〈계초심학인문〉은 처음 절에 들어온 사람이 개인
과 대중, 선방에 있어서 주의해야 할 것을 낱낱이 경계하였는데
그 내용을 간추려 보면 다음과 같다.

개인적으로 주의할 점

① 악한 벗을 멀리하고 착한 벗을 친하라.

② 5계와 10계를 받아 지니되 잘 지키고 범하고 열고 닫을 줄
   알라.

③ 부처님 말씀을 의지해서 살고 용렬(庸劣)한 무리들의 망녕
   된 말을 따르지 말라.

④ 항상 부드럽고 착한 생각으로 순종하라. 자신을 높여 거만
   하지 말라.

⑤ 큰 사람은 형을 삼고 작은 사람은 동생으로 삼아라.

⑥ 다툼이 있으면 두 말로 화합하여 자비심으로 나아가게 할지
   언정 악한 말로 사람을 상하지 말라.

⑦ 벗을 속이고 업신여기고 옳고 그름을 따지지 말라.

⑧ 재물과 색의 화(禍)는 독사보다 심하니 몸을 살펴 그름을 알
   아 항상 멀리하라.

⑨ 일없이 다른 사람의 집이나 방에 들어가지 말라.

⑩ 으슥한 곳에 숨어서 남의 비밀을 엿듣지 말라.

⑪ 정한 날짜가 아니면 세탁하고 목욕하지 말라.

⑫ 세수하고 손 씻을 때 소리 높여 침 뱉지 말라.

⑬ 분배할 때 차서를 넘지 마라.

⑭ 옷깃을 헤치고 팔을 걷지 말라.

⑮ 말할 때 소리를 높여 희롱하는 웃음을 웃지 말라.

⑯ 중요한 일이 아니면 문밖에 나가지 말라.

⑰ 병든 사람을 자비심으로 보호하라.

⑱ 어른을 만나면 엄숙하고 공경하는 마음으로 인사하고 자리를 비켜드려라.

⑲ 생활 도구는 검소하고 약소한 것으로 만족하라.

⑳ 음식을 먹을 때는 먹고, 마시는 소리가 나지 않게 하고 숟가락, 젓가락 소리가 나지 않게 하고 그릇을 들고 놓을 때도 조심스럽게 분명히 하여 소리나지 않게 하며, 낯을 들어 이리 저리 돌아보지 말고, 좋은 것만 좋아하고 나쁜 것을 싫어하지 말라. 조용조용히 잡된 생각을 버리고 도해 가는 뜻을 보호하되 음식을 먹는 것이 오직 도업을 이루기 위한 줄로 알고 반야심경을 생각하되 3륜(輪)이 청정한 것으로 관해서 도해 가는 뜻을 어기지 말라.

㉑ 아침, 저녁으로 부지런히 예불하되 스스로 게으름을 꾸짖고 대중이 행하는 절차를 알아 어지럽게 하지 말라.

㉒ 축원할 때는 글을 외우고 뜻을 관할지언정 단지 소리만 하지 말고 곡조를 고르게 하되 부처님의 상호를 우러러 바라보며 다른 경계에 정신을 두지 말라.

㉓ 자신의 죄상이 산과 바다와 같은 술 알아 이치적으로 또는 사실적으로 참회하되 깊이 절을 하고 절을 받는 것이다. 참

마음으로부터 일어나 감응이 헛되지 아니한 것이 그림자와
메아리가 서로 따르는 것같이 믿으라.

대중 가운데서 주의할 점
① 서로 사양하며 다투지 말고 보호하라.
② 승부를 다투지 말라.
③ 한가한 말로 헛된 세월을 보내지 말라.
④ 남의 신발을 잘못 바꾸어 신지 말라.
⑤ 앉고 눕는 자리의 차서를 넘지 말라.
⑥ 손님을 대하여 집안의 나쁜 일을 말하지 말고, 오직 좋은 불
  사만 이야기하라.
⑦ 중요한 일 없이 시중에 나가 속인들과 사귀어 뜻있는 사람
  들을 미워하고 질투하는 대상이 되지 말라.
⑧ 중요한 일이 있어 출행하게 되면 관리자(주지 스님이나 총
  무 등)에게 가는 곳을 꼭 알리고 가라.
⑨ 길가에서 여인들과 희롱하지 말고 때없이 술과 밥으로 걸림
  없는 행을 하여 부처님의 계율을 어기지 말라.

선방에서 주의할 점
① 어린아이들과 동행하지 말라.
② 분주히 인사 치레 하지 말라.
③ 남의 좋고 나쁜 점을 보지 말라.
④ 문자를 지나치게 탐하지 말라.
⑤ 잠을 지나치게 자지 말라.

⑥ 쓸데없이 돌아다니지 말라.

⑦ 법문을 들을 때는 너무 높기 때문에 들을 수 없다는 물러나는 생각을 하거나, 자주 들은 것이라 쉽게 생각하지 말라. 생각을 비워 들으면 언젠가는 깨달을 날이 있을 것이니 말 배우는 사람들을 따라서 입으로 판단만 취하지 말라. 뱀이 물을 마시면 독을 이루고 소가 물을 마시면 젖을 이룬다.

⑧ 법사를 업신여기지 말라. 도에 막힘이 있으면 나아갈 길이 끊기게 된다.

이것이 〈계초심학 인문〉의 내용이었다. 앞에서 배운 〈사미율의〉에 비하면 간단 명료했으나 그 내용이 여기 다 간추려 정리되어 있는 것 같았다.

② 원효대사 발심수행장(發心修行章)

원효대사 〈발심수행장〉은 먼저 발심의 내용을 밝히고, 둘째 도를 닦는 사람이 선행을 잃지 않고 청정한 계율 가운데서 시간을 아끼고 정진할 것을 부탁한 글이었다.

그 내용을 간추려 보면 다음과 같다.

대개 모든 부처님들이 적멸궁(寂滅宮)에 장엄해 계시는 것은 많은 겁해(劫海)에 욕심을 버리고 고행하신 결과이고 중생들이 불타는 집에 윤회하는 것은 끝없는 세상에서 탐욕을 버리지 아니한 탓이다. 막지 않는 천당에 이르는 자가 적은 것은 삼독(三毒)의 번뇌로 자기 집 재물을 삼고, 유혹하지 않는 악도에 많이 드는 것은 사사(四蛇: 이 몸), 오욕(五慾: 욕심)으로 마음의 보배를 삼는 까닭이다.

사람이 누가 산 속에 들어가 도 닦고자 아니하랴만 나아가지 못하는 것은 애욕에 얽혀 있기 때문이다. 비록 산에 들어가 도는 닦지 못할지라도 자신의 힘을 따라 선행을 버리지 말라.

세상의 욕락을 버리면 성현처럼 믿고 공경할 것이고, 어려운 일을 참고 이기면 부처님과 같이 존경할 것이다. 재물을 아끼고 탐하는 것은 악마의 권속이고 자비스런 마음으로 보시하는 것은 법왕의 아들이다.

높은 산, 험한 바위는 지혜 있는 사람이 거처할 곳이고 푸른 소나무, 깊은 골짜기는 수행자가 살아갈 곳이다. 주리면 나무 열매로 주린 창자를 달래고 목마르면 흐르는 물을 마셔 갈증을 풀어라.

맛있는 음식을 먹어 사랑해 기를지라도 이 몸은 결정코 부서지고, 부드러운 옷을 입어 수호할지라도 명은 반드시 마침이 있다. 메아리 울리는 바위굴로 염불당을 삼고 슬피우는 기러기를 마음의 벗으로 삼으라. 절하는 무릎이 얼음같이 시려도 불을 생각하지 말고 주린 창자가 끊길 듯하여도 밥 구하는 생각이 없어야 된다. 백 년이 잠깐인데 어찌 배우지 아니하며, 일생이 얼마나 된다고 닦지 않고 놀기만 하겠는가.

마음 속에 애욕이 떠난 이를 사문이라 하고 세상일을 그리워하지 않는 것을 출가라 한다. 수행하는 이가 비단 옷을 입는 것은 개가 코끼리 가죽을 쓴 격이고, 도 닦는 사람이 애정을 품는 것은 고슴도치가 쥐구멍에 들어가려 하는 것과 같다. 아무리 재주가 있더라도 마을에 사는 사람은 부처님이 그를 가엾게 여기시고 설사 도행은 없으나 산중에 사는 사람은 성현들이 그를 기쁘게 여긴다.

재주와 학문이 많더라도 계행이 없으면 보배 있는 곳에 가려고 하면서도 길을 떠나지 않는 것 같고, 수행을 부지런히 하여도 지혜가 없는 사람은 동쪽으로 가려고 하면서도 서쪽으로 향해서 가는 것과 같다. 지혜로운 이의 하는 일은 쌀을 익혀 밥을 짓는 것 같고, 어리석은 이의 하는 것은 마치 모래를 삶아 밥을 짓는 것 같다. 사람마다 밥을 먹어 주린 창자를 달랠 줄 알면서도 불법을 배워 어리석은 마음을 고칠 줄은 모르는구나. 행과 지혜가 갖추어지는 것은 수레의 두 바퀴와 같고, 자기도 이롭고 남도 이롭게 하는 것은 새의 두 날개와 같다.

죽을 받고 축원하면서도 그 뜻을 알지 못하면 단월에게 수치스러운 일이며, 밥을 얻고 창패(唱唄)하되 그 이치를 모른다면 불·보살님께 부끄럽지 아니하랴. 사람들이 꼬리 달린 벌레(똥벌레)를 더럽게 여기듯 성현들은 사문이 더럽고 깨끗한 것을 분별하지 못한다고 걱정하신다.

세간의 시끄러움을 벗어버리고 천상으로 올라가는 데는 계행이 좋은 사다리가 된다. 그러므로 계행을 깨뜨린 이가 남의 복밭이 되려는 것은 마치 날개 부러진 새가 거북이를 업고 하늘에 오르려 하는 것과 같다. 제 허물을 벗지 못한 사람은 남의 죄를 풀어 줄 수 없다. 그러니 어떻게 계행이 없는 사람이 남의 공양을 받겠는가. 행이 없는 빈 봄은 실러도 이익이 없고 덧없이 뜬 목숨은 아무리 아껴도 보전하지 못한다.

용상덕(龍象德)을 바라거든 끝없는 고통을 참고, 사자좌(獅子座)에 앉고자 하면 욕락을 등지라. 행자가 마음이 깨끗하면 천신들이 모두 찬탄하고 도인이 여색을 생각하면 착한 신들이 그를 버린다. 4대(이 몸)는 곧 흩어질 것, 오래 산다고 할 수 없다. 오늘도 벌써 저녁 때가 되었으니 아침부터 서둘렀어야 할 것 아닌가. 세상의 즐거움은 고통이 뒤따르는 것인데 어떻게 탐하고 한 번 참으면 길이 즐거운 것인데 어찌 닦지 않겠는가. 도인으로서 탐욕을 내는 것은 수행인의 수치이고, 출가한 사람이 재산을 모으는 것은 군자들의 웃음거리가 된다. 방패막이 할 말이 끝이 없다. 왜 그리 탐착하여 조금 조금 하면서도 애착을 끊지 못하는가.

이 일은 가이 없으므로 세상 일을 버리지 못하고 꾀하는 일이 그지 없으므로 끊을 생각을 일으키지 못한다. 오늘이 다함이 없으므로 날로 악 짓기를 많이 하고 내일이 다함이 없으므로 날로 선 짓기를 적게 한다. 금년이 다함 없으므로 한없이 번뇌하고 내년이 다함 없으므로 깨달음에 나아가지 못한다. 때때로 옮기고 옮겨 문득 해(年)에 이르고 년년이 옮기고 옮겨 잠깐 사이에 죽음의 문에 이른다. 부서진 수레는 가지 못하고 늙은 사람은 닦을 수 없다. 누우면 게으름만 생기고 앉으면 생각이 어지러워진다. 몇 생을 닦지 않고 헛세월만 보냈던가. 이 몸이 얼마나 산다고 인생을 닦지 않고 헛세월 보내는가. 몸은 반드시 마치고 말 것인데 뒷몸을 어떻게 할 것인가. 어찌 급하고 급하지 아니한가.

이 내용을 살펴보면 '깨닫는 마음을 일으키라는 것' 이것이 발심이고 '깨달은대로 살다 가는 것' 이 수행이었다.

발심은 부처를 보고 중생을 보고 깨닫고, 지옥을 보고 천당을 보고 깨닫는 것이며, 수행은 힘 따라 선행을 통하여 계와 선행을 닦는 것이다.

③ 야운 스님 자경문(自警文)

끝으로 자경문은 자기 자신을 스스로 경계한 글인데 중생이 윤회의 세계에서 벗어나지 못하는 원인은 마음을 깨닫지 못한데 있으니 마음을 깨달아 자기도 이롭고 남도 이롭게 할 수 있는 자리이타(自利利他)에 충만한 인격자가 되라고 경계한 글이었다.

특히 이곳에서는 수행자가 빠뜨리기 쉬운 열 가지 항목을 제시하여 이를 경계하였다.

첫째는 좋은 옷과 맛있는 음식을 경계하고, 둘째는 내 것을 아끼고 남의 것을 탐하는 것을 경계했으며, 셋째는 말을 적게 하고 행동을 가볍게 하지 말라 하고, 넷째는 좋은 벗은 친하고 나쁜 벗은 멀리하라 하고, 다섯째는 3경 외에는 잠자지 말라 하고, 여섯째는 나를 높이고 남을 업신여기지 말라 하고, 일곱째는 재물과 색을 삼가라 하고, 여덟째는 속인을 가까이 하여 남에게 미움을 받지 말도록 하라 하고, 아홉째는 남의 허물을 말하지 말라 하고, 열째는 마음을 평등하게 쓰라 하였다.

그런데 서론과 결론에 각각 시를 두 구절씩 넣고 또 각각 열 가지 경계마다 시를 한 구절씩 붙였는데 그 시야말로 세속에서는 보기 드문 명문이었다.

우심불학증교만(愚心不學增憍慢)이요
치의무수장아인(癡意無修長我人)이로다.
공복고심여아호(空腹高心如餓虎)요
무지방일사전원(無知放逸似顚猿)이로다.

미련한 마음에 배우지 아니하면 교만심만 더하고
어리석은 뜻에 닦음 없으면 난 척하는 마음만 자란다.
빈속에 마음만 높으면 주린 호랑이 같고
아는 것이 없이 놀기만 하면 넘어진 원숭이 같다.

사언망어긍수청(邪言妄語肯受聽)하고
성교현장고불문(聖敎賢章故不聞)이로다.
선도무인수여도(善道無因誰汝度)리요
장륜악취고전신(長淪惡趣苦纏身)이니라.

삿된 말 마군의 말은 즐겨 받아 듣고
성인의 가르침 현인의 글은 짐짓 듣지 아니함이로다.
선도에 인이 없으니 누가 너를 제도하랴.
길이 악취에 빠져 괴로움이 몸을 얽을 것이다.

채근목과위기장(菜根木果慰飢腸)하고
송락초의차색신(松落草衣遮色身)이어다.
야학청운위반려(野鶴靑雲爲伴侶)하고,
고잠유곡도잔년(高岑幽谷度殘年)이어다.

풀뿌리 나무 열매로 주린 배를 달래고
송락과 풀잎으로 이 몸을 가리며
하늘을 나르는 새와 흰 구름으로 벗을 삼아
높은 산 깊은 골에서 남은 세월 보내리라.

삼도고본인하기(三途苦本因何起)오
지시다생탐애정(只是多生貪愛情)이로다.
아불의우 생리족(我佛衣盂生理足)커늘
여하축적장무명(如何蓄積長無明)고.

3악도의 괴로움 어디에서 생기는가?
다생에 익혀온 애욕의 탓이로다.
우리 부처님 옷과 발우는 생리가 족하거늘
무엇을 축적하여 무명을 기를 건가.

신심파정원무동(身心把定元無動)하고
묵좌모암절왕래(默坐茅菴絶往來)어다
적적요요무일사(寂寂寥寥無一事)하면
단간심불자귀의(但看心佛自歸依)어다.

몸과 마음 선정에 들어 동하지 않고
몃집에 홀로 앉아 왕래를 끊으라.
고요하고 고요하여 아무 할 일 없으면
내 마음 부처를 보고 귀의 하리라.

주지경행수선우(住止經行須善友)하야
신심결택거형진(身心決擇去荊塵)이어다.
형진소진통전로(荊塵掃盡通前路)하면
촌보불리투조관(寸步不離透祖關)하리라.

가고 오고 어느 때나 좋은 벗을 사귀어
몸과 마음 결택하여 번뇌의 가시덤불 벗어나라.
번뇌의 가시덤불 벗어나 앞 길이 툭트이면
한 발짝 옮기지 않고 조사관을 뚫으리라.

수사운롱심월암(睡蛇雲籠心月暗)하니
행인도차진미정(行人到此盡迷程)이로다.
개중염기취모리(箇中玷起吹毛利)하면
운자무형월자명(雲自無形月自明)하리라.

잠뱀이 구름을 끼게 하니 마음 달이 흐려져
도 닦는 사람이 여기 와서 갈 바를 모른다.
이 속에 날쌘 칼 빼어들면
구름은 흩어지고 마음 달 밝으리라.

교만진중장반야(憍慢塵中藏般若)요
아인산상장무명(我人山上長無明)을
경타불학용종노(經他不學踵踵老)하면
병와신음한불궁(病臥辛吟恨不窮)이니라.

교만한 티끌 속에 지혜 묻히고
인아산 봉우리에 무명 번뇌 자라난다.
잘난 체 안 배우고 늙어진 뒤에
병들어 신음하며 한탄만 한다.

이욕염왕인옥쇄(利慾閻王引獄鎖)요
정행타불접연대(淨行陀佛接蓮臺)니라.
쇄구입옥고천종(鎖拘入獄苦千種)이요
선상생연락만반(船上生蓮樂萬般)이니라.

이욕은 염라대왕이 지옥으로 인도하고
청정은 아미타불이 연화대로 모셔간다.
고랑 차고 지옥가면 고통이 천 가지나 되고
배를 타고 연대에 가면 기쁨이 만 가지나 된다.

위타위기수미선(爲他爲己雖微善)이나
개시윤회생사인(皆是輪廻生死因)이니라.
원입송풍라월하(願入松風蘿月下)하야
장관무루조사선(長觀無漏祖師禪)이어다.

남과 나를 위하는 일 비록 작은 선이나
그건 모두가 윤회 생사의 씨앗
솔바람, 칡넝쿨 달빛 아래서
타락 없는 조사선을 닦아라.

종조난설인장단(終朝亂說人長短)타가
경야혼침락수면(竟夜昏沈樂睡眠)이로다.
여차출가도수시(如此出家徒受施)라
필어삼계출두난(必於三界出頭難)하리라.

종일토록 남의 잘못 시비하다가
밤이 되면 흐리멍텅 잠에 빠지니
이 같은 출가는 빚만 늘어서
삼계를 벗어나기 더욱 어렵다.

욕성무상보리도(欲成無上菩提道)댄
야요상회평등심(也要常懷平等心)이어다.
약유친소증애계(若有親疎憎愛計)하면
도가원혜업가심(道加遠兮業加深)하리라.

위없는 보리도를 얻고자 하면
언제나 마음을 평등히 가지라.
만일 사랑하고 미워하는 차별이 있으면
도는 더욱 멀어지고 업만 깊으리라.

옥토승침최노상(玉兎昇沈催老像)이요
금조출몰촉년광(金鳥出沒促年光)이로다.
구명구리여조로(求名求利如朝露)요
혹고혹영사석연(或苦或榮似夕烟)이로다.

권여은근수선도(勸汝慇懃修善道)하노니
속성불과제미륜(速成佛果濟迷倫)이어다.
금생약불종사어(今生若不從斯語)하면
후세당연한만단(後世當然恨萬端)하리라.

달(玉兎)이 커졌다 작아졌다 하는 것은 노인의 수명을 재촉하고
해(金烏)가 떴다 졌다 하는 것은 세월을 재촉하는 것이다.
명에 이익 구하는 것은 아침 이슬 같고
혹 괴롭고 혹 즐거운 것 저녁 연기와 같다.

너에게 은근히 도 닦기를 권하노니
속히 불과를 이루어 중생을 건지어라.
이 생에 나의 이 말 좇지 아니하면
후세에 반드시 한이 만단이나 될 것이다.

덕진 스님은 틈만나면 이 글을 과자 물듯 입 속에 넣고 우물거
리며 그 맛을 끝까지 보았으며 마지막엔 이 글을 몸소 생활화하
는데 성공하여 어떤 일에도 두려움 없이 하였다.
배움을 게을리 하지 않고 거만하지 않으며 삿된 말, 거짓말을
하지 않고 성현의 가르침을 따라 중생을 가르치고 검소한 생활
로 탐애를 버렸으며 틈나는대로 선방에 나아가 무루선(無漏禪)
을 익혔다. 선지식을 찾아 조사관(祖師關)을 뚫어 마음 속에 무
명을 없애고 병을 양약삼아 살아갔다. 재물과 색에 해탈히여 윤
회생사의 인(因)을 끊고 선행에도 집착하지 않았다. 남의 시비는

입가에도 올리지 않고 평등한 마음으로 일체를 대하되 시간을
금쪽 같이 아끼며 살아갔다.

치문경훈(緇門警訓)

〈치문경훈(緇門警訓)〉은 한국불교 사미과(沙彌科) 교재의 하
나였다. 출가행자가 처음 산사에 들어가면 〈사미율의〉와 〈초발
심자경〉을 배우고 〈불전의식(佛前儀式)〉을 익힌 다음에는 〈치
문경훈〉을 배웠다.

그런데 덕진 스님은 불전의식을 먼저 배우고 사미과 교재를 공
부하게 된 것이다. 〈치문〉의 치는 물들일 치(緇) 자로 삭발염의
(削髮染衣)한 출가 수행자의 별명이고, 문(門)은 산에 들어가 도
닦는다는 뜻이니 입산수도왈문(入山修道曰門)이다.

머리 깎고 먹물 옷 입고 절에 들어가 도닦는 사람이 중노릇 잘
하기 위해서는 자아를 반성한 다음 옛 선사들의 수행담과 고공
절약(苦功節約) 및 경계어구(警誡語句)를 배워야 한다고 하였다.

그러므로 경훈(警訓) 잠명(箴銘)으로부터 면학(勉學) 서기(序
記) 선(禪) 염불(念佛)에 이르기까지 출가행자가 익혀야 될 기본
적인 습의와 범하기 쉬운 율의들을 자세히 기록하여 후인들에게
귀감이 되게 하고 있다.

고려 때 태고 보우국사가 중국에 들어갔다가 원나라 사문 지현
(智賢) 스님이 편찬한 〈치문경훈〉을 가지고 온 이래 우리 나라에
서는 성총(性聰)과 태선 등이 주석한 것을 쌍계사 송광사 등 수
십 군데서 인쇄하여 여러 판본이 나오면서 많은 사람들에게 큰

교훈서가 되었다고 한다.

그 내용을 보면 제목만 해도 몇 장이 되었다.

① 경훈(警訓)

• 위산대원선사 경책(潙山大圓禪師 警策)

• 장로자각이선사 귀경문 및 자경문

  (長蘆慈覺頤禪師 龜鏡文 自警文)

• 영명지각수선사 수계 및 팔일성해탈문

  (永明智覺壽禪師 垂誡及八溢聖解脫文)

• 설두명각선사 벽간유문(雪竇明覺禪師 壁間遺文)

• 천태원법사 자계(天台圓法師 自誡)

• 자운식참주 서신(慈雲式懺主 書紳)

② 면학(勉學)

• 고산지원법사 면학(孤山智圓法師 勉學)

• 면학상(勉學上), 면학하(勉學下)

• 고소경덕사운법사 무학십문(故蘇景德寺雲法師 務學十門)

• 서학로 권동행근학문(徐學老 勸童行學文)

• 보령용선사 시간경(保寧勇禪師 示看經)

• 우가령승록 면통외학(右街齡僧錄 勉通外學)

③ 유계(遺誡)

• 고산원법사 자계(孤山圓法師 自誡)

• 주경사대중흥사도안법사 유계구장

  (周京師大中興寺道 安法師 遺誡九章)

• 양고승이법주 유계소사(梁高僧禰法主 遺誡小師)

• 종산철우인선사 시동법회(鍾山鐵牛印禪師 示童法晦)

• 월굴청선사 훈동행(月窟淸禪師 訓童行)

④ 잠명(箴銘)

• 대당자은법사 출가잠(大唐慈恩法師 出家箴)

• 규봉종밀선사 좌우명(圭峯宗密禪師 座右銘)

• 주위빈사문 망명법사 식심명(周胃賓沙門 亡名法師 息心銘)

⑤ 서장(書狀)

• 동산양개화상 사친서(洞山良介和尙 辭親書)

• 무주좌계산랑선사 소영가대사산거사

  (婺州左溪山朗禪師 召永嘉大師山居書)

• 응암화선사 답전장노법사서(應庵華禪師 答詮長老法嗣書)

• 대지조율사 송의발여원조본선사서

  (大智照律師 送衣鉢 興圓照本禪師書)

• 개선밀암겸선사 답진지승서(開善密庵謙禪師 答陳知丞書)

• 안시랑 답운행인서(顔侍郎 答雲行人書)

• 고경화상 회분양태수(古鏡和尙 回汾陽太守)

⑥ 기문(記文)

• 남악법륜사 성행당기(南岳法輪寺 省行堂記)

• 무주영안선원 신건법당기 동승당기

  (撫州永安禪院 新建法堂記 同僧堂記)

• 법당기(法堂記), 승당기(僧堂記)

• 홍주보봉선원 선불당기(洪州寶峯禪院 選佛堂記)

• 수주대홍홍산영봉사 시방선원기

  (水州大洪山靈峯寺 十方禪院記)

• 양주석문사 승당기(襄州石門寺 僧堂記)

• 포선산혜공선원 윤장기(褒禪山慧空禪院 輪藏記)

⑦ 서문(序文)

• 남곡신법사 자경록서(藍谷信法師 自警錄序)

• 선림묘기전서(禪林妙記前序)

• 각범홍선사 송승걸식서(覺範洪禪師 送僧乞食序)

• 석문등과기서(釋門登科記序)

⑧ 원문(願文)

• 이산연선사 발원뮤(怡山然禪師 發願文)

• 산곡거사황태사 발원문(山谷居士黃太史 發願文)

⑨ 선문(禪文)

• 전선관법(傳禪觀法)

• 장로자각이선사 좌선의(長蘆慈覺頤禪師 坐禪儀)

• 권참선문(勸參禪文)

⑩ 시중(示衆)

• 여산동림혼융선사 시중(來山東林混融禪師 示衆)

• 백양순선사 시중(白楊順禪師 示衆)

• 부용해선사 소참(芙蓉楷禪師 小參)

• 나암추화상 법어(懶庵樞和尙 法語)

⑪ 게찬(偈讚)

• 백시랑 육찬게 병서(白侍朗 六讚偈 竝書)

• 사마온공 해선게(司馬溫公 解禪偈)

⑫ 호법(護法)

• 한현종 개불화법본내전(漢顯宗 開佛化法本內傳)

• 수고조문황제 칙문(隋高祖文黃帝 勅文)

- 진왕 수보살계소(晉王 受菩薩戒疏)
- 양황 사도사불소(梁皇 捨道事佛詔)
- 인종황제 찬삼보문(仁宗皇帝 讚三寶文)
- 송문제 집조재론불교(宋文帝 集朝宰論佛敎)

⑬ 잡록(雜錄)

- 명교숭선사 존승편(明敎嵩禪師 尊僧篇)
- 석난문(釋難文)
- 범촉공송원오선사 행각(范蜀公送圓悟禪師 行脚)
- 길주용제산우운흠화상 사예설(吉州龍濟山友雲欽和尙 蛇穢說)
- 당수아법사 청송법화경가(唐修雅法師 聽誦法華經歌)
- 주지삼보(住持三寶)
- 우가녕승록 삼교총론(右街寧僧錄 三敎總論)
- 상태제문공자성인(商太帝問孔子聖人)
- 제현송구(諸賢頌句)

부 록

- 전기(傳記)
- 계고(稽古)

이것이 〈치문경훈〉의 내용이다. 〈초발심자경〉에 비하면 새로
나오는 한자만도 수천 자가 넘었다.

그 가운데서도 가장 마음에 닿는 것은 장로자각이 선사의 「귀
경문」과 고산지원 법사의 「면학」편이고, 운허 스님께서 번역하
신 「이산조사 발원문」이 곧 여기에서 나온 것임을 새삼스럽게
알게 되었다.

① **장로자각이 선사 귀경문**(龜鏡文)

두 계수 나무가 그늘을 드리우사 한 꽃이 상서를 나투었다. 이로부터 총림(叢林)이 개설 되었는데 그것은 대중 스님들을 위한 것이다.

대중 스님들을 열어 보이기 위하여 장로(長老)가 있고, 대중 스님들을 대표하여 수좌(首座)가 있으며, 대중 스님들을 감독하기 위하여 감원(監院)이 있고, 대중 스님들을 조화하기 위하여 유나(維那)가 있다. 대중 스님들을 공양하기 위하여 전좌(典座)가 있고, 대중 스님들의 작업을 위하여 직세(直歲)가 있다.

대중 스님들의 출납을 위하여 고두(庫頭)가 있고, 대중 스님들의 서한과 문구를 맡기 위하여 서장(書狀)이 있고, 대중 스님들의 바른 교육을 위하여 장주(藏主)가 있고, 대중 스님들의 손님을 맞아 접대하기 위하여 지객(知客)이 있다. 대중 스님들의 심부름을 위하여 시자(侍者)가 있고, 대중 스님들의 옷과 발우를 간수하기 위하여 요주(寮主)가 있으며, 대중 스님들의 약을 다려 받들기 위하여 당주(堂主)가 있다.

대중 스님들의 세탁을 위하여 욕주(浴主) 수두(水頭)가 있으며, 대중 스님들의 추위를 방지하기 위하여 탄두(炭頭) 노두(蘆頭)가 있으며, 대중 스님들의 걸언(乞焉: 일상용품을 구해오는 것)을 위하여 거리의 화주(化主)가 있고, 대중 스님들의 집노(集勞)를 위하여 원두(圓頭) 마두(磨頭) 장주(莊主)가 있다. 대중 스님들을 위하여 청소하기 위하여 정두(淨頭)가 있고, 대중 스님들의 급시(給侍: 나누어 주고 시봉하는 것)를 위하여 정인(淨人)이 있다.

그러므로 도를 행하는 연이 넉넉히 갖추어지고 몸을 돕는 도구가 가지 가지로 구성되어 만사에 근심이 없어야 일심으로 도를 행할 수 있다. 세간에서 높고 귀하고 세간 밖에 뛰어나 깨끗하고 하염없기는 스님들이 제일이다.

그러므로 돌이켜 여러 사람들의 노력을 생각해보면 어찌 은혜를 알고 은혜를 갚지 않겠는가. 아침에 참례하고 저녁에 청하여 잠깐도 버리지 아니하여야 장로의 은혜를 갚을 수 있고, 높고 낮음에 순서가 있고, 행동을 침착하게 하여 조심할 줄 알아야 수좌의 은혜를 갚을 수 있으며, 밖으로 법령을 지키고 안으로 규율을 지킬 줄 알아야 감원의 은혜를 갚을 수 있고, 6화(和)로써 함께 어울려 물과 젖이 섞이듯 하여야 유나의 은혜를 갚는다. 도업을 이루기 위하여 밥을 먹어야 전좌의 은혜를 갚고, 편안히 승방에 거처하되 여러 가지 물건들을 아끼고 보호할 줄 알아야 직세의 은혜를 갚으며, 상주물(常主物)을 털끝만큼도 범하지 아니하여야 고두의 은혜를 갚고 손으로 붓을 잡지 않되 공부를 머리에 불 끄듯 하여야 서장의 은혜를 갚는다.

밝은 창 고요한 책상에서 고인의 가르침으로 마음을 비쳐 볼 줄 알아야 장주의 은혜를 갚고, 마음 빛을 감추고 행적을 숨기며 배행(陪行)을 일삼지 아니하여야 지객의 은혜를 갚으며, 거처에 반드시 일정한 장소를 두고 청하면 먼저 이르러 가야 시자의 은혜를 갚게 되고, 병(瓶) 하나 발우 하나로 대중에 처하기를 산과 같이 하여야 요주의 은혜를 갚고, 마음의 병으로 인한 고통을 편안히 하고 마땅히 죽과 약을 따라야 당주의 은혜를 갚는다. 몸을 가볍게 천천히 조용히 하고 물의 인에 어둡지 아니하여야 욕주 수두의 은혜를 갚게 되고, 말 없이 손을 거두고 뒤로 물러서 양보할 줄 알아야 탄두 노두의 은혜를 갚게 되며, 자기의 덕행이 온전하고 이즈러짐을 헤아려서 공양에 응할 줄 알아야 거리 화주의 은혜를 갚는다. 공이 많고 적은 것을 헤아리고 음식이 온 곳을 헤아릴 줄 알아야 원두 마두 장주의 은혜를 갚고, 물을 따라 대어 쓰되 부끄러워할 줄 알아야 정두의 은혜를 갚으며, 너그럽게 하여 좇기 쉽게 간략히 하여 일하기 쉽게 하여야 정인의 은혜를 갚는다.

이렇게 하여야 총림의 도업이 새로워져서 근기가 뛰어난 사람(上上之機)은 일생에 판단함을 취하고 보통 사람(中流之士)은 성태를 길러 마음의 근원을 깨닫지 못한다 할지라도 세월을 헛되게 보낸 것이 되지 않을 것이다.

이것이 진짜 승보(僧寶)로 세상의 복전이 되어 가깝게는 말법에 진량(津梁)이 되고 필경에는 두 몸(법신과 화신)을 장엄하여 극과(極果)를 증득할 것이다.

만약 혹 총림이 다스려지지 않고 법륜(法輪)이 구르지 아니하면 장로가 대중을 위한 것이 아니고, 3업이 고르지 않고 4의(行·住·坐·臥)가 정숙하지 못하면 수좌가 대중을 잘못 통솔한 것이 되며, 대중을 사랑하는 마음이 두텁지 못하면 감원이 대중을 보호한 것이 아니다. 수행자를 불안하게 하고 대중을 귀찮게 하는 자를 제거하지 못하면 유나가 대중을 즐겁게 한 것이 아니고, 6미(味: 쓰고, 달고, 짜고, 싱겁고, 떫고, 매운 것)가 깨끗치 못하고 3덕(德: 음식의 3가지 덕, 즉 청정(淸淨), 유연(柔軟), 여법(如法))을 넉넉히 하지 못하면 전좌가 대중을 봉양한 것이 아니며, 사는 집을 깨끗이 하지 않고 집물(什物)을 구비하지 못하면 직세가 대중을 편안하게 한 것이 아니고, 상주물을 축적하고 대중 수를 줄이면 고두가 대중 스님들을 살핀 것이 아니다.

글 쓰는 법을 공부하지 않고 문자가 짧아 익숙하지 못하면 서장이 대중을 빛나게 꾸미는 것이 아니고 책상을 장엄하지 않고 시끄러움을 쉬지 아니하면 장주가 대중을 대접한 것이 아니며, 가난한 사람을 미워하고 부자를 사랑하며 속인을 중히 여기고 스님을 업신여기면 지객이 대중을 돕는 것이 아니고, 절하는 모습이 공손하지 못하고 높고 낮은 순서를 잊으면 시자가 대중의 명령을 따른 것이 아니다.

모든 것을 잘 정돈하지 않고 부지런히 지키지 아니하면 요주가 대중과 함께 산 것이 아니고, 받들어 공경하는 것을 익히지 않고 병든 사람을 뇌란하면 당주가 대중을 위로한 것이 아니며, 끓인 물이 넉넉치 못하고 차고 더운 것이 알맞지 아니하면 욕주 수두가 대중을 구원한 것이 아니고, 미리 앞서 준비하지 않고 여러 사람들의 생각을 동하게 하면 노두 탄두가 대중을 향한 게 아니다. 재물에 임하여 공평하지 않고 선력(宣力)을 다하지 아니하면 거리의 화주가 대중을 받든 것이 아니고, 땅을 묵히고 사람의 공을 온전히 드리지 아니하면 원두 마두 장주가 대중을 대신한 것이 아니다. 게으름을 피워 청소하지 않고 모든 연(화장실에 필요한 모든 것, 즉 휴지, 병수 등)을 갖추지 아니하면 정인이 대중을 따른 것이 아니다.

만약 대중 스님들이 법을 업신여기고 성질 나는대로 하면 장로의 은혜를 갚는 것이 아니고, 앉고 눕는 자리를 어기고 가고 옴에 괴각을 부리면 수좌의 은혜를 갚는 것이 아니고, 위 아래 사람이

화합하지 않고 싸움을 심하게 하면 유나의 은혜를 갚는 것이 아
니다. 좋은 음식을 탐하고 나쁜 음식을 싫어하면 전좌의 은혜를
갚는 것이 아니고, 거처하고 수용하면서 뒷사람을 생각하지 아
니하면 직세의 은혜를 갚는 것이 아니며, 많은 이양(利養)을 탐
하고 시주 물건을 조심하지 아니하면 고두의 은혜를 갚는 것이
아니고, 붓과 벼루 가지는 것만 일삼고 분주히 편지와 글을 보내
며 공부하지 아니하면 서장의 은혜를 갚는 것이 아니다.

금문(金文:佛經)을 업신여기고 외전(外典)만 찾아보면 장주의
은혜를 갚는 것이 아니고, 세속 선비를 따라 모시고 귀한 사람만
사귀어 친교를 맺으면 지객의 은혜를 갚는 것이 아니며, 초청한
바를 잊어 버리고 오래 스님들과 앉아 있으면 시자의 은혜를 갚
는 것이 아니고, 몸소 사람을 방해하고 만장회도(慢藏誨盜)하면
요주의 은혜를 보답한 것이 아니다.

화를 많이 내고 기뻐함이 적어서 병연(病緣)을 따르지 아니하
면 당주의 은혜를 갚은 것이 아니고, 물통과 국자를 함부로 하여
소리내고 물을 쓰는데 절도가 없으면 욕주 수두의 은혜를 갚는
것이 아니며, 자기 몸만 따뜻하게 하는 것을 좋아하여 여러 사람
을 방해하면 노두 탄두의 은혜를 갚는 것이 아니고, 도 닦는 것을
생각하지 아니하고 편안히 공양만 받으면 거리 화주의 은혜를
갚는 것이 아니다. 종일 배불리 먹고 마음 쓰는 바가 없으면 원두
마두 장주의 은혜를 갚는 것이 아니고, 담 벽에 코 풀고 침 뱉어
변소(東司)를 더럽게 쓰면 정두의 은혜를 갚는 것이 아니며, 오
로지 위의만 숭상하고 착한 가르침이 없으면 정인의 은혜를 갚
는 것이 아니다.

회오리 바람이 천 번을 돌아도 두루하지 아니한 곳이 있나니 다만 단점을 버리고 장점을 좇을 줄 알아야 한 가지 출가의 일을 판단한다. 바라는 바는 사자굴 속에서는 다 사자를 이루고 전단 숲 아래는 순전히 전단만 이루는 것이니 이로부터 5백 년 뒤에 다시 영산회상(부처님 회상)을 볼 것이다. 그런 즉, 법문의 흥패가 스님들에게 달려 있으니 중은 공경해야 할 복전(福田)이다. 마땅히 정중히 받들라. 스님이 중하면 법이 중하고 스님이 가벼우면 법도 가볍다. 안으로 보호하기를 엄중히 하여야 밖으로 잘 보호함이 될 것이다.

설사 죽이나 밥만을 먹는 사람이라도 한 때 임금님의 덕화로 총림의 일을 맡아 우연히 권리를 받게 되었거든 항상 마땅히 동포를 우러러 공경할지언정 망령스럽게 자기를 크게 높이지 말라. 만일 나를 높여 거만히 하여 사적인 일을 공적으로 갚으면 만사는 무상이라 어찌 능히 오래 보전할 것인가. 하루 아침에 돌아가면 무슨 면목으로 서로 볼 것인가. 인과는 그르침이 없다. 두려워하여도 회피하기 어렵다.

스님은 부처님의 제자라 부처님(應供)으로 더불어 다름이 없는지라 천상 인간이 함께 공경하는 바이다. 두 때 먹는 죽과 밥이라도 이치에 맞추어 맛있게(精) 넉넉히 하여 사사(四事: 의복, 와구, 음식, 방사) 공양을 조금도 빠짐이 없게 하라. 세존께서 20년 남기신 음덕이 우리 자손들을 덮고 있다. 백호상(白毫相) 일분 공덕도 다 받아쓰지 못할 것이니 다만 대중을 봉양할 줄 알되 가난한 것을 근심하지 말라.

스님은 범성(凡聖)이 없이 온 세계가 다 모였나니 이미 초제

(招提)이면 다 분수가 있는 것인데 어찌 망녕스럽게 분별을 내어
업신여기고 싫어하랴.

객실에 3일 동안 쉬어가기를 청하면 예를 다하여 공양을 받들
며 승당 앞에서 잠깐 동안이라도 먹을 것을 구하는 자가 있으면
평등한 마음으로 공양하라. 속객도 오히려 보살피겠거든 스님을
만나 어찌 영접하지 않겠는가.

만일 한정된 마음이 없으면 무궁한 복이 있다. 스님의 문중은
화합이라 위 아래가 한 마음이니 서로 장단이 있을지라도 서로
서로 덮어주고 집안의 나쁜 일을 밖에 들리지 않게 하라.

그러나 비록 일에 상하는 것은 있으나 필경 사람이 함이 적을
것이니 마치 사자 몸 가운데서 난 벌레가 사자 고기를 먹는 것과
같다.

외도나 천마가 무너뜨릴 수 있는 것이 아니다. 만일 도풍을 떨
어뜨리지 않고 불일(佛日)을 항상 빛나게 하여 조사의 영역을 키
우고 임금님의 성스러운 교화를 보필코자 하면 이 글로써 귀경
을 삼으라.”

이 글을 통해 스님은 총림이 어떻게 하여 생기게 되었는가를
알게 되었고 총림 운영을 잘 하려면 각자 소임에 충실해야 된다
는 것도 깨달았다.

② 고산 지원 법사 면학편(勉學篇)

고산 지원 법사의 「면학」편은 공부하는 방법을 제시한 글이었
다. 상·하 양편이 있으나 여기서는 한데 묶어 정리해 본다.

보통 사람의 마음은 배움을 힘쓸 줄 알면서도 혹 배움에 게을리 함이 있으므로 이에 면학(勉學)에 관한 글을 짓는다.

오호라, 배움은 가히 잠깐도 게을리 하지 못할 것이며 도는 잠깐도 여의지 못할 것이다. 도는 배움으로 말미암아 밝아지는 것이니 배움을 어떻게 게을리 하며, 성현의 영역은 도를 말미암아 이르러 가는 것이니 도를 어떻게 여의랴. 범민(凡民)의 배움이 게으르지 아니하면 현(賢)에 이르고 현인의 배움이 게으르지 아니하면 성(聖)에 이른다. 염구(冉求)의 배움이 안연(顔淵)에 이르렀으나 완성하지 못한 것은 마음 가운데 게으름이 있었던 까닭이다. 그러므로 이르되, "자(공자)의 도를 좋아하지 아니한 것은 아니지만 노력이 부족하다" 하였다. 자(子)가 "힘이 부족한 것을 근심하는 자는 중도에서 패하나니 이제 너는 그만이다" 하였다.

안연의 배움이 가히 부자(夫子: 공자)에 이르렀을 것이나 성사(聖師)와 같이 되지 못한 것은 명이 짧아 죽었기 때문이다. 만일 죽지 아니했으면 어찌 가히 중니(仲尼)와 같이 되지 못할 것이랴. 그의 배움이 게으르지 아니한 까닭이다. 그러므로 "안씨자(顔氏子)가 배움을 좋아했으나 불행히 명이 짧아 죽어 이제는 없다" 하였다.

어떤 사람이 물었다.

정토사 입구, 부처님 오신날 준비(등달기와 탑).

“성인도 배웁니까?”

“이 무슨 말이며 이 무슨 말이냐. 범인과 현인도 오히려 배움을 알거든 어찌 성인이 배움에 게으르겠느냐. 대개 하늘은 강한 것이로되 부드러움을 땅에서 배우는고로 4시의 순서를 범하지 않고, 땅은 부드러운 것이로되 강한 것을 하늘에서 배움으로 능히 금석(金石)을 내며, 양(陽)은 발생하는 것이로되 또한 소살(肅殺)을 음에서 배우는 까닭에 미초(靡草)를 죽이고, 음은 소살하는 것이로되 발생하는 것을 양에서 배우므로 감초와 보리를 출산한다” 하니 대개 하늘과 땅, 양과 음이여, 서로 서로 배움을 게을리 하지 아니하는 까닭에 만물을 성숙하는구나. 하늘이 부드러움을 배우지 아니하면 덮어줄 수 없고 땅이 강한 것을 배우지 아니하면 엶(啓)이 없고 음이 양을 배우지 아니하면 닫을 수(閉) 없다. 성인도 다르지 않다. 곧 하늘과 땅과 양과 음을 법받아 행하는 자이다. 이 넷이 배워 게으르지 아니하거늘 성인이 어찌 게으르랴.”

어떤 사람이 자리에서 일어나 말했다.

“나의 고루함이여, 다행히 선생님께서 그 몽매한 것을 개발하여 주시니 성인의 배움을 듣기 원합니다.”

중용자(中庸者)가 말했다.

“서(書)에 이르지 않았더냐. ‘오직 미치광이라도 생각을 바로 할 줄 알면 성인이 되고 오직 성인이라도 생각을 바로 하지 못하면 미치광이가 된다’ 고. 이러므로 성인은 별안간 넘어지는 순간이라도 일찍이 바른 도를 생각하여 배우지 아니하시 잃있다. 부자(夫子)와 같은 이가 없었다. 그러나 태묘(太廟)에 들어가 모든 일을 물었으니 이것은 묘직이에게 배운 것이고, 세 사람이 길을 갈 때에는 그 착한 사람을 가려서 그를 쫓았으니 이것은 동행자에게 배운 것이며, 또 주나라에 들어가서는 예(禮)를 노자에게 물었으니 이것은 주사(柱史)에게 배운 것이다. 어찌 중니의 성인 됨이 묘직이 행인 주사만 못하랴만 다 성인은 바른 도를 생각하고 배우지 아니하면 저 미치광이와 같이 될까 두려워한 까닭이다. 그러므로 이르되 '반드시 구(丘)와 같은 충신은 있었으나 구(丘)와 같이 배우기를 좋아한 사람은 없다' 하였다."

어떤 사람이 물었다.

"성인은 나면서부터 안다 하는데 무엇 때문에 배웁니까?"

"알고 배우는 것은 성인이고 배워 아는 것은 보통 사람이다. 비록 성인이나 보통 사람이라도 배움을 말미암지 아니하지 못한다."

공자님이 "군자는 가히 배우지 아니할 수 없다" 하니 자로(子路)가 말했다.

"남산에 대나무가 있으니 바로 잡지 아니하여도 스스로 곧은지라 베어서 쓰면 물소 가죽을 뚫는다 하니 이로 미루어 보면 무엇 때문에 배우겠습니까?"

"대나무를 긁고 깃을 달고 촉을 갈아 박으면 그 들어가는 것이 또한 깊지 않겠는가" 하였다.

슬프다, 성인의 배움이 나무를 긁고 깃을 달고 촉을 갈아 박아 깊이 들게 함이 아니겠는가. 어찌 나면서부터 안다고 올연(兀然)히 배우지 않겠는가.

성현도 이와 같이 반드시 배움에 힘쓰거든 성현 못된 사람이 어찌 배우지 아니하고 사람이 되겠는가. 배움은 음식, 의복과 같다. 사람에는 성인 현인 중서(衆庶)의 차별이 있다. 비록 이 셋이 다르기는 하지만 배고프면 먹을 것을 찾고 목마르면 마실 것을 찾고 추우면 입을 것을 찾는 것은 다르지 않다. 배움에 어찌 차이가 있겠는가.

오직 금수 초목은 반드시 배우지 않는다. 슬프다, 어리석은 사람은 음식을 즐겨 게으르지 않고 재화(財貨) 이양(移養)을 탐내이 쉬지 않되 배움에 이르러서는 아침에 배우다가 저녁에 게을리 하는 이가 있으며 또 봄에 배우다가 가을에 게을리 하는 이가 있다.

진실로 음식을 즐겨하며 화리(貨利) 탐하기를 게을리 할 줄 알지 못하는 이와 같이 공부하는 사람이라면 어찌 박문(博聞)되지 못하고 군자되지 못함을 근심하겠는가. 그러므로 이르되, "세상에 지극히 어리석은 자가 있으니 콩과 보리의 다름을 구별하지 못하고 춥고 더운 것의 변화도 알지 못하는 사람이다. 어떻게 배우며 어떻게 가르치겠는가" 하니 "지극히 어리석은 사람도 가르치지 않고 배우지 아니한 까닭이니 진실로 스승의 가르침이 게으르지 않고 저 마음이 게으르지 아니하면 성현의 지역에 밟아오를 것인데 어찌 콩과 보리를 가리지 못한다고 근심할 것인가.

또한 어리석은 사람도 목마르면 마실 줄 알고 추우면 입을 줄안다. 이미 이 세 가지 일을 아는 것이 초목으로 더불어 다르다면어찌 가히 배우지 아니하며 가르치지 않겠는가.

사람이 아무리 미련하다 하여도 어찌 능히 하루에 말 한 마디씩이야 기억하지 못하겠는가. 날이 쌓여 달에 이르면 30개의 단

어를 기억하게 되고 달이 쌓여 해에 이르면 360단어를 기억하게
될 것이니 수년을 쌓아 게으르지 아니하면 박문(博聞)에 가깝게
되지 않겠는가. 또한 이에 작은 선을 취하여 배워 행하되 날이 쌓
여 달에 이르면 몸에 30가지 선이 있을 것이고, 달이 쌓여 해에
이르면 몸에 360가지 선이 있게 될 것이니, 수 년을 쌓아 게으르
지 아니하면 또한 저 군자에 가까워지지 않겠는가. 어리석은 자
가 되고 소인이 되어 변화하지 않는 것은 배우지 아니한 까닭이
다" 하였다.

중용자(中庸子)가 유연히 탄식하며 말했다.

"내 일찍이 지혜가 미치지 못하고 민첩하지 못한 것을 부끄럽
게 여겨 배우는 것을 그만 두는 사람은 보았으나 음식이 다른 사
람의 것 같이 많지 못한 것을 부끄럽게 여겨 음식을 먹지 않은 사
람은 보지 못하였다. 음식을 먹지 아니하면 죽게 되는 것이니 어
찌 반드시 많지 못함을 부끄러워하여 먹지 않으며 학문을 아니
하면 금수 초목과 같게 되거니 어찌 반드시 재주와 지혜가 남과
같지 못하다 부끄러워하리요.

진실로 재주와 기예가 같지 못하다고 하여 배우지 아니하면 또
한 마땅히 음식이 다른 사람과 같지 않다고 부끄러워하여 곧 식
음을 폐하여야 할 것이다. 이로써 보건대 어찌 크게 그릇된 것이
아니랴. 나는 또한 지극히 어리석은 자라 매양 지혜와 재주가 다
른 사람에게 미치지 못한지 오래였건만 음식을 가히 거두지 못
할 것인 줄 아는 까닭에 감히 배움을 게을리 하지 아니하였다. 내
나이 40세, 비록 병이 들어 곤하나 일찍이 손에서 책을 놓지 못한
것은 초목 금수와 같이 될까 두려워한 까닭이다. 감히 성현의 영

역에 나아가는 것을 구하지 않고 또한 문달(聞達)을 구하는 것도
아니다.

비록 집 뜰을 방황하며 원야(原野)에 나가 거닐면서도 잠깐 사
이라도 정신을 기르고자 눈으로 보고 마음으로 생각하여 또한
일찍이 감히 배움을 폐하지 못하였다. 이로 말미암아 산에 오르
면 그 높음 배울 것을 생각하고 물에 이르면 그 맑음 배울 것을
생각하며, 돌에 앉으면 그 견고함 배울 것을 생각하여 만경삼열
(萬境森列)에 각기 장점이 있어 내 다 스승삼아 배웠노라. 만경
(萬境)은 말이 없되 오히려 가히 배울 것이 있는데 하물며 사람
이야 말할 것 있으랴. 비록 아무리 악한 사람(萬惡)이라도 반드
시 한 가지 선은 있으니 한 선을 스승삼아 배우면 그 누가 옳지
않다 하겠는가.”

중용자(中庸子)가 말했다.

세상에 구하여 혹 얻지 못하는 것이 있고 세상에 구하여 반드
시 얻는 것이 있으니 구하여 혹 얻지 못하는 것은 이(利)이고, 구
하여 반드시 얻은 것은 도(道)다. 소인은 이(利)에 비록 만 번 구
하여 만 번 얻지 못할지라도 구하기를 더욱 용맹스럽게 하고, 군
자의 도(道)에 구하면 반드시 얻을 것이지만, 중도에서 바라보고
겁을 내어 스스로 힘이 부족함을 생각하는 이는 이(利)는 구해도
도인만은 못하다.”

이 글을 통해 스님은 공부가 얼마나 귀중한 것인가를 다시 한
번 깨닫게 되었다. 세속적인 학문은 명예와 이익 출세를 위해 배
우는 것이 전부이지만 불교 공부는 도를 위해서 중생 제도를 위
해 필요하다는 것을 더욱 잘 이해하게 되었다.

그리고 고소경덕사 「무학십문(務學十門)」에서는 다양한 공부 방법을 섭취하게 되었다.

계·정·혜 3학을 배워야 보리(菩提)를 이루고, 자만심이 적어야 배움을 형성할 수 있고, 스승을 가릴 줄 알아야 법을 받을 것이 있고, 외워 읽혀야 기억하며, 부지런히 써야 전하게 되고 시를 할 줄 알아야 말에 격이 있고, 널리 보아야 전거를 대고, 실천 수행해야 무식하지 않고, 좋은 벗을 얻어야 학문을 이루고, 마음을 관해야 도를 통할 수 있다는 것을 알 수 있게 되었다. 실로 공부는 사람에게서만 배우는 것이 아니라 일체 중생과 대자연에게서 배울 것이 더 많다는 것도 깨달았다.

대중 생활의 기쁨

몸이 허약해 목욕탕에 가면 여자로 착각할 정도로 예쁘장하게 생긴 덕진 스님이 통도사에서 살림을 맡으면서 분위기는 사뭇 달라졌다. 단체 등산을 갈 때도 스님은 몸이 약해 산에 오르지 못하므로 절 안에 있는 자질구레한 일들을 정리하여 못쓰게 된 것을 쓰게 만든다든지 마땅히 할 것을 솔선 수범하여 칭찬받는 스님이 되었다.

단오날 선방 대중들이 모두 산행을 하는데 덕진 스님은 먼저 원주 스님과 입승 스님의 부탁으로 대중목욕탕에 샤워기를 설치하기로 하였다. 등반에 자신이 없고 힘들어 하는 두 분의 스님과 함께 XL 파이프와 T관 샤워기 등을 사가지고 오전에 4개, 오후에 2개를 설치해 놓으니 샤워기 없던 목욕탕이 한결 쓸모 있는 목욕탕이 되었다. 산에 갔다 온 스님들이 시원스레 땀을 씻고 또 도량 청소나 운동하고 온 스님들이 샤워를 하면서 크게 칭찬했다.

"등산도 못하는 사람들이 좋은 일 했구먼."

스님은 그때 또 한 가지를 깨달았다. 못쓰게 된 것도 쓸 곳에 갖다 놓으면 다 쓸모가 있다는 것을, 곧으면 곧은대로 굽으면 굽은대로, 크면 큰대로 작으면 작은대로 강약급유(强弱急柔)를 따라 알맞게 쓰면 한 가지도 버릴 것이 없다는 사실을 깨달았다.

사실 힘이 없는 사람은 잔재주가 있다. 강한 사람들이 거칠게 다루어 못쓰게 된 것도 덕진 스님이 손만 대면 다 쓰게 만들어졌다.

절 도량은 사실 절에 의지해 사는 머슴들이 하기 마련이다. 그런데 늦여름 비가 많이 오고 나니 풀들이 무성했다. 입승 스님의 명령에 따라 휴게실 앞에 모였던 대중 스님들이 2시간 동안 베고 뽑고 매고 쓸어 도량을 청소하고 나니 명자 그대로 '도량청정무하예(道場淸淨無瑕穢)' 하여 삼보 천룡이 그 땅에 내려온 것 같이 기분이 좋았다.

스님은 뜰 앞의 잡초를 뽑으며 번뇌를 뽑고, 무성한 풀들을 베면서 가슴 속에 맺혀 있던 사랑들을 베어내었다. 대중들이 합심 노력만 하면 이렇게 도량이 맑고 깨끗해지는데 하물며 참선방에서 마음을 청소하고 강원에서 길을 닦는 일이야 더 말할 것 있겠는가. 천성(千聖)의 길(道)이 한눈에 보이고 만불(萬佛)의 성(性)이 역력히 드러나게 하였다.

뜨거운 여름날 해수욕장을 찾는 일은 세속 사람들의 즐거움만이 아니다. 통도사 선방에서 특별 정진에 외식 공양을 하는 날은 특히 젊은 스님들의 가슴을 설레이게 한다. 전세 버스에 간식과 음료수를 준비하여 고속도로를 달리면 그 경쾌한 기분은 말로 다할 수 없었다.

송정 해수욕장에 이르니 아직은 이른 오전이라 사람들이 예상보다 많지 않았다. 스님들은 즐거워 하면서도 수영복을 갈아입는 일에는 약간 어색하게 느꼈다. 그러나 수영복을 입고 바다 속에 뛰어드니 모두가 뛰어난 장부였다.

그러나 스님은 몸이 너무 허약하여 바람에 날아갈 것 같아 조심조심 걸어가니 선원장님께서 한 마디 하셨다.

"다이어트는 저렇게 해야 할거야."

몸이 너무 쇠약해 걱정했더니 그렇게 깡마른 몸매를 가꾸기 위해 다이어트를 하는 사람들이 있다는 것을 생각하니 한편 당당해졌다. 백사장을 한 바퀴 돌아 갯바람을 쐬고 맛깔스러운 반찬에 음료수, 수박까지 실컷 먹고 공차기를 한 번 하고 나니 덕진 스님과 같은 몸에서도 땀이 그렁그렁 하였다. 돌아오는 길에는 차 속에서 자작시들을 노래 부르며 장기 자랑을 하니 갇혔던 새들이 허공을 나르는 것처럼 기분이 좋았다. 그래서 스님은 다음과 같이 노래를 하였다.

진한 푸르름 무한한 사랑의 바다
헤일 수 없이 많은 모래알
검고 붉은 쾌감의 빛깔을 쏟아 붓는 태양
순간순간 가슴을 상쾌하게
문지르며 애교와 잔재주를 부리는 바람

이 모두를 힘껏 껴안고 실컷 안기어 본다.
땀방울 쾌감 물장구의 희롱에
어울려 뛰고 뒹굴고 춤추며
너도 나도 오늘을 즐긴다.

물살과 햇살과 더불어
고뇌도 정열도
사랑도 미움도 모두 녹여서
인생을 담금질한다.

승도 속도 신선도 사람도
모두 짓밟고
대자연을 한껏 마신다.

〈두 번째 화살을 맞지 말라〉에서

정토사 연꽃어린이 여름수련학교 일정 중
운문사 계곡에서 물놀이를 함께 했다(1997년).

사집(四集) 공부

이렇게 대중 생활에 재미를 붙이고 공부를 하다보니 날로 시간
이 아까웠다. 밤 10시에 자고 아침 3시에 일어나는 것이 절간의
규칙인데 보통 밤 11시, 12시까지 공부하고 3시에 일어났다. 그
래도 별로 지치는 줄을 몰랐다. 옛 스님들의 고공절약에 비하면
아무 것도 아니기 때문이다. 먹는 것도 입는 것도 별 생각이 없었
고 어서 배워 중생을 제도해야 되겠다는 생각 이외에 다른 생각
이 전혀 나지 않았다.

〈사집(四集)〉은 대혜종고 선사의 〈서장(書狀)〉과 규봉 스님의
〈도서(都序)〉, 고봉 스님의 〈선요(禪要)〉, 보조국사의 〈절요(節
要)〉를 한데 모아 부르는 이름이다.

① 대혜종고 선사의 서장(書狀)

대혜종고 선사의 〈서장〉은 선사께서 선 공부를 하시다가 물어
온 42인에게 62장의 편지를 써서 사견(邪見)을 물리치고 정견(正
見)에 의하여 공부할 것을 책려한 글인데 그 명목만을 간단히 소
개하면 다음과 같다.

- 증시랑(曾侍郞) 편지
- 강급사(江給事) 편지
- 이참정(李參政) 별지
- 조대제(趙待制) 편지
- 유보학(劉寶學) 편지
- 진국태부인(晉國太夫人) 편지
- 장제형(張提形) 편지
- 하운사(夏運使) 편지
- 여랑중(呂郞中) 편지
- 왕장원(汪狀元) 편지
- 이참정(李參政) 편지
- 왕교수(王敎授) 편지
- 이랑중(李郞中) 편지
- 향시랑(向侍郞) 편지

- 이참정(李參政) 편지
- 부추밀(富樞密) 편지
- 진소경(陳少卿) 편지
- 허사리(許司理) 편지
- 유통판(劉通判) 편지
- 장승상(張丞相) 편지
- 왕내한(汪內翰) 편지
- 여사인(呂舍人) 편지
- 여사인(呂舍人) 편지
- 종직각(宗直閣) 편지
- 증종승(曾宗丞) 편지
- 유시랑(劉侍郞) 편지
- 이보문(李寶文) 편지
- 진교수(陳敎授) 편지

- 임판원(林判院) 편지
- 엄교수(嚴敎授) 편지
- 서현모(徐顯模) 편지
- 누추밀(樓樞密) 편지
- 영시랑(榮侍郞) 편지
- 손지현(孫知縣) 편지
- 탕승상(湯丞相) 편지
- 성천규화싱(聖泉珪和尙) 편지
- 고산체장로(鼓山逮長老) 편지

- 황지현(黃知縣) 편지
- 장시랑(張侍郞) 편지
- 양교수(楊敎授) 편지
- 조태위(曹銳尉) 편지
- 황문사(黃門司) 편지
- 장사인(張舍人) 편지
- 번제형(樊提刑) 편지

이 글을 보니 중국 불교는 거사 불교가 대단한 위치에 있었다. 스님이 신도들을 향해 이만한 답변을 해줄 수 있을까 심히 걱정이 되었다. 특히 정치에 바쁜 사환들이 그 바쁜 틈에 참선 공부를 한다는 것 자체가 희귀한 일이었고, 국태부인과 같은 여인이 한 소식을 얻었다 하는데 더욱 놀랐다. 역시 중국은 큰 나라였다. 넓고 큰 국토에 다양한 사람들이 살다보니 우리로서는 도저히 생각할 수도 없는 일들이 생기는 것 같았다.

이제 이 책의 맨 처음에 나오는 증개(曾開) 거사의 편지를 읽어보면 다음과 같다.

"개(開: 증개)가 옛날 장사(長沙: 江西)에 있을 적에 원오 노사(圓悟老師)로부터 편지를 받았는데 스님을 칭찬하되, '늦게사 만났으나 얻은 바가 매우 기위(奇偉)하다' 하였습니다. 그러나 스님을 생각하기 8년, 항상 법문을 친히 듣지 못한 것을 한탄하며 간절히 뵙기를 원했습니다. 제가 어려서부터 발심하여 선지식을 찾아 뵙고 이 일(一大事因緣)을 물었는데 20세 후에 곧 혼인과 벼슬길에 올라 공부를 순조롭게 하지 못하고 그럭저럭 이제 늙어 깨닫지 못한 것을 한탄하고 있습니다. 그러나 뜻을 세우고 원을 발함은 진실로 얕은 지견에 있지 않습니다.

깨닫지 못하면 말지라도 깨달으면 바로 옛 사람들이 친히 증한 곳에 이르러서 크게 쉴까 합니다. 이 마음은 비록 잠시도 물러선 적이 없었습니다. 공부를 순조롭게 하지 못한 것을 느끼고 있습니다. 단지 지원(志願)은 크나 역량(力量)이 적을 뿐입니다.

옛날 원오 스님께 매우 간청하였더니, 노사께서 법어 6단을 보이시되 그 처음에 이 일을 보이시고 다음에 조주(趙州) 스님과 운문(雲門) 스님의 방하착(放下着), 수미산(須彌山), 양칙 인연을 들어 미련한 저로 하여금 공부를 하게 하시되, '항상 스스로 들고 깨달으라. 오래 오래하면 자연히 깨달을 것이다' 하였습니다. 그 간절하신 노파심을 어찌 잊을 수 있겠습니까?

이제 다행히 사가(私家)에서 세상 인연을 모두 마치고 일없이 한가히 살다보니 스스로 편책, 부지런히 공부하여 처음 뜻을 갚을만큼 되었으나 오직 직접 가르침 받지 못한 것을 한탄할 뿐입니다.

일생의 허물을 낱낱이 아뢰어 바쳤으니 반드시 이 마음을 밝게 비추어 보시고 이끌어 주옵소서. 날마다 어떻게 공부를 하여야 그릇된 길을 밟지 않고 바로 본지(本地)에 오르겠습니까. 이 같은 말도 허물이 또한 적지 않습니다. 단지 정성을 다할 뿐입니다. 스스로 숨기고 피하기 어려우므로 여기 지극한 마음으로 묻습니다.”

이에 대혜종고 선사께서 답례를 썼다.

“편지를 받아보니 어려서부터 사환(仕宦)에 이르기까지 큰 종장(宗匠)들을 참예하다가 중간에 과거급제하고, 결혼하여 관리가 되고 또 나쁜 지식과 나쁜 습관에 끌린 바 되어 능히 순수하게 공부를 하지 못하였으므로써 큰 죄를 심고 또 무상세간이 허망하게 느껴져 한 가지도 즐겨할 만한 것이 없어 오로지 이 한 가지 일을 구명코지 노력한다 하니 병승(病僧)의 뜻에 꼭 맞습니다.

그러나 이미 벼슬하였으면 녹을 먹고 사는 것은 당연한 이치입니다. 과거급제하고 결혼하고 관리가 되는 것은 세간에 있어 능히 면치 못할 것입니다. 이것은 공의 죄가 아닙니다. 그런데 작은 죄로써 큰 두려움을 내니 무시 광대겁에 훌륭한 선지식을 만나서 반야종지를 심지 아니했다면 어떻게 능히 이 같이 되겠습니까.

공께서 이른바 큰 죄라고 한 것은 공자님과 같은 성현도 또한 능히 면치 못할 것입니다. 다만 허환(虛幻)이라 구경법이 아닌 줄을 알고 그 마음을 이 문중에 들렸다면 반야 지혜의 물로써 구염(垢染)을 씻어 없애고 청정히 스스로 살아 본마음으로 돌아가 한 칼로 두 동강을 내되 다시는 상속하지 않도록 하면 이것으로써 만족할 것이니 반드시 앞 생각도 뒷 생각도 하지 마십시오.

이미 허환이라면 지었을 때도 환이고 받을 때도 환이고 깨달았을 때도 또한 환이며 거꾸러졌을 때도 환이라 과거 현재 미래가 모두 환일 것입니다.

오늘 비로소 병을 알았다면 환약(幻藥)으로서 한병(幻病)을 치료할 것이니 병이 낳아 약이 필요없게 되면 옛을 의지하여 병나기 전 사람과 같이 될 것입니다. 그런데 여기 만일 따로 사람과 법이 있다고 한다면 이것은 사마외도입니다.

공은 깊이 생각하여 단지 이와 같이 공부해 가되 때때로 고요한 가운데 간절히 수미산(須彌山), 방하착(放下着) 두 화두를 잃어버리지 말고 단지 마음 속으로부터 확실하게 가져갈지언정 이미 지난 일을 두려워하지도 말고 또 한 생각도 가지지 마십시오. 생각하고 두려워하면 도리어 도에 장애가 생깁니다.

다만 모든 부처님들 앞에서 큰 서원을 세우되 '원컨대 이 마음이 견고하여 길이 물러나지 않게 하고 모든 부처님들의 가피를 의지해서 훌륭한 스승을 만나 말 한 마디 아래 생사를 담박 잊고 위없는 보리를 깨달아 부처님의 혜명(慧命)을 이으므로써 부처님의 크나큰 은혜를 갚게 하여 주십시오' 라고 하십시오. 만일 이와 같이 하여 오래오래 하면 깨닫지 못할 이유가 없습니다.

보지 못했습니까. 선재 동자가 문수 보살로부터 발심하여 점차 남쪽으로 가되 1백1십성을 지나 53선지식을 뵙고 맨 끝에 미륵이 손가락 한 번 튕기는 사이에 앞에서 배웠던 모든 선지식들의 법문을 담박 잊어버리고 다시 미륵의 가르침을 의지하여 문수를 받들어 모시고자 생각하니, 이 때에 문수가 오른손을 멀리 펴서 110유순을 지나 선재의 이마를 어루만지고 이르렀습니다.

'선재 선재라 선남자야 만일 믿음이 없었다면 그 마음이 열등 우회하여 공행이 갖추어지지 않고 정근을 퇴실하여 한 선근에 마음이 머물러 애착, 작은 공덕에 만족하여 능히 선교(善巧)의 행원을 일으키지 못하였을 것이며, 선지식들의 보호를 받지 못하고 이 같은 법성과 이치와 법문과 행과 경계를 알지 못하였을 것이며, 주변지(周徧知)와 종종지(種種智)와 진원지(盡源底)와 해료(解了)와 취입(趣入)과 해탈(解脫)과 분별(分別)과 증지(證智)와 획득(獲得)을 모두 놓지 못할 것이니라.'

그런데 문수가 이를 선시(宣示)함으로써 아승지 법문을 말 한마디 아래 성취하고 한량없는 큰 지혜 광명을 구족, 보현문에 들어가 한 생각 가운데서 삼천대천 세계의 가는 티끌 수 같은 모든 선지식을 뵙고 친근 공양한 뒤 그 가르침을 받들어 불망염지 장엄장해탈을 얻고 내지 보현의 털구멍과 같은 세계에 들어가 한 털구멍에서 한 걸음씩을 걷되 불가설 불가설 불찰미진수 세계를 지나 보현으로 더불어 같고 모든 부처님과 꼭같아 세계와 행과 해탈 자재를 마음대로 하게 된 것입니다.

이 때를 당하면 3독이 삼취정계(三聚淨戒)가 되고 6식이 6신통을 일으킬 것이며 무명이 지혜가 되어 한타래 새끼(실)가 모든 본인의 한 생각 가운데서 났다는 사실을 깨닫게 될 것입니다. 선재가 미륵이 손 가락 한 번 튕기는 사이에 오히려 능히 모든 선지식의 증한 바 삼매(三昧)를 잊어버렸는데 하물며 무시 이래로 허위로 익혀온 악습이겠습니까. 만일 전에 지은 죄로 실(實)을 삼는다면 지금 눈앞의 경계가 다 실로 있을 것이며, 내지 관직, 부귀, 은애도 모두 다 실일 것이니 이미 이것이 실이라면 지옥 천당도 또한 실이고 번뇌 무명도 실일 것이며, 업을 짓고 과보를 받는 것과 도를 깨닫고 법을 설하는 것이 모두 실일 것입니다. 만일 이같은 견해로 짓는다면 미래세가 다하도록 부처될 사람이 없을 것이며, 3세 제불과 역대 조사들의 갖가지 방편이 모두 거짓말이 될 것입니다.

받아보니 공이 편지를 발할 때 향 사르고 모든 성현을 대하고
아울러 암자(스님이 계신 절)를 향하여 절한 다음 보냈다 하니
공의 정성어린 마음이 지극히 간절한 것이 이와 같은지라 거처
가 멀지 않습니다. 얼굴을 대하여 말을 하지 못하므로 생각나는
대로 손 가는대로 쓰다보니(나도 모르는 사이에) 이렇듯 길게 써
졌으니 비록 (말은) 번거로운 것 같으나 또한 정성어린 마음으로
부터 나온 것이니 감히 말 한 마디 글자 한 자도 속이지 않습니
다. 진실로 공을 속인다면 이는 자신을 속인 것이 될 것입니다.

또 기억하니 선재가 최적정 바라문을 뵙고 성어해설(誠語解
說)을 얻어 과거, 현재, 미래 모든 불·보살이 아뇩보리에 물러남
이 없어 무릇 구한 바 모든 것을 성만하였다 한 것은 모두 정성이
지극한 까닭입니다. 공이 이미 의자 위에 포단을 깔고 벗을 삼는
다 하니 선재가 최적정 바라문을 바라본 것과 다르지 않고 또 운
문(雲門)에게 편지를 발할 때 모든 성인을 대하여 예배한 다음
보낸 것은 단지 운문의 신허(信許)를 요한 것이니 이것은 정성이
지극한 것입니다. 단지 이렇게 공부를 해가면 아뇩보리를 원만
히 성취할 것을 의심하지 않습니다."

이것이 대혜종고 선사가 증시랑에게 보낸 편지이다. 다음은
규봉 스님의 〈도서〉를 배웠다.

② 규봉 종밀 선사의 도서(都序)

〈도서〉의 본 이름은 〈선원제전집 도서(禪源諸論集 都序)〉였
다. 규봉 스님께서 선의 근원을 알기 쉽게 100권으로 저서하고
그 낱낱의 책마다 별서(別序)를 썼는데 그 책 전체를 모아 총괄

적인 서문을 쓴 것이 〈도서(都序)〉였다.

이 책에서는 먼저 선의 의의와 종류를 밝히고 이 책을 짓게 된 동기를 밝힌 뒤 선의 3종과 교의 3종을 비교하여 불법의 통체(通體)를 밝혔다.

"선원제전집은 여러 사람이 저술한 선문(禪門)의 근원 도리를 초록하여 한책에 모은 것이다.

'선(禪)'은 인도 말인데 갖추어 말하면 선나(禪那)다. 중국에서는 '생각을 닦는다(思惟修)' 또는 '고요히 생각한다'로 번역하였는데, 모두 이것은 선정(禪定)과 지혜(智慧)를 함께 부른 것이다.

'원(源)'은 일체 중생의 본래 깨달은 참성품으로 불성(佛性) 심지(心地)라고도 한다. 깨닫는 것을 '지혜'라 하고 닦는 것을 '선정'이라 하는데, 선정과 지혜를 통합해 선(禪)이라 부른 것이다. 이 성품이 선(禪)의 근본 원인이 되는 까닭에 '선원(禪院)'이라 하고, 또 '선나이행(禪那理行)'이라 한 것은 이것의 근본 원인이 곧 선(禪)의 이치가 되기 때문이며, 정(情)을 잊고 계합하면 선의 행이 되기 때문에 '이행(理行)'이라 한다. 이것이 제목을 풀이한 것이다.

그리고 달마 스님이 오지 않았을 때는 옛부터 모든 사람들이 4선 8정(四禪 八定)을 닦았는데 달마 스님께서 오신 이후에는 오직 부처님의 본체만을 깨닫게 하였다. 그렇기 때문에 사람의 마음을 바로 가르쳐 성인이 되게 한 것이다.

교(敎)는 모든 불보살님들의 말씀이고 선문(禪文)은 모든 선지식들의 글귀이다. 단지 불경은 열어 베푼 것이라 8만장경이 한

덩어리가 된 것이다. 그런데 이 도리를 잘못 안 사람들이 선과 교를 서로 비방하고 헐뜯기 때문에 이 글을 지어 회통(會通)시키고자 하였다."

이것이 선과 교의 역사이자 이 책을 짓게 된 동기를 밝힌 것이다.

"선(禪)의 3종은 식망수심종(息妄修心宗)과 민절무기종(泯絶無寄宗) 직현심성종(直顯心性宗)이고, 교(敎)의 3종은 밀의의성설상교(密意依性說相敎), 밀의파상현성교(密依破相顯性敎) 현시진심직성교(顯示眞心直性敎)다.

식망 수심은 아집의 습기를 끊고 민절 무기는 아집의 정을 끊으며 직현 심성은 바른 성품을 나타낸 것이며 설상 파상은 공(空)과 유(有)의 차이가 있고 현성교는 성(性)과 상(相)의 차이가 있으나 근본에 들어가면 모두 일심진여(一心眞如)를 밝힌 것이다. 선은 부처님 마음이고, 교는 부처님 말씀이다.

그런데 이런 도를 모르는 사람들이 법과 뜻(法 · 義), 진과 속(眞 · 俗), 심과 성(心 · 性), 지와 지(智 · 知), 아와 법(我 · 法), 차와 표(遮 · 表), 공과 유(空 · 有)를 가지고 그 같고 다름을 따지고 또 수행 절차에 있어서는 돈과 점(頓 · 漸), 미와 오(迷 · 悟)를 가지고 분별하다 보니 여러 종과 파(宗 · 派)가 생겨 서로 다른 것 같이 느껴졌다."

이것이 선과 교의 같고 다른 점이다. 규봉 스님은 이 같은 사실을 일목요연하게 정리하여 만파조종(萬派祖宗)이 모두 한 바다에 들어가듯 불법의 일미(一味) 속에 선교 양종을 모두 꾸려 넣었으니 규봉 스님의 그 철저한 머리에 감탄하지 않을 수 없었다.

요즘 한국 불교에 여러 종파가 생겨 진 · 가(眞假)를 따지고

승·열(勝劣)을 논하나 모두 이것은 장님이 코끼리 잡는 것과 같아 옳은 것이 아니었다. 한 가지만 고집하면 완전한 코끼리가 될 수 없다. 그러나 모두를 합쳐 놓고 보면 하나의 코끼리가 된다.

덕진 스님은 이 책을 보고 나서는 오직 불법(佛法)만 할뿐 종과 파의 관념에서는 떠나야겠다는 생각을 가지게 되었다. 왜냐하면 그동안 인도 불교, 중국 불교, 한국 불교 등이 모두 종파 불교 때문에 교리 자체는 크게 발전하였다 할지라도 화합을 하지 못하며 쇠퇴일로를 거듭하였기 때문이다.

'불법은 일미(一味)다. 똘똘 뭉쳐 각자 자기 역량따라 펼쳐나가야 한다.'

이것이 덕진 스님의 생각이었다.

다음은 고봉 스님의 〈선요〉를 배웠다.

③ 고봉 스님의 선요(禪要)

〈선요(禪要)〉는 '선(禪)의 요령'을 간추려 설명한 책이었다. 저자 고봉 스님은 혜능 문하 23대이며 임제 문하 17대 손으로 1238년 소주 오강에서 태어나 15세에 출가, 17세에 구족계를 받고 18세에 천태종에 들어가 교학을 배우다가 20세에 사교입선(捨敎入禪), 3년 사한(死限)을 정하고 몸도 씻지 않고 머리도 깎지 않고 자리에 눕지 않아 후세 수학인들의 큰 모범이 되었다.

22세 때 단교(斷橋) 스님께서 만법귀일(萬法歸一)의 화두를 받고 뒤에 설암(雪嵒) 스님께서 타사시구(拖死屍句)의 화두를 받았는데 하루는 꿈 가운데서 만법귀일화(萬法歸一話)의 의정이 돈발하여 이로부터 60일간 폐침망찬(廢寢忘餐), 동서를 가리지 못하다가 달마 기일을 맞이하여 대중 스님들과 함께 삼탑사(三塔寺)에 나아가 독경하다가 5조 스님의 진영 중에 쓰여있는 '백년 삼만육천조(百年三萬六千朝)에 반복원래시차한(返復元來是遮漢)' 이란 글귀를 보고 활연대오 하였다.

그 뒤 설암 스님 문하에서 공부하다가 봉수사(鳳鬚寺)에서 5년을 지내고, 41세 때 항주 천목산 서봉 사자암에 들어가 '사관(死觀)' 이란 간판을 붙이고 15년 간 동구밖을 나오지 아니했다. 그러나 사방에서 스님의 고명하신 도풍을 듣고 많은 납자들이 몰려와 큰 시장을 이루므로 하는 수 없이 사자(獅子), 대각(大覺), 두 절을 짓고 삼관(三關)을 베풀어 학인을 제접하니 승속 간에 스님에게 계를 받은 자가 수천 수만에 이르렀다. 이제 이 3관 법문을 소개하면 다음과 같다.

① 밝은 해가 허공에 당함에 비추지 아니함이 없거늘 무엇을 인하여 조각 구름의 가리움을 입는가.
② 사람 사람이 저마다 그림자가 있어서 촌보(寸步)도 떠나지 아니하는데 무엇을 인하여 밟아도 밟히지 아니하는가.
③ 온 대지가 이 한 개 불구덩이라, 무슨 삼매(三昧)를 얻어야 불에 탐을 입지 않겠는가.

선요는 총 29장 1만3천9백97자로 '큰 뜻을 분발하여 현관(玄關)을 뚫을 것' 을 본지로 하였다. 오랜 세월의 고통 속에서도 갈등을 두려워하지 않고 역고정진(歷苦精進)하는 고봉 스님의 정신력과 곳곳에 나타난 섬광처럼 빛나는 지혜는 방황하는 선객들에게 좋은 길잡이가 되었다.

　덕진 스님은 이 글을 보고 언젠가는 '사관(死關)' 수행으로 생사대해를 건널 것을 마음 속 깊이 다짐하였다. 이제 29장의 법문을 제목만 간단히 나열해 보면 다음과 같다.

① 개당보설(開堂普說)

② 시중(示衆)

③ 직옹거사에게 교시하다(示 直翁居士)

④ 결세 때 대중을 교시하다(結制示衆)

⑤ 대중에게 교시하다(示衆)

⑥ 해제 때 대중에게 교시하다(解制示衆)

⑦ 대중에게 교시하다(示衆)

⑧ 입한시중(立限示衆)

⑨ 대중에게 교시하다(示衆)

⑩ 오후의 설법(晚參)

⑪ 신옹 거사에게 보이다(示 信翁居士)

⑫ 대중에게 교시하다(示衆)

⑬ 결제 때 대중을 교시하다(結制示衆)

⑭ 대중에게 교시하다(示衆)

⑮ 단오 때 대중에게 교시하다(端陽示衆)

⑯ 대중에게 교시하다(示衆)

⑰ 이통상인(理通上人)에게 교시하다(示 理通上人)

⑱ 대중에게 교시하다(示衆)

⑲ 해제 때 대중에게 교시하다(解制示衆)

⑳ 대중에게 교시하다(示衆)

㉑ 제야소참(除夜小參)

㉒ 대중에게 교시하다(示衆)

㉓ 결제 때 대중에게 교시하다(結制示衆)

㉔ 대중에게 교시하다(示衆)

㉕ 제야소참(除夜小參)

㉖ 대중에게 교시하다(示衆)

㉗ 직옹거사(直翁居士)의 편지에 답하다(答 直翁居士)

㉘ 앙산 노화상의 법을 이을 것인가 하는 의심을 통한 글
  (通仰山 老和尙疑書)

㉙ 실중삼관(室中三關)

다음은 보조국 사의 〈절요〉를 배웠다.

④ **보조국사의 절요**(節要)

끝으로 〈절요〉는 〈법집별행록절요사기(法集別行錄節要私記)〉로써, '법집'의 '법(法)'은 일심진여(一心眞如)의 법을 말하고 '집(集)'은 모집이니 그것에 관한 글만 모았다는 말이며, 별행(別行)은 이 책은 원래 하택(荷澤), 북종(北宗), 홍주(洪州), 우두(牛頭) 4종(宗)의 법을 논하였는데 그 가운데 오직 화택의 법만을 따로하게 한 까닭이다.

그런데 회암정혜(晦巖定慧)는 그의 별행록 〈사기화족(私記畵足)〉에서 '법집은 선원집(禪源集)과 그 유예가 같으나 선원집은 제가소술(諸家所述)의 구게(句偈)를 찬집한 것이므로 통히 능전(能詮)과 소전(所詮)을 들어 선원제전집(禪源諸詮集)이라 하였지만 여기서는 4종의 소술(所述)한 법만을 집록(集錄)하였으므

로 법집(法集)이라 하였다. 또 〈절요(節要)〉는 중요한 구절만 뽑았다는 뜻인데 이것을 보면 원래 〈법집별행록〉이란 책이 세상에 유행되고 있었음을 알 수 있다.

그러나 현전하는 〈법집별행록〉이 없으므로 해인사 〈사기(寺記)〉에는 규봉(奎峯) 스님이 지은 〈중화전심지선문사자승습도(中華傳心之禪門師資承襲圖)〉에 논한 4종의 법과 비유가 〈절요〉의 내용과 같고, 또 〈원각경대소(圓覺經大疏)〉, 〈현담제팔중 계차(玄談第八 修證階差)〉에 선문칠가(禪門七家)를 술(述)한 것이 있는데 그 중 4종(宗)의 내용이 〈절요〉 4종의 내용과 꼭 같으므로 전기 승습도(承襲圖)에 의지하여 절요를 지은 것이 아닌가 생각한다' 하였다. 그리고 사기는 자기의 견해를 기록한 것을 말하는데 고래로 '경은 소(疏)로 통하고, 소(疏)는 초(鈔)로 통하며, 초(鈔)는 사기(私記)로 통한다' 하여 경을 아버지라 하면 소를 아들, 초를 손자, 사기를 증손자에게 비유하였다. 그러므로 〈법집별행록절요병입사기(法集別行錄節要並入私記)〉는 〈법집별행록〉 가운데서 중요한 대목만을 끌어내어 거기에 보조국사 자신의 견해를 붙인 책이다.

대의는 '간돈점 현령지(揀頓漸 顯靈知)'로써 돈점을 간택하여 신령스런 마음 나투는 것을 목적으로 하고 있다.

내용은 먼저 찬술의 동기를 밝히고 다음에 4종의 대의를 총판(總判) 하였으며, 이어 대중의 견해를 밝혀 득실시비(得失是非)를 논한 뒤 오로지 돈오점수사상(頓悟漸修思想)을 천명하였다.

찬술의 동기는 그의 책머리에 '하택신회(荷澤神會)는 지혜 종사(知解宗師)이므로 비록 조계의 적자는 되지 못했지만 오해(悟

解)가 높고 밝아 결택함이 분명하므로 종밀(宗密) 스님이 그를 계승, 그의 뜻을 밝혀 누구나 볼 수 있게 하고 교를 인하여 마음을 깨달은 사람들을 위하여 번거로운 말들을 제거하고 강요만을 뽑아 관행하는데 귀감을 삼게 하고 또 문자의 뜻이 돌아가는데 의거하지 않고 바로 밀의상전처(密意相傳處)로써 도를 삼아 흐리멍텅, 한갖 수고롭게 앉아 졸기만 하고 또 관행에 실심착란(失心錯亂)하는 자가 있으므로 돈오점수의 본말을 택하여 자심(自心)을 비추는데 공을 그르치지 않게 하기 위해서다' 하였으니 영지인(靈知人)의 고명한 지혜를 결택하여 인교오심(因敎悟心) 하는 사람과 관행착란(觀行錯亂) 하는 사람에게 선돈오 후점수(禪頓悟 後漸修)의 사상을 천명하기 위해서 지은 것이다.

총 23,140자에 지나지 않는 소책자이지만 논지가 정연하고 사상이 민첩하여 선교인(禪敎人)으로 하여금 그릇된 지견을 버리고 바른 지견을 나투게 하여 많은 수행인의 길잡이가 되어 왔으므로 고려 이후 한국 불교에서는 선종승려(禪宗僧侶)의 독습 과목으로 지정하게 되었다고 쓰여져 있다.

스님은 이와 같이 통도사 강원에서 사미과를 마치고 한국 불교 승려의 독습 과정의 한 과목인 4집과를 마치고 부산 금화사 원주가 되어 절살림을 하며 범어사 승가대학 청강생으로 다니면서 배웠다.

설악산 봉정암 참배길에 봉정암 아래 고개에서.

은사 스님의 부름

이렇게 열심히 공부를 하고 있는데 갑자기 은사 스님께서 불렀다.

통도사에서 서울에 포교당을 만들기 위하여 서화전을 열고 여러 가지 준비도 하기 위해 올라가게 되었으니 네가 와서 금화사 살림을 맡아주어야 하겠다는 것이었다. '출가한 지도 몇 년 되지 않고 공부 또한 미진하기 때문에 나아가기 어렵다' 하여도 은사 스님께서는 단호히 '중노릇은 〈초발심자경〉대로만 행하여도 넉넉하다. 도라고 하는 것은 다 배워서 하는 것이 아니다. 하다보면 도가 그 가운데에 나오는 것이다. 여러 소리하지 말고 빨리 오너라' 하였다.

하는 수 없이 덕진 스님은 금화사에 와서 범어사 강원에 청강생으로 다녔다.

오나가나 절 일은 별 것이 아니었다. 아침 저녁 예불하고 사시에 마지를 올리고 신도들이 오면 재(齊) 불공하고 인연따라 상담에 응하면 되기 때문이다.

그런데 하루는 사시불공을 올리다가 나불거리는 촛불을 보고 이 몸을 태워 세

금화사 법당앞. 은사스님, 사제와 함께.

상을 밝힐 것을 발원하였다. 그래서 '촛불'이라는 시를 짓고 몇
번이고 되뇌었다.

　　모양새 녹아서 무한무궁이 된다.
　　변한다 밝힌다 바친다
　　가르친다 나눈다 오고간다

　　고이 간직한 정성 바친다
　　얽힌 근심도 바친다
　　한가닥 힘과 정력 태워
　　온세상 밝힌다.
　　한(恨)도 고(苦)도 태워서 마음 밝힌다.

　　따르딱 따르딱 관세음보살
　　울림파도 조화로움에
　　님께 바친 그 빛마저 어우러져
　　시비(是非) 녹아 고요의 앙금이 담긴다
　　희비(喜悲) 녹아 소망 이룬다며 속삭인다.

　　나툰 인연(現像) 변하면서
　　본질(本質)을 나투고 이치(理) 보여 가르친다.
　　여보게!
　　군말 말게
　　밝아야 밥먹고 일하고 공부도 해!
　　　　　　　　　　　　〈연꽃처럼〉 중에서

스님은 여기서 두 가지 발원을 한다. 하나는 포교하면서도 구도 공부를 한다는 것이고, 두 번째는 구도로써 전법한다는 것이었다.

아무리 바빠도 공부를 중단할 수 없으니 범어사 강원 승가대학에 청강생으로 나가면서 어린이 포교와 청소년 포교에 힘을 기울일 것을 다짐하였다. 세상을 밝히는 데는 자라나는 청소년들에게 불법을 가르치는 것이 급선무라고 생각하였기 때문이다.

사실 절이란 남자 여자가 따로 없기 때문에 일이 많다. 남자가 여자 일까지 해야 하고 여자가 남자 일까지 해야 하기 때문이다. 그러나 스님은 이러한 일들을 통해 인생의 길을 개척하며 더 나아가서는 중생들의 길잡이가 되어야 하겠다는 생각으로 이러한 일거리를 마련해 주신 부처님의 가피력에 감사드렸다.

우리집 장자(長子)
은사님의 맏상좌
승(僧)에도 속(俗)에도 솔선해야 하는데
체구(體軀) 체력(體力)은 가장 작고 약하다.

나를 지켜 주신 님
만인의 스승이신 님께서
주신 용기와 끈기가 있어
맏이 자리 무난히 지키옵니다.

언제나 바쁘고 어깨가 무거운
일할 복마저도 으뜸 임을

행복으로 알아
잡념(雜念) 생길 틈도 없으니
자리도 든든 길도 탄탄합니다.

〈연꽃처럼〉 중에서

금화사에서 생긴 일

① 정업탕 이야기

금화사에 이르니 절 맞은편에 대단위 아파트가 건설되고, 울타리 바로 밑에 어느 분이 목욕탕을 짓다가 지하실을 함부로 파 절 요사채가 금이 감으로써 일을 중단, 큰 저수지처럼 물이 고여 1년 넘게 방치되어 있었다.

그런데 그 옆에 또 목욕탕 허가가 나서 공사를 하자 금화사 신도들이 '소음과 먼지'를 걱정하고 또 지하수가 줄어들 것을 염려하여 구청에 진정서를 낼 준비를 하고 있었다. 자기 땅에 합법적인 절차를 밟아 목욕탕을 지으려 해도 이웃 사람들이 진정하면 할 수 없는 것이 요즈음 세상의 상규(常規)이다.

그러나 이 일을 생각해보니 앞서 지으려하던 사람도 많은 피해를 보았을 것 같고, 이번 공사도 막으면 손해도 손해려니와 부처님께 큰 욕을 먹일 것 같아 신도들이 요구한대로 업자에게 요구하여 '그을음, 분진, 소음 등이 나지 않게 하고 만일 절에 물이 줄어들 경우 목욕탕 물을 연결하여 물 부족이 없게 해달라'고 하였더니 목욕탕 주인은 쌍수로 합장하였다.

그리하여 '말보다는 문서로 약정하라' 하여 문서를 작성하니 목욕탕 주인께서 이왕이면 목욕탕 이름까지 하나 지어 달라고 하였다. 스님께서는 '정업탕(淨業湯)'이라 이름을 지었다. 몸에 때만 미는 것이 아니라 마음의 때까지도 벗겨내는 목욕탕이라는 뜻으로 말이다.

② 오해하기 쉽게 생긴 사람

하루는 원주 스님과 같이 목욕탕에 갔더니 아는 주인은 없고 새로온 사람이 돈을 받았다. 체구가 뛰어나고 인물이 잘 생긴 원주 스님을 따라 남탕을 향해 걸어가니 목욕탕 관리인이 큰 소리로 외쳤다.

"스님, 거기는 남탕이에요. 이리로 오십시오."

힐끗 돌아보고 다시 들어가려 하자 관리인이 당황한 듯 뛰어오면서 소리를 질렀다.

"거기는 남탕이니 이리 오시라니깐요."

그제서야 스님은 '아, 이 사람들이 나를 여자로 알고 그러는구나' 하고 변명하였더니 관리인도 '정말입니까' 하고 거듭 사과하였다. 스님은 몸이 연약하고 예쁘장하게 생긴 탓으로 종종 가다가 이러한 일들이 벌어져 당황할 때가 많았다.

그래도 관리인은 마음이 놓이지 않았던지 한참 후에 탕속에 들어와 덕진 스님의 알몸을 확인한 뒤 빙긋 웃으며 나갔다.

③ 장기 소동

당시 금화사에는 수계한 지 1년도 안된 사미승 한 분과 나이 서른이 넘은 행자 한 사람이 있었는데 날마다 일도 공부도 하지 않고 틈만 나면 장기를 둔다고 공양주가 귀띔해 주었다.

그래서 하루는 두 사람을 불러다 놓고 '절에 왔으면 절 공부를 해야지 장기가 무슨 장기냐' 하고 타일렀는 데도 이들은 계속 장기를 두었다. 하는 수 없이 스님은 장기판을 가져다 부엌에 집어넣고 말했다.

"장기판을 없애는 것은 내 죄가 아니지만 장기에게는 매우 미안하게 되었어. 승부에 연연하면 밤잠도 제대로 자지 못하는 것이 장기, 바둑, 화투 놀이이니 술 담배 끊듯이 야물게 끊고 '하루도 일하지 않으면 먹지 않는다' 하신 〈백장청규〉를 생각하게."

그 후로부터는 금화사에는 장기 두는 사람이 그림자조차 사라졌다고 한다.

④ 거짓말 상좌

범어사 승가대학을 졸업한 뒤 도시 계획으로 헐린 요사채를 짓게 되었는데 은사 스님께서 갑자기 총무원 일을 맡게 되어 2층으로 짓던 집이 중단되고 겨우 아래층만 수리, 입주하게 되었다. 마침 그 때는 박정희 대통령께서 서거한 이듬해 이고 10·27법난이 일어난 해이므로 불교계는 큰 어려움을 겪고 있었다. 그렇게 되다보니 약속된 일들은 대부분 지켜지지 않아 신용이 미약하여 하루에도 몇 사람이 왔다 가는지 알 수 없었다.

"벽돌 값 주세요."

"철근 값 주세요."

"집사람이 아파서 죽게 되었습니다."

"애들이 학비 때문에 걱정을 하고 있습니다."

들고 보면 모두가 딱한 사람이었으나 덕진 스님 역시 뾰족한 수가 없었다. 그래서 날마다 거짓말만 하게 되었다.

"조금만 기다려 보세요."

"큰스님께서 곧 내려오실 것입니다."

"열흘만 있으면 큰스님께서 오실 것입니다."

"보름만 있으면 내려오실 겁니다."

이렇게 날짜를 미루고 미루다 보니 열흘이 몇 열흘이 지나서야 큰스님께시 오서서 간신히 해결은 되었으나 죄송하기 그지없었다.

그런데 용케도 그렇게 많은 사람들이 왔다 가면서도 욕하는 사람이 아무도 없었다. 이는 오직 큰스님 덕으로 알지만 절 사람들은 거짓말을 하지 않는다는 통념이 있었기 때문이 아닐까. 생각해보면 빚을 받으러 온 사람들이 화를 내며 스님들을 욕을 하고 '돈 안 주면 관청에 고발하겠다든지 집을 뜯어 가겠다' 하면 스님 역시 '내가 짓지 않은 집이니 알아서 하십시오' 할 터인데 돈 받으러 온 사람들이 스님 대접을 깍듯이 하면서,

"부도나게 생겼습니다."

"일꾼들 다 놓치게 되겠습니다."

"점포 문닫게 생겼습니다."

사정 이야기를 하니 스님께서도 황송하게 생각하여 함께 고통을 나누는 식으로 설명해 나가면서 그 때의 어려움을 무난히 넘기게 되었다. 그러나 스님께서는 지금도 생각하면 등에서 땀이 난다고 한다. 작정도 없는 날짜를 열흘, 보름하면서 거짓말을 계속하였기 때문이다.

향토예비군들의 교육

향토예비군은 군대에 갔다온 사람이나 설사 군에 입대하지 않은 사람이라도 내 지역은 내가 지키겠다는 신념을 가지고 한 달에 한 두 번씩 모여 훈련하는 단체이다.

어쩌다가 한 번씩 군사 훈련도 하지만 주로 정신 훈련으로 스님, 목사, 신부 한 분이 나와서 강의를 하게 되었다. 1965년 군승이 생긴 이후로 우리 불교계에서도 경승 제도를 만들고 향토예비군들을 지도하는 사람들을 뽑게 되었는데 덕진 스님은 솔선수범으로 이 단체에 적극적으로 참석하다 보니 부산 지역 법사단장을 맡게 되었다.

법사단장이란 그 때 그 때 필요한 장소에 알맞는 스님을 배정하여 법회를 보게 하는 것이다. 스님들은 원래 산중에서 자연을 상대로 도만 닦고 있었기 때문에 대중 앞에 서는 것을 별로 좋아하지 않았다. 그러나 스님은 "일부러 날짜를 정해서 법회를 보기도 하는데 사람 모아놓고 포교하는 데까지 빠지면 되겠는가. 다른 종교인들은 황금어장이라 하여 서로 밀치고 들어가려 하는데…" 하시며 부산 지역에서 명망있는 여러 스님들을 모셔놓고 '누가 가든지 빠지지 말고 정신 훈화를 하자' 약속하고 그 지침을 다음과 같이 정하였다.

① 어떤 종교인 어떤 사상가를 만나더라도 바다와 같은 넓은 마음으로 수용할 수 있는 자세를 가집시다.

② 그리고 대자대비한 부처님 마음을 따라 중생들을 어여삐 여

기면서 불법의 인연, 인과 도리를 가르치고 마음법을 설명
하여 이 세상을 복되게 하는 일을 합시다.

③ 우리 한국 불교는 단군 임금님의 홍익 정신에 비추어 삼국
시대부터 지금까지 꾸준하게 호국 운동을 해왔으니 서산,
사명대사의 호국 정신과 고려팔만대장경의 정신에 의하여
국민정신을 계도합시다.

④ 내 의무 착실히 하고 주변 나라에 감사하면서 마음에 불평
불만없이 긍정과 기쁨으로 정신 무장을 하면 최선의 무장이
며 방어이다.

모든 스님들은 덕진 스님의 이 감동어린 말씀에 동감하고 제각
기 바쁜 시간을 쪼개어 한 번도 빠지지 않고 그 자리를 지켜주었
다. 스님께서 강조하였던 법문 한 토막을 소개하면 다음과 같다.

"사람이 살아가는 데는 나름대로 갖가지 고통과 근심이 있습
니다. 또 뜻밖의 사고나 사건이 있어서 몸을 상하거나 재물을 잃
거나 사랑하는 사람, 믿었던 사람에게 배신을 당할 수도 있습니
다. 이러한 여러 가지의 참기 어렵고 고통스런 일을 당했을 때 그
고통과 근심을 이기고 자신을 지
켜야만 합니다.

부처님께서 말씀하셨습니다.

'고뇌하는 사람들 가운데에 있
으면서 고뇌에서 벗어나 즐겁게
살라.'

'두 번째 화살을 맞지 말라.'

국군격려법회(95년 정토사 대웅전).

　지난해 봄에 서울에서 내집 마련을 하고, 딸 혼사를 치르겠다
는 계획으로 계조직에 들어 매달 곗돈을 넣어오다가 계주가 잠
적하여 천 수백 만원의 돈을 받을 길이 없다고 가정 주부가 울며
불며 한탄하는 기사를 읽었습니다.

　이런 경우에 못 받게 된 돈이 아까워서 밤에 잠을 못 자고, 돈
떼먹고 도망간 자가 괘씸하여 이를 갈면서 밥을 못 먹는다면 돈
잃은 것은 첫 번째 재앙의 화살을 맞는 것이고, 잠 못 자고 밥 못
먹어 건강을 해쳐서 병이 나면 두 번째 재앙의 화살을 맞는 것이
며, 건강이 나빠서 자신의 직무나 가정 일을 못하면 세 번째 화살
(3차 피해)을 맞는 것이 됩니다.

　현실적으로는 돈을 받기 위해 노력을 해야 할 것입니다. 즉,
도망간 계주를 찾는 일이나 그 사람 재산이라도 있으면 사법적
으로 압류하는 실질적 일을 해야 하겠지만 돈 찾는 일을 할 때
외에는 그 사실과 고뇌를 잊어 버려야만 자신과 가정을 지킬 수
있습니다. 그 돈의 아까움과 도망자의 괘씸함을 잊으려고 하지
만 아까움과 억울한 생각이 더욱더 깊어질 것입니다. 그러나 잊
는 것이 최상의 선약(仙藥)입니다.

　그렇다면 어떻게 해야 잊을 수 있을까요.

　첫째, 자신이 할 일, 직장의 직무 또는 가정의 청소, 집안관리,
가족 보살핌을 예전보다 두세 배로 열심히 해야 합니다. 불행한
일이 생각날 틈을 주지 않는 것입니다.

　둘째, 스포츠, 서예, 독서, 가요, 문화, 예술 활동, 봉사 활동 등
의 건전한 취미 활동을 자신이 할 수 있는 범위 내에서 열심히 하
는 것입니다.

셋째, 신앙생활을 열심히 하는 것입니다. 자신이 믿는 종교의 경전을 부지런히 읽고 성인의 말씀을 깊이 새기고 기도를 부지런히 하면서 모든 것은 인연 따라 되는 것이라고 생각해야 합니다.

일의 성패까지도 인연에 맡기는 것입니다. 감정에 못이겨 술을 마시거나 화투치기 등에 빠지는 것은 좋지 않습니다.

비단 돈 잃은 것 뿐만 아니라 신체의 병고나 배신을 당하거나 사고 등의 고통, 불행, 근심이 있더라도 긍정적이고 희망적인 생가으로 상기의 세 가지를 열심히 노력하면 불행이나 고통, 근심 등을 잊고 자신을 건전하고 건강하게 지킬 수 있습니다. 이것이 2차, 3차 피해(두 번째, 세 번째 화살)를 막는 것이며 고뇌 속을 벗어나서 편하게 살아갈 수 있는 것입니다.

또한 자신과 잘못된 일에 너무 집착하지 말고 더 멀리 더 폭넓게, 즉 과거 · 현재 · 미래를 생각하고 상대방의 입장이나 제3자의 입장까지를 살펴봄으로써 이해와 관용과 융통성이 생겨서 어려움을 이기는데 힘이 될 것입니다. 실망도 고통도 자기 주관적 집착에서 벗어나야 합니다.

모든 사람은 죽음이 닥쳐오고 있지만 죽음이란 사실을 망각하고 있으니까 죽음에 대한 두려움은 없습니다. 그렇지만 죽음은 아무도 피할 수 없는 사실입니다.

오래 살면서 자식도 잘 기르고 재산도 모아서 노후까지 편안히 살 것이라고 생각하며 돈벌이에 온갖 수단과 방법을 동원하고, 자녀 교육에도 어떻게 하면 남의 자녀에게 뒤지지 않고 돈과 명예를 많이 가질 것인가에 목표를 누고 치맛바람을 일으키녀 좋은 대학, 자기 욕심에 맞는 좋은 직업과 좋은 자리에 집착합니다.

또한 재산도 언제까지 내집 마련을 해야지, 고급 승용차를 가져야지 등의 허망한 목표에 집착하면 부당하고 부정한 방법을 쓰게 됩니다. 무리한 사업 확장이나 더 빨리 성장하려는 조급함에 자신과 가족이 쓰라린 고통을 당하는 수도 있습니다.

죽음뿐만이 아니라 교육도, 돈벌이도, 가족 다스림도 순리적인 과정으로 지극히 정당한 방법으로 최선을 다하고, 그 결실의 크고 작음에 집착하지 않으면 불의의 사고도 실망과 상처도 사업의 실패도 없을 것입니다.

그리하여 항상 편안하고 안정된 삶을 영위할 것입니다. 이것은 미리미리 재앙의 화살을 막는 것입니다.”

살다가 가는 길
어디서 왔는가
무엇으로 가는가
온 곳을 모르니
갈 곳도 몰라

이 몸도 내 집도
영원하지 않으니
명예도 만금도
뜨는 햇살에 이슬 방울
보이고 들리는 것
모두가 허깨비

진정한 내 것
영원한 것은 무엇인가
부질없이
밖을 보나
안에서 찾아야지

보이는 그대로
가진 만큼 쓰는대로
되어가는 그 만큼
누리는 행복

가는 날 그 때까지
자신에도 행복에도
얽매임 없으리.

경기도 화성 신흥사 수련원에서 전국 경승교육 중 발우공양.

앞에서는 개인의 어려움이나 불의의 사고 등을 당했을 때 그것을 극복하는 방법을 이야기하였다. 여기서는 국민의 대다수가 어려움을 겪고 있는 사태에 대하여 언급한 글을 한 번 피력해 본다.

"1997년 11월부터 우리 정부는 달러가 부족하여 외환 위기 사태가 벌어졌습니다. 국가가 부도가 나느냐, 온 국민이 경제적 대혼란을 겪느냐, 아니면 온 국민이 근검 절약하고 일부 국민이 어려움을 겪는 정도로 이 위기를 넘기느냐 하는 중차대한 상황이 되었습니다.

이때에도 개인의 고뇌에서 벗어나는 것과 같은 처방이 효력이 있습니다. 두 번째 화살을 맞지 말아야 잘 살 수 있는 것이니까요.

경제적 소득이 금방 그전처럼 늘어나고 소비 생활이 풍족하지는 못하더라도 끼니를 굶지 않고 집안에서 추위에 떨지 않고 잠 자며, 밖에서도 몸을 가릴 수 있는 최소한의 의식주(衣食住)만 해결되면 우리는 살 수 있습니다.

1950년대는 의식주도 턱없이 부족했습니다. 우리 국민은 물질적으로 궁핍하였지만 그래도 정신적으로 건전히 생존해 왔습니다. 그렇다고 2000년대의 우리가 50년 전으로 되돌아 가자는 것은 결코 아닙니다. 최소한의 의식주가 해결된다면, 그 외의 소비는 억제해야 합니다. 그리고 윤리와 법률에 어긋나지 않는 한 어떤 노동이나 생산이나 돈 벌이라도 해야 합니다. 수익이 적거나 크거나 간에 꾸준히 놀지 않고 일하면서 그 일에 대하여 애착과 자부심을 제각기 가지고 정성과 지혜를 다하여 혼신의 노력으로 일을 해야 합니다.

그렇게 일에 열성을 다하고 현재의 삶에 전념하면서 외환 위기에 빠진 억울함도 그전 호황기에 잘 살던 생각이 날 틈도 주지말고 오늘과 내일을 위하여 총력을 다한다면, 이 위기에 대한 조바심도 불안도 없을 것이고, 난국을 몰고온 주체자들에 대한 원망도 할 필요가 없으며 원망할 여가도 나지 않을 것입니다.

그리고 잠시라도 휴식을 할 때는 남의 이야기나, 과거 문제에 얽매이지 말고 참으로 자신이 흥미를 느끼고 마음을 쉴 수 있는 취미 활동을 해야 합니다.

또한 국민의 정신과 의식을 주도하는 언론 매체는 과거에 얽매이거나 국민의 사기가 떨어지는 보도는 자제해야 합니다. 비록 사실이라 하더라도 경제 위기로 하루 아침에 일자리를 잃고 생계가 막막한 국민들의 의식과 감정을 충분히 고려하여 용기와 희망을 잃게 하는 내용은 더더욱 자제해야 합니다.

그러면서도 이해와 협조로써 단합된 힘을 낼 수 있는 제도나 정책을 만들고, 언론도 용기와 희망을 가질 수 있는 사례를 발굴 보도해야 합니다. 이렇게 하면 국민의 마음이 위축되지 않고 고통을 절감하는 길이라 생각됩니다. 국민 각자도 생업에 더욱 더 매진하면서 생각과 의식을 희망적으로 가져야 합니다."

시원찮은 말이지만 진실하게 정성껏 말을 전하니 모두가 공감하고 큰 박수를 쳤다. 사람은 누구나 뱃속에서 배워 가지고 나오는 것이 아니고, 후천적으로 연습하여 익히는 것이 많으니 그렇게 알고 부지런히 하면 반드시 공감을 얻고 성공하게 되는 것이다.

어린이 법회의 실천

스님은 어린이 법회의 실천을 위해 평생을 어린이 교육에 몸바친 불자 교장 선생님께 찾아갔다.

"어린이 교육을 어떻게 해야합니까?"

"어린이가 되어야 합니다."

"무엇부터 가르치면 좋겠습니까?"

"말하고 행동하는 것을 말과 행동을 통해 가르치면 됩니다."

듣고 보니 불교 사상(思想) 교육은 훨씬 뒤의 일이었다.

그러나 당시 부산에는 200만 인구가 살면서 그 속에 700여 개의 사찰이 있었으나 어린이 법회를 하는 곳은 겨우 네 곳 뿐이어서 교재라는 것이 전혀 없었다.

그러함에 여러 곳을 수소문한 끝에 경기도 어느 곳에서 발행한 '불교어린이 성전'을 구해 시도하였다. 그 책을 보니 중·고등학교 학생들에게는 어느 정도 응용이 되어도 어린이 교재로써는 부족한 점이 많다는 것을 느꼈다. 그래서 스님은 그 책에 부족한 점을 가감하여서 '어린이 불교' 책을 만들었다. 통도사 방장 스님이신 월하(月下) 큰스님께서 보시고 크게 칭찬하며 휘호까지 써주셨다.

용기를 얻은 스님은 그 책을 가지고 불교대학생이나 불자 청년들에게 어린이 법회의 방법과 신앙심과 정신력을 가르쳐 주면서 어린이 법회 지도를 맡게 하였다. 나이 많은 사람은 어린이들과 동화되기 어려웠기 때문이다. 아울러 부산의 여러 청년 불자들과 모여서 어린이 지도교사 모집과 양성 및 교육에 대하여 연구하고 토론하고 때로는 연수도 하는 어린이 지도교사회를 같이 만들어서 활동하는데 지도교사가 주축이 되고 지도하는 스님도 몇 분 동참하였다.

그 때가 1982년 여름이었다. 누구 하나 선두에서 지도하는 구심점이 없어서 부득이 능력은 부족하지만 본인이 지도법사 대표가 되어서 그 회의 이름을 '부산 불교 어린이 지도자회'라 명명하고 법회를 지도하였다.

그런데 많은 사찰이나 불교 단체에 어린이 법회를 확산시키고 법회 지도 교사와 법사를 양성하고 교재를 개발 보급하는 중대한 일들을 발전적으로 해내기에는 기존 회원들의 역량이 부족하였다. 그리고 그들의 대다수가 20대 30대의 젊은 스님과 교사들이어서 용기와 소신과 원력은 충분했지만 사회와 불교의 경륜이 부족하고 재정이나 인재를 동원하는 능력도 미흡했다. 무엇보다도 각 사찰 주지 스님들에게 어린이 법회를 권유하고 어린이 포교에 동참할 수 있도록 유도하는 힘과 반연이 미흡했다. 그래서 부산 지역 승속의 많은 불자들에게 존경받는 큰스님을 요직에 모시자고 결의를 하였다.

그래서 일찍이 범어사 주지를 역임하시고 당시 영주암 주지로 계시며 부산 불교학생 연합회 총재를 맡고 계시던 정관 큰스님을 회장으로 추대하기로 뜻을 모았다.

큰스님께 회원들의 뜻을 말씀드리고 수락을 간청했다. 큰스님께서는 "좋은 일이며 해야할 불사이지만 내가 어린이 앞에 한번도 서본 적이 없는데 어떻게 어린이 지도자회의 회장이 되겠습니까?" 하시며 끝내 회장직을 사양하셨다. 하지만 그대로 물러설 수는 없어서 재차 큰스님께 간청하였다.

"큰스님께서 해야 되는 일이라고 인정해 주시니 감사합니다. 어린이 포교를 위하는 것이 이 나라와 불교를 위하는 것입니다. 하오니 큰스님께서 저희들의 지주가 되어 주시고 부산 불교계에 회장이란 직함이라도 수락하신다면 저희들이 실무적인 일은 모두 하겠습니다. 그렇게만 해주셔도 어린이 포교는 순풍에 돛을 단 듯이 발전할 것입니다."

그랬더니 큰스님께서 회장직을 수락하셨다. 그 후 큰스님께서는 어린이 포교가 참으로 보람된 일이며 이 시대에 필요한 일이라는 것을 느끼시고 지대한 원력으로 열성과 자원을 들여서 '대한불교 어린이 지도자회'라는 전국 단체로 성장시키고 전국에 지도자 양성과 어린이 포교에 엄청난 공헌을 하셨다.

그 당시 스님과 지도 교사들이 판단과 실행이 참으로 다행이었다. 스님은 당시의 상황을 이렇게 기억하고 계셨다.

"어려운 여건에서 어린이 법회를 시작한 것과 기득권 지도자들과 함께 과감히 큰스님을 추대한 일들은 불교를 대중에게 쉽게 가르치고 전해야 한다는 확고한 소신이 있고 부처님 법에 대한 감사의 보답, 꼭 해야 한다는 원력이었다고 생각합니다."

그 뒤 스님은 울산에서 정토사를 창건하고 대웅전 기둥에 주련을 한자가 아닌 한글로 새겼다. 그리고 불교 신행 요전이 되는 책을 한글 번역본으로 발행하여 읽히면서 기도와 의식 중에 한글 경전을 읽고 우리말로 쓰도록 하였다. 뜻을 모르는 한문으로 열 번 발원하는 것보다 부처님 말씀의 뜻을 알고 공감하면서 하는 것이 한 번을 해도 더욱 효과적으로 나타날 수 있다는 소신을 가지고 있었기 때문이다. 다른 사람들이야 하든지 말든지 간에 나만이라도 꾸준히 실행하고 실천해 보겠다는 확신이 있었기 때문이다. 또한 울산 불교 교육원 설립과 울산 연대본부 군법당 건립에도 앞장서서 강한 뜻을 밝힘으로써 울산 군불교에 지대한 영향을 미쳤다.

그리고 청소년이 즐겨 보고 흥미롭게 지혜를 얻고 부처님 자비와 인격을 본받을 수 있게 하며 청소년의 대화와 상담의 창구 역할까지 하는 작은 책 '선재들의 속삭임'을 선재 연구 모임에서 계속 만들어 내자고 결의하고 창간 준비호를 1997년 봄에 발행하였다. 그래서 스님께서는 중·고등학생 불자회를 지도하는 학교 교사들께 희망의 소식이었다고 하며, 〈선재들의 속삭임〉 책을 미리 소개하고 다음에 보도록 하자고 하면서 기쁨과 기대로 가득차 있었다.

그런데 준비호가 발행된지 반년이 지나도 창간호가 나오지 않아서 실무 담당자에게 문의했더니 재정 부족으로 창간을 못하고 있다는 것이었다.

이 소식을 듣고 스님은 평소 존경하고 뜻이 잘 통하는 운성 스님께 '우리가 나서서 모금을 하자' 고 의논하였다. '다른 불사나 어떤 사회 사업 보다 중요하고 절실한 일이니 같이 힘써 보십시다' 라고 권유하니 뜻을 같이 해주셨고 적극적으로 다른 스님 몇 분을 동참시켜 권선하셔서 창간호의 재정을 화주해 주셨다.

그리하여 〈선재들의 속삭임〉 창간호 2만 부를 발행하여 전국의 인연닿는 청소년에게 나누어 주어 읽게 하였고, 상담 역할과 친구가 되도록 하였다.

스님은 이렇게 옳고 해야 할 일이라면 다른 사람의 눈치를 보거나 여건이 좋아질 때를 기다리지 않고 자신이 힘겨움이 있고 명예나 재정이 줄어드는 희생을 감수하고라도 과감히 실천하였다. 이것이 스님의 소신이며 용기이다. 그리고 '만인을 위한 일은 힘들어도 꾸준히 하는 것이 원력이라' 생각하였다.

불교 교육의 지침(指針)

스님의 교육관은 사람 노릇 잘히게 하는 교육관인데 우선 절안에서 축원방 쓰는 일부터 평등하게 하셨다. 한국 사람들은 딸을 많이 낳아서 그랬는지 알 수 없지만, 아들을 선호하는 현상이 농후하여 절에서 축원방을 쓸 때도 꼭 아들 먼저 쓰고 나서 딸들을 쓴다. 그런데 스님은 남녀를 평등하게 기록하였다. 한국 사람들의 관념부터 고치는 교육이 필요하기 때문이다.

그리고 불교는 인도의 다민족·다종교·계급주의 사상 가운데서 가장 완전한 과학적·철학적·합리적 종교로써 성장해 왔으며, 그 역사가 장구한 까닭에 불법의 대해(大海)에는 없는 것이 없다. 고기와 용이 함께 살고 산과 바다가 한 허공 가운데 존재하는 것 같이 넓고 큰 종교임을 인식시키는데 주력하였다.

'콩 심은 데 콩 나고 팥 심은 데 팥난다' 는 것은 당연한 이치이지만, 특히 불교의 인과법칙에 크게 부합한다는 점, 그리고 만난 인연을 소중히 여기고 살아야 잘 살 수 있다는 인연법, 그것을 체계적으로 다룬 3법인·12인연·4성제의 교리가 인생은 일대에서 끝나는 것이 아니라 무한한 시간 속에 영원한 공간을 끊임없이 윤회 전생한다는 것을 가르침으로써 이 세상을 버리고 저 세상으로 가는 것이 아니라 이 세상을 정토화하므로써 저 세상까지도 복되게 만드는 그런 교육이라는 것을 강조하였다.

개인과 단체에 있어서는 6화경행의 화합 정신과 4섭법으로 한계를 초월하게 하고, 불안한 사람에게 선정(禪定)을 닦아 안정되게 살 수 있도록 하였다. 또 악한 사람에게 참회법을 써서 버릇을 고침으로써 자신이 주인공이 되도록 하였으며, 용기와 신심을 심어 가는 곳마다 걸림없는 인격자가 되게 하였다.

어머니 뱃속에서 열달 동안 자라면서 여덟 가마니의 피를 빨고 살아나온 이야기며 인류의 역사를 통하여 부모님의 역할이 망극

함을 〈부모은중경〉을 가지고 증명하셨다. 그래서 모든 인간들을 무지(無知)로부터 해방시키는 것이 불교라는 것을 인문과학적 측면에서 설명하였다.

자기 인격을 완성하기 위해서는 오는 잠도 참고 즐거움도 억누르고 어떠한 유혹과 감정도 물리쳐 자신을 철저하게 살피도록 유도하였다. 이러한 교육을 지속적으로 하기 위해서는 매주 이루어지는 법회에 빠지지 않도록 유도하고 각종 수련 법회에 동참하도록 일깨워 주었다.

교육이란 남의 것을 모방하여 흉내내는 것이 아니고 피교육자가 절실히 필요로 하는 것을 가르치고 있는지, 흥미 본위를 떠나서 진정 그 교육을 받는 사람이 사실을 중심으로 받아들이고 있는지 프로그램을 점검하여야 한다는 것이다.

따라서 불교를 지도하는 사람은 부처님의 심부름꾼으로서 민족의 얼을 잘 지키고 자신을 잘 지키는 수행자며, 세계 중생들을 고통의 이 언덕에서 열반의 저 언덕으로 인도하는 길잡이라는 것을 자각해야 한다고 강조하신다.

특히 스님은 어린이 불교에 깊은 관심을 가지고 어린이 법회를 보고 있으며, 1982년에는 젊은 불자들과 함께 '어린이 지도자 연합회'을 만들어 다음과 같이 강령을 짰다.

첫째, 어린이에게 많은 교리를 가르치려 하면 어린이가 지루해하고 역효과가 나므로 작은 분량의 핵심을 확실하고 상세하게 가르친다.

둘째, 어린이의 눈과 귀가 교사(법사)에게 집중되도록 수시로 유도한다. 그러기 위하여 어린이 전체에게 눈길을 고루 보내고 말의 리듬을 잘 타야 한다. 음의 고저 장단을 조화롭게 하고 분명한 발음으로 표정도 잘 나타내야 한다.

셋째, 법회 시간 운영에 있어서 한 가지 내용이나 한 지도자가 오랫동안 진행하지 말고, 15~30분 사이로 교대하는 것이 바람직하며 고학년, 저학년, 신입반으로 분반, 지도하는 것이 좋다.

넷째, 놀이 시간을 위해 귀중한 법회 시간을 허비하지 말고 흥미롭고 쉬운 것을 골라서 한다.

다섯째, 떠들거나 집중이 안 될 때는 '부처님 합장!' 하며 조용히 시킬 수도 있지만 어린이의 귀에 생소한 '옴남' '옴치림' '수리수리 마하수리' 등의 진언이나 청아하고 엄숙한 염불을 하는 것이 신앙적이고 효과적이다.

여섯째, 법문 말미에 내용을 정리하여 복창하게 하거나 조용히 다시 경청하게 한다.

일곱째, 어린이의 질문을 많이 받아 준다.

여덟째, 잘하는 어린이에겐 칭찬을 해주고 못하는 어린이에겐 꾸중보다는 부끄러움을 느끼게 하고 부처님께 참회하도록 한다.

아홉째, 어린이와 즐겁게 같이 놀아주는 시간을 자주 가진다.

열째, 불교의 위대함과 신비함, 불단, 향, 초, 공양 등을 자주 가르친다.

끝으로 주지 스님, 법사님과 지도선생님이 자주 의논하고 대화하며 계획을 점검해야 한다.

그리고 요즘 어린이들이 TV와 만화 스포츠 게임을 즐기는 것을 보고 교사들도 이에 관심을 가져 그들을 착한 길로 이끌 수 있도록 해야한다고 하시며 손수 컴퓨터를 다룬다.

한번은 효암여상 불교학생회 회원 40여 명이 3박 4일간 수련회를 왔는데 새벽 3시부터 저녁 10시까지 꼭같이 행동하고는 끝나는 날 학생들의 소감을 물으니 한 학생이 말했다.

"제가 만일 교육부장관이 된다면 스님들을 학교 선생님으로 모셔 산 공부를 배우도록 하겠습니다."

"저희들은 그 동안 불교를 믿으면서도 부처님을 신으로 생각하였고, 불교에서 하는 모든 의식을 미신 우상 숭배로 생각하였는데 이번 수련을 통해 불교처럼 과학적인 종교가 없다는 것을 새삼스럽게 깨달았습니다."

가장 인간적인 종교를 가장 귀신적인 종교로 잘못 인식케한 조상들의 신앙 형태도 문제지만 절에서 스님들이나 법사가 그것을 시정해 주지 않는다면 계속해서 그 마음을 고칠 수 없으니 교육이야말로 이 시대 불자들의 중요한 사명이라 강조하고 있는 것이 스님의 교육관이다.

전국 어린이 지도자 교육의 실시

스님은 부처님의 교훈을 어린이들에게 전하는 전국 어린이 법회에 늘 격려와 박수를 보내며 1년이면 한두 번씩 어린이들을 위한 연합법회와 그 어린이들을 지도하는 지도자들의 교육을 실시하였다.

정관 스님을 총재로 모시고, 혜총 스님과 철오 스님을 부총재로 모셔 사문을 구한 뒤 정여, 운성, 영조, 설봉, 무등, 해관, 신산, 성형, 인성, 영진 스님 등을 부회장에, 지광 스님과 박창식 법사를 감사에, 지도위원에 박정자 씨를 모시고 어린이 교재 〈연꽃〉을 발간하고 여름·겨울 불교학교 교재를 발간하였으며, 희망자들에게 갖가지 자료를 보내주고 지도자 지침서 〈동련〉을 발간하였다.

서울, 부산, 대구, 충남, 대전, 전남, 경남, 제주에 각각 지부도 관리하고 그 때 그 때 필요한 일들을 서로 의논하여 집행토록 하였다. 이로 인하여 전국 어린이 법회가 창성하고 어린이 교사 대학이 설립되었으며, 어린이 지침서가 연속적으로 발간되고 심지어는 '전국 어린이 창작 찬불가 대회'를 하여 정보화 시대에 걸맞는 불교 운동을 전개하였다. 전국 어린이 지도자 연수회에서 우수포스터 경진 시상도 하였다.

스님은 교육이 실시되기 전 적어도 한두달 전에 교재를 점검하고 교육 장소를 친히 방문하여 숙소를 배치하고 업무를 분담 일정표를 짜고 입재식과 회향의 차례를 정해 조직적으로 강의와 실습을 하도록 하였다. 모처럼 낸 시간을 허비하지 않고 알차게 운영할 수 있도록 하기 위해서다.

입재식은 개회사, 삼귀의, 찬불가, 회장인사, 격려사, 법어, 입재발원문, 축원, 연수생 선서, 연수일정 안내, 공지사항, 사홍서원으로 하고 회향식은 삼귀의, 찬불가, 반야심경, 총평, 회장 인사, 격려사, 회향 발원문, 공지사항, 사홍서원, 불교 어린이 지도자 연합회가, 폐회사 순으로 하였다. 개회사는 임원 중에서 하였다.

"반갑습니다. 선재 어린이 여러분! 그리고 그 어린이들을 지도하는 지도자 여러분! 먼길을 오시느라 수고 많으셨습니다.

118

미래의 어린이불자들을 위해 애정의 꽃을 피우시는 지도자 여러분! 매년 어린불자들을 위해 여러분들의 뜨거운 사랑의 열정이 피어오르는 향처럼 언제나 향기롭고 은은한 느낌으로 자리할 것입니다.

이번 배움의 자리는 여름 불교학교를 맞이하여 지도자들에게 다양한 교육프로그램을 제시하고 직접 보고, 느끼며 체험해 볼 수 있도록 준비하였습니다. 또한 어린이 법회의 질적 향상을 위해 소인원의 분반 교육을 실시하여 교육의 효과를 높일 수 있도록 하였습니다. 그리고 우수 어린이법회 프로그램 공모 전시 및 시상식으로 지도자들의 사기와 참여도를 높이며, 21세기 어린이 포교를 바라보며 어린이포교에 대한 재조명과 앞으로 계획에 대한 방향을 제시할 것입니다.

그리고 우리의 실천적 포교 운동을 위해 바쁜 시간을 허락하여 주신 법사님, 강사님과 여러 학인 스님들께 깊은 감사를 드립니다.

또한 어려운 포교의 여건과 어려운 경제적 상황 속에서도 오직 어린이들을 위한 길로 알고 어려운 길을 마다 않고 달려온 우리 지도자 여러분께도 감사를 전합니다.

시간이 지나면 지날수록 힘겨워지는 포교 사업이지만 언제나 변함없이 끝없는 자비의 나눔이 지도자 여러분들 마음 마음마다에 전달되기를 발원합니다. 그리고 혹 불편한 사항이나 어려운 점이 있으면 항시 본부 임원이나 자원봉사자들에게 연락하여 주시기 바라며, 어린이법회에 대한 여러 문제에 대한 궁금한 점이 있으면 당일 상담실을 이용해 주시면 감사하겠습니다.

지도자 여러분!

부처님 나라가 결코 멀리 있지 않습니다. 여러분들이 만들어 내는 그 모두가 우리 어린이들의 나라가 되는 것입니다. 이번 연수회의 열띤 시간과 배움의 열의로 부처님 나라를 일구어 나갑시다.”

덕진 스님은 불교 어린이 지도자 연합회 회장으로서 다음과 같이 인사하였다.

“전국 원근 각 처에서 오신 어린이 지도자 여러분! 반갑습니다.

여기, 천년 신라의 밝은 기운이 고스란히 남아있는 고도 경주에서 ‘슬기로운 어린이 활기 찬 미래불교’ 라는 주제로 지도자 연수회를 하니 우리 불교인 모두의 대원이며 대행이고 크나 큰 공덕 인연입니다.

각자의 생활에 여념이 없으시면서도 귀한 시간을 내어서 어린이법회를 하고 있지요. 법회를 통하여 자라나는 새싹들에게 부처님의 지혜와 자비를 잘 심어서 내일의 참된 일꾼이 되도록 열과 성을 다하시는 지도자 여러분은 최상의 포교사이며 진정한 대승보살이라 생각합니다.

우리 모두는 온 세상의 어린이를 부처님으로 보고 수행과 포교의 첫 대상으로 삼아야 하겠습니다.

요즘 서양식 교과 지식과 선정적인 대중 매체와 물질 만능의 주변 환경에 그대로 노출되어 있는 어린이를 부처님의 법과 6바라밀을 바로 알고 행하도록 하고, 지혜와 인내와 용기를 다 갖춘 미래의 지도자로 성장할 수 있도록 우리 모두 최선의 노력을 다 합시다.

이와 같이 우리 모두가 노력하여 이 땅의 미래가 참다운 불자로 가득한 불국토가 되기 위해서는 지도자 여러분이 어려움을 참고 강의를 충실히 받아서 지도자로서의 자질과 역량을 충분히 갖추어야 되겠습니다. 〈화엄경〉에 선재 동자는 하는 일과 역량과 신분이 각기 다른 53선지식에게 보고 듣고 느끼면서 깨달음을 열어갑니다.

여러분도 선재 동자가 되어 보십시오! 그리고 지혜의 문수 보살, 실행의 보현 보살, 자비의 관세음 보살, 원력의 지장 보살이 되어 보십시오!

여러분, 정당한 원력이 있으면 성취의 길은 열립니다. 이 땅의 어린이가 훌륭한 인재가 되도록 하는데 큰 서원을 세우고 온 정성 다해 행한다면 그렇게 하는 자기 자신부터 근심과 고뇌가 소멸되어 밝은 앞날이 열리고 지도 받은 어린이도 훌륭한 청년들로 성장할 것입니다.

우리의 지금 이 현실은 과거 우리가 경험하지 못한 환경에 놓여 있어 낙관만을 할 수 없는 세상이 되어버렸습니다. 현 시대와 함께 어린이의 생각과 생활도 시시각각으로 변화하고 있습니다. 여기에 맞는 체계적 교훈과 여러 가지 방법들을 갖추어 어린이의 시각에 맞추기 위해서는 각고의 노력을 해야 합니다.

연수회에 무엇을 어떻게 배우고 이 배움을 어떻게 적용할 것인지 냉철하게 판단하고 끝없이 정진하시기를 바랍니다. 또한 연수 중에 강사진, 임원진 또는 선·후배들에게 수시로 문의하고 서로 정보도 교환하면서 정도 쌓고, 또 여기 있는 모두를 내 것으로 만들어 마음껏 활용하십시오. 그리고 본 회에 개선되어야 할 사안이나 건의 또는 도움이 필요한 문제들이 있으시면 언제든지 말씀해 주시고 우리 모두 한 단계 더 높은 지혜와 능력을 갖추어 어린이 포교의 원력이 성취되도록 분발합시다.

끝으로 이 연수회에 동참하신 모든 분들과 그 가정에 건강과 부처님의 가피가 항상 함께 하며 나날이 좋은 날 되시기를 부처님께 기원합니다.”

격려사, 축사 법어는 매 행사 때마다 그 지역의 불교지도자들이 해주셨다. 법어가 끝나면 연수생들의 선서가 있고 연수생들의 수칙을 외운다. 선서는 다음과 같다.

우리들 연수생은 어린이 포교문화의 정립과 저변 확대를 위하여 정진할 것이며, 나아가서는 이 땅의 불국토 건설을 목표로 수련 기간 중 서로 화합하여 제반 규칙을 성실히 준수할 것을 삼보전에 엄숙히 선서합니다.

하나. 전원 능동적으로 연수에 임하여 시간을 엄수한다.
하나. 가슴 왼쪽에 명찰을 부착하고 개별 행동을 삼간다.
하나. 질서를 존중하고 문제 발생시 본부 실무자에게 통보한다.
하나. 연수생 모두는 한 가족 동지임을 인식하고 즐거운 공동
　　　체 생활이 되도록 상호 협조한다.

이것이 수칙이다. 입재할 때도 발원문을 외우는데 입재 발원문은 다음과 같다.

"광명하신 부처님이시여!

저희 대한불교 어린이 지도자 연합회 사부대중, 선남선녀가 자비하신 님의 가르침을 받아 지니고 빛내고자 여기 장엄스런 불도량에 모여 한마음으로 두 손 모아 간절하게 비옵니다.

여기에 모인 한마음 큰 발원이 언제나 묽러나지 않고 끝없이 이어져 부처님의 가르침 속에 용맹한 지혜와 복덕을 얻게 하옵소서.

문수 보살의 밝은 지혜, 보현 보살의 넓은 행원, 관세음 보살의 32응신, 지장 보살의 크신 원력, 끝없는 구도의 정진으로 모두 다 이 마음에 받아지니겠나이다.

거룩하신 부처님 !

석가모니 부처님께 부촉받은 영산회상의 자비하신 많은 성중과 서쪽에서 이 땅에 여기까지 역대로 이어온 조사님과 스님의 가르침을 우리가 이어받아 부처님의 거룩한 빛을 이 국토에 기어코 밝히겠나이다.

가없는 세상에 어둠을 밝히신 부처님. 나라가 어렵고 이웃이 힘들어서 내 주위에 있는 사람들이 나의 도움이 필요로 할 때 서스럼 없이 그들에게 용기와 힘을 줄 수 있게 해주십시오. 또한 그들의 가정에서 크는 어린아이에게 따뜻한 자비의 손길을 여기 모인 이 지도자들이 해내리라는 확신을 가지고 올해는 더 뜨거운 열정으로 이렇게 모였나이다.

지혜와 복덕 다 갖추신 부처님! 작은 물방울이 모여 대해를 이루듯 우리의 작은 정성을 소홀하지 않게 하소서. 불·보살님 전에 지극한 정성으로 발원 올립니다.

나무석가모니불, 나무석가모니불, 나무시아본사 석가모니불.”

강의 내용을 보면 제1강의에서는 ‘부처님 노래 부르기’ 가 주가 되고, 제2강의에서는 ‘우리 놀이, 우리 노래’ 를 재미있게 부르고, 제3강의에서는 ‘캠프파이어’ 를 배우고 밤이 되면 실제 체험한다.

그리고 제4강의에서는 각 지구별 어린이회의 프로그램과 경험담을 듣고 장기자랑을 하고, 제5장에서는 재미있는 놀이들을 레크레이션 게임 순으로 진행하고, 제6강의에서는 자연놀이, 즉 ‘네이처 게임’ 을 하고, 제7강의에서는 인형극을 하고, 제8강의에서는 불교학교의 모든 것을 총정리 한다.

이렇게 교육이 진행되는 동안 발우 공양과 수계 의식은 필수적으로 진행되는데 계를 받고 나면 수계증을 주어 평생 불자로서의 긍지를 갖도록 지도한다. 이렇게 교육이 끝나고 나면 다같이 회향 발원문을 외우는데 회향 발원문은 다음과 같다.

“자비하신 부처님 !

저희 대한불교 어린이 지도자가 뜻을 모아 님의 가르침을 받아 지니고 행하여 빛내고자 지심 발원하옵니다.

거룩하신 불보살님께서 지혜와 용기를 주시고 화엄회상 성현께서 가호하시어 인도하게 하소서. 그리하여 사부대중이 태양같이 밝은 마음, 허공처럼 맑은 마음 되어서 원만한 인격으로 참다운 불자로서 헌신하는 일꾼되어 이 땅을 안락한 불국정토로 이루게 하소서.

거룩하신 부처님!

여기 동참한 저희들은 어린이가 이 나라의 일꾼이요, 우리의 희망이며 미래 불교의 주역임을 명심하겠습니다. 그리고 어린이 포교가 자신의 수행이며 복전임을 깨달아 문수 보살님의 지혜와 보현 보살님의 행원과 관세음 보살님의 자비와 지장 보살님의 원력을 체달하여 어린이 교화에 헌신할 것을 맹세하옵니다.

자비하신 부처님!

저희들이 가는 곳에는 언제나 부처님의 무애위신력이 함께하여 무한한 인욕과 정진으로 정법 홍포의 원력이 원만성취되게 하소서.

천수천안으로 살피옵시는 부처님!

아직도 마음은 있으나 어린이법회를 시작하지 못하고 형편이 어려워 어린이 법회를 중단할 수밖에 없는 여러 사찰들과 지도자나 어린이들이 없다고 낙심하고 있는 이 땅의 지도자에게 무한히 공양하며 스님과 신자에게 대 결단의 용기를 주시고, 여건이 못되는 곳에는 여건이 되게 하시고, 조건은 되어도 뜻이 없는 이에게 뜻과 길을 열어주소서.

그리하여 전국 방방곡곡에 어린이들의 아름다운 찬불가와 낭낭한 독경 소리로 충만하여 온 국민이 참다운 불제자가 되게 하옵소서.

우리 강산과 한민족을 지키시는 부처님!

이 연수회로 인하여 여기 모인 지도자들이 용기백배하여 올 여름 불교학교가 원만히 회향할 수 있게 해 주시고 우리 지도자들의 좋은 지혜 따르는 어린이 모두가 무량대비심을 발하며 6바라밀을 행하여 이 세상의 밝은 등불이 되게 해주십시오.

금일 대중 모두가 건강하고 화목하며 맑은 뜻을 원만히 성취하여 좋은 나날이 되도록 발원하옵니다.

나무석가모니불, 나무석가모니불, 나무시아본사 석가모니불.”

회향 발원문이 끝나고 나면 덕진 스님께서는 다음과 같은 바라밀 발원문을 특별히 지어 읽었다.

“만인의 스승이시며 언제 어디서나 중생을 살피시는 부처님을 믿고 의지하며 발원하옵니다.

저희들이 다생 동안에 욕심과 성냄과 어리석음으로 지은 죄업을 참회하오니 소멸해 주시고 섭수하시어 계행 지키고 선정 닦아 지혜로운 삶을 살아가도록 인도하소서.

이 세상 모든 것이 인연따라 변함을 체달하게 하는 부처님의 가르침을 깊이 배우고 이해하며 탐·진·치 벗어나서 깨달음에 이르고자 나날이 정진하겠습니다.

그리하여 신행과 포교와 각자 하는 일에 마장 없이 기도가 순일하여 밝은 소망 원만 성취하게 하소서. 온 나라 어린이가 지혜롭게 자라서 훌륭한 일꾼 참다운 불사되게 하소서.

보살님과 역대 조사·선지식께도 공양 예배하오니 저희들이 아만과 집착을 버리고 자신을 낮추어 상대를 공경하고 욕심보다는 베풀어 주면서 살고 명예와 이익에 대한 아집을 떠나서 대중의 뜻에 순응하여 서로 화합하고 함께 번영하게 하옵소서!

천수천안으로 살피시는 부처님의 위신력과 지혜 방편으로 저희들 몸과 정신이 건강하고 능력이 증장하여, 직무, 사업, 학업 모두 순조롭고 원만하게 하소서.

가정과 직장과 사회에서 일체의 재앙과 고뇌없이 항상 안전하고 편안하여 기쁨과 보람이 함께 하도록 보살펴 주옵소서. 그리고 선망조상영가와 법계고혼은 모두 이고득락 왕생정토하게 하옵소서.

대자대비로서 만중생을 섭수하시는 부처님!

저희가 호오(好惡) 증애(憎愛) 정예(淨穢) 시비(是非)의 분별심에 빠져 헤맬 때, 님이 설하신 모든 것은 절대평등이요, 둘이 아니라는 법을 생각하며 헤어나게 하시고 어려운 고통에도 님의 고행 정진을 본받아 인욕하게 하소서. 우리 모두 님의 큰 지혜 방편을 받아서 자신을 잘 다스리고 가족과 이웃을 위하여 헌신 봉사하게 하소서.

그리고 6바라밀을 잘 행하여 금생에 보람과 안락을 이루고 내생에 왕생정토하며 마침내는 정각성취 하도록 지심발원하옵니다. 마하반야바라밀.

나무석가모니불, 나무석가모니불, 나무시아본사 석가모니불."

모두가 깨달음을 향한 불굴의 의지들이다. 회향식이 끝나고 연합회가를 부를 때는 천지가 떠내려가는 깃 같온 느낌이다.

전국 어린이 지도자 인연과 인연으로 또 만남이
언제나 반가워요 언제나 반가워요
태산같이 높은 마음 바다같이 깊은 마음으로
비가 오든 눈이 오든 한결같은 어린이포교
어린이가 극락 세계의 주인되는 그날까지
포교의 꽃을 피우고 또 피우리
대한불교 어린이 지도자 연합회

1998년 6월 8일 경주 온천관광호텔에서 전국 어린이 지도자 연수교육이 열렸을 때 총재 정관 스님의 법어를 들어보면 다음과 같다.

"불교(佛敎)의 인연(因緣)으로 본 창조(創造)와 창조주의 앞뒤 없는 창조를 비교해 본다면 우리 불교의 창조는 이것이 있음으로 저것이 있다는 인연의 창조이지 앞뒤없이 그저 창조주가 창조했다는 것은 설득력이 없다.

만물의 창조주는 어디까지나 우리들 마음 안에 있지 마음 밖에 어느 창조주도 있을 수 없다.

마음이 밝으면 밝은 창조의 결과가 나타나고, 마음이 어두우면 어두운 창조 결과가 나타나는 것은

제25차 전국 어린이 지도자 연수회 기념, 속리산 유스타운에서(1997년).

128

어느 누구도 부인하지 못한다.

생각하고 생각하는 데에서 무궁한 발전이 이어짐을 어찌 부인하는가. 생각해야 할 생각을 무시하고 하나님이 창조했다는 말 한 마디로 영원하도록 발전할 새싹들을 잘라 없애버리니… 주제자의 사람이 되는 것이 아니라 맹종의 사람밖에 되지 못하게 하니 이론에 맞지 않는 창조설이다.

마음은 끝이 없다. 끝없는 마음을 끝없이 갈고 닦고자 하는 것이 불교의 교리이고, 끝없는 마음을 끝없이 갈고 닦는 데에서 나의 소원이 성취됨은 세상의 어느 누구도 부인하지 못한다.

마음의 비밀은 처음부터 끝까지 알려고 해도 알 수 없고, 알려고 해도 알 수 없는 마음이지만 물러서지 않고 끝까지 마음의 실체를 터득코자 정진하고 정진해야 함을 지도하는 것이 불교의 교리이다.

자기 성찰 정진이 끊어지지 않는다면 자기 정진한 것 만큼 '자기' 마음의 실체가 터득된다. 창조했다는 믿음만 중요시하고 본인이 해야 할 자기 성찰의 창조는 무시하는 것은 방문을 열어 놓고 냉기가 안 들어오기를 바라는 것과 같다.

자기 실체, 자기 성찰로써 밤잠 설치는 몸부림이 자기 구원이라는 것을 나는 힘주어 말한다. 연(緣)과 연(緣)이 합(合)해서 하나의 궁합이 되는 것이 바로 지혜로운 노력이다.

무지(無知)에서는 지혜로운 궁합이 성취될 수 없다. 깊이 생각하고 생각하는 데에서 슬기로운 지혜가 터득되지, 생각이 없는 결과는 있을 수 없으니… 우리들의 생각을 바람같이 잘 통하세 하는 지도가 지혜로운 지도이지, 우리의 생각을 아교 같이 굳어지게 옹색하게 하는 것은 무지(無知)의 지도이다.

창조했다는 결론으로 다음 생각을 차단하는 것은 사람들의 생각을 아교처럼 굳어지게 하는 억지론이다. 바람처럼 아무 벽없이 잘 통하게 하는 것이 지혜로운 생각이지 굳어지게 자기의 생각을 자기 마음대로 하지 못하는 것이 바로 자기의 창살이고 자기의 지옥이다.

거듭 말하자면 자기 성찰로써 자기 구원, 자기 성찰로써 자기 통제, 자기 발전, 자기 성찰 내면성(內面性)의 길은 가도 가도 끝이 없는 길, 가도 가도 그 바닥이 들어나지 않는 법, 가면 갈수록 신비로운 법, 가면 갈수록 알 수 없는 비밀과 비밀, 그 껍질이 쌓이고 쌓여서 도대체 무엇인지…

이 자리는 역대 조사들도 다 모른다 했으니 깊이 깊이 들어가고 들어갈수록 낙(樂)되고 낙(樂)된 자리…. 낙된 이 자리가 바로 나의 구애의 자리. 우리들의 구애의 자리이니 자기 성찰을 등한시 하고 자기 구원은 있을 수 없는 법.

모든 만물은 하나님이 창조했다는 믿음만으로 자기 구원을 믿고 있음은 마치 솥에다가 쌀 안쳐놓고 화력없이 밥 지어 가기를 기다리고 있음과 같다.

또 자기 성찰만 앞세우고 예경의 행이 없는 것은 수레바퀴 하나만 가지고 억지로 굴러 가기를 애쓰는 것과도 같다.

생각이 있는 곳에 나의 세계가 건설되고 생각이 없으면 나의 세계가 없음이니, 내 한 생각이 천지만물(天地萬物)의 장엄(莊嚴)이 되고 내 한 생각이 새창조의 주인(主人)되고 전인류(全人類) 사회의 주인이다.

한 생각이 아래로는 땅을 딛고 위로는 하늘을 받치는 기둥이니 우리들의 한 생각 성찰이 어찌 소중하지 않으리.

거듭 거듭 한 번 더 말한다면 조물주가 모든 만물을 창조했다는 말은 지극히 어리석은 견해이다. 생각하고 생각하는 데에서 지혜로운 가치관이 창출됨은 일반 상식이나 다름없다. 노력하는 힘의 위신력(威信力)에서 번뇌망상(煩惱妄想)이 퇴색된다.

나는 먼저 성불(成佛), 그들은 다음 성불, 부처님의 말씀은 생각하고 생각하는 노력에서 우리들의 소원이 성취된다는 말씀에 무슨 의문이 있을 수 있나.

하나님의 종은 될지언정 하나님은 못된다는 말은, 누구나가 생각하고 생각한다면 하나님이 될 수 있는 생각의 노력을 차단해 버리니 구원을 받는 것 아니라 구원의 길이 멀어지기만 한다.

생각하는 우리들의 실체가 바로 천지만물의 주인이라는 것, 나는 한번 더 말한다."

술과 고기

술과 고기는 세상 사람들이 가장 좋아하는 음식이면서 가장 경계하는 음식 중의 하나다. 하물며 절에 사는 스님들에게 있어서야 더 말할 것 있겠는가. 인도나 스리랑카 태국 같은 남방 불교에서는 고기 먹고 술(맥주는 보리차로 그냥 마신다) 마시는 일이 그렇게 큰 흠이 아닌데 우리 나라와 중국, 대만에서는 큰 사건으로 뉴스 거리가 되고 있다.

어느 초상집에서의 일이다. 한 차례 염불 독경을 마치고 나니 점심 때가 되어 밥상을 가지고 왔다.

"감사합니다" 하고 수저를 들었는데 같이 갔던 사미승의 젓가락이 바로 빨갛고 싱싱한 육회 쪽을 향했다. 스님은 자신도 모르는 사이 그 손을 잡고 좌우로 고개를 저으니 사미는 매우 당황한 듯 다른 반찬을 들었다. 돌아오면서 사미승이 말했다.

"요즈음 스님들 음식 가리지 않던데 스님은 왜 그렇습니까?"

항의 반 미안 반이 섞인 음성이었다.

"미안하네. 아무리 남방 불교가 들어와서 먹는 것이 개방되어 있다 하더라도 한국 불교의 전통은 한국 사람들이 알아서 지켜 나가야 하거든."

"부처님도 이렇게 가려 드셨습니까?"

"얻어먹는 사람이 어떤 것만 달라 말할 수 있겠는가. 동기야 어떻든 관념화 되어 있는 것을 하루 아침에 고치기는 어려운 것이네. 그러니 그렇게 대중 앞에서 마구잡이로 먹지 않아도 먹게 되면 먹을지언정 삼가는 것이 좋은 일이야."

그런데 어느 날 울산 시내 사암연합회 스님과 신도회 임원들이 함께 모여 회의를 마치고 음식을 먹는데 시래기 국 속에 멸치가 들어 있었다. 모든 사람들이 아무 말도 하지 않고 먹는데 혼자만 안 먹을 수 없어 먹었더니 그 사미, 오늘에야 하는 말이 장관이었다.

"우리 스님 고기 먹는 것 보았다."

"잘했다. 먹고 안 먹는 것이 문제가 아니고 마음의 자세가 중요한 것이다. 그 가운데서 혼자만 먹지 않고 다른 것을 가져오라 소리를 질러봐라. 분위기가 어떻게 되겠는가. 그러니 너도 자리에 따라서 알아서 하는 것이 좋아."

"고맙습니다."

덕진 스님은 그 때 선에 대한 이야기를 들려주었다.

"쇠고기 먹으면서 소의 삶을 살펴 보았느냐. 더위 추위 가리지 않고 주는대로 먹고 일만 하다가 죽어서는 만인의 먹거리가 되고 있다. 거리마다 '소불고기, 우족탕, 소전골, 소곱창, 소갈비, 등심' 하고 써붙여 놓은 간판들을 보라. 일생을 고기 한점 먹지않고 풀 여물만 먹고 사는 소가 코뚜레로 끌려다니며 일만 하다가 죽어서는 저렇게 중생의 먹거리가 되고 있지 않느냐. 호랑이는 죽어 가죽을 남긴다 하는데 사람이 죽어 무엇을 남기겠느냐. 중은 죽은 뒤에 이름을 남기는 일을 좋아하지 않으니 살아서 청정하고 보는 사람 마음 편안하게 해주는 것이 중이란다."

사미승은 다시 한번 '고맙습니다' 말한 뒤 그 뒤 계를 받은 오늘까지 눈치 한번 보지 않고 소처럼 묵묵히 살아가고 있다.

술도 마찬가지다. 잘 마시면 약이 되고 잘못 마시면 병이 된다. 부처님 당시 한 스님은 술 한번 잘못 마시고 죽을 뻔하였다가 부처님의 보살핌으로 살아난 일이 있고, 빔비사라 임금님은 술만 마시면 사람을 칭찬하고 좋은 일을 하므로 부처님께서 계를 주실 때 '빔비사라 임금님에 대해서만은 술계(酒戒)를 따로 주지 않는다' 하였다. 그래서 스님은 다음과 같은 시를 지어 술을 경계하였다.

연두빛 잔 속에 비친 얼굴 정겹구나
그 속에 너와 나의 적나라한

대화가 있다.

기울이는 잔 오가는 정담에
영글어 가는 추억
인생을 가꾼다.

정도가 넘으면 혼몽이 혼란 불러
추억이 아픔 되고 정담이 악담 된다.

힘에 맞게 들면
삶이 순조롭고 세월을 매끄럽게 하는
최고의 윤활유

포근한 엄마품 느끼고
엄중한 스승 훈계도 들리고
달콤한 사랑 향기 감돈다.

어쩌다 자칫하면
날벼락도 맞고 아수라장도 된다.

그래서 성인이 말씀하시되
"이기는 자는 응당히 마시고
못이기는 사람 아예 마시지 말라."

복지관 방문

스님은 틈이 날 때마다 젊은 청소년 불자들을 데리고 고아원, 양로원, 군법당, 교도소 같은 곳을 자주 다닌다. 봉사도 봉사지만 그 곳에 가면 산 교훈을 얻을 수 있기 때문이다.

언젠가 한번은 불교 청년학생들 30여 명을 데리고 부산 복지원을 찾게 되었다. 준비해 간 과일과 과자를 나누어 먹으며 강당에 모여 노래도 부르고 춤도 추었다. 그들 소년·소녀들과 아름다운 정담을 나누며 그들이 사는 방을 구석구석 구경시켜 주었다.

그런데 어느 한 곳에 가니 똥 냄새, 오줌 냄새가 지독하게 났다. 원장 선생님께서 말씀하였다.

"사실 이 곳은 일반 사람들에게는 공개하지 않는 곳입니다."

문을 여는데 방안에서는 짐승만도 못한 사람들이 엎드려 신음하고 있었다. 시멘트 바닥에 자리도 깔지 않고 옷을 입은 사람도 있고 벗은 사람도 있고, 누워 있는 사람도 있고 앉아 있는 사람도 있었는데 모두 네 사람이 있었다. 손으로 벽을 후비기도 하고 땅바닥을 파기도 하여 엉망진창이었다. 하루에 세 차례 밥을 주고 하루에 두세 번씩 샤워를 시켜도 아이큐가 35이하라서 개, 돼지만 못하다는 것이다. 밥과 똥을 구분하지 못해 먹고 나서도 계속 달라 소리 지르고 입혀준 옷은 그냥 찢어버리고는 옷이 없다고 소리 지른다 하였다.

학생들은 자신들이 정상적인 사람으로 활동하고 있는 것만으로도 고마워 했다.

"부처님, 저들을 하루속히 정상적인 기능과 건강한 육체를 갖도록 해주십시오. 설사 죽더라도 좋은 곳에 태어나 다시는 저런 업연을 받지 않게 해주세요.”

그래서 덕진 스님은 금화사에서 있었던 일 한 토막을 이야기 해주었다.

어느 날 49재가 들어 재를 지내는데 작은 뱀이 영단 위에 올라왔었다. 모든 사람들이 놀라 뱀을 집어냈는데 갑자기 주위가 컴컴해지면서 바람이 불고 문짝이 쓰러져 유리 조각에 그 영가의 가까운 친척이 등을 다치게 되었다. 재자들이 말했다.

“살아서도 그토록 사람들의 마음을 괴롭게 하더니 죽어서까지 사람을 놀라게 하는구나.”

“살아서 구렁이 짓만 하더니 죽어서는 또 뱀이 되었구나.”

비로소 사람들은 죽은 영혼이 뱀처럼 독하게 살더니 죽어서도 뱀이 되었다고 결론 지었다. 인생은 유전하는 것이다. 끝없는 시간 속에 계속해서 유전하는 것이다. 자기의 업을 따라서 말이다. 이 세상 어느 누가 축생이 되기를 희망하는 자 있겠는가. 그러나 자신이 축생적인 생활을 하다보면 더럽고 깨끗한 것을 가리지 못하고 마지막에는 똥통에 태어난 벌레처럼 똥 속에 있으면서도 춤을 추고 노래하고 소리를 지르는 것이다.

청년 학생들은 말을 잊고 오직 스님의 말씀만을 귀담아 들었다. 스님은 조용히 발원문을 읽으셨다.

“만인의 스승이시며, 온 누리의 빛이신 부처님 !

가고 옴에 걸림 없이 온갖 생명을 큰 자비로 구제하시고 큰 지혜로 깨닫게 하시는 부처님 !

2600여 년 전 이 사바 세계에 오시어 '하늘과 땅 위에 나 홀로 존귀하니 온 세상 고통받는 이, 내 마땅히 편안케 하리라' 고 외치심으로부터 고행 성도 하시어 만인을 평등하게 모두를 화합하고 고난에서 벗어나게 하시었음에 엎드려 감사드리고 본받아 행하겠습니다.

탐·진·치로 어두워진 마음, 계·정·혜로 등불 밝히고 아집과 질투와 개인주의와 물질만능에 더럽혀진 생각과 사회를 님의 감로수로 깨끗이 맑히고 복된 가정, 밝은 사회 되게 하소서.

부처님의 크신 위신력과 대자비 광명으로 강대국들 이기주의 억압이 선량한 양심으로 변하고, 북한의 야욕과 광분도 화해와 양보로써 민족이 대화합되어 평화통일 이룩되게 하소서.

현실 속 인간의 나태와 삿된 욕망과 무분별한 대립 경쟁을 우리 모두의 공리공존 의식으로 교화하시어, 더욱 빛나는 불국토 되게 하옵소서.

이제 우리 모두 대화합, 대평등, 대자유의 교훈을 성실히 행하여 좋은 나날 누리게 하옵소서.

나무 석가모니불."

순리대로 살아가자

영하 20도 차가운 날씨에도 뜨거운 방에 앉아서 아이스크림을 먹고 사는 세상, 기름 한 방울 나지 않는 나라에서 자동차는 왜 그리 꼬리를 물고 나타나는가.

"스님은 원래 걸사(乞士)라 얻어 먹고 사는 것이 스님의 도리이지만 도리어 얻어 먹고 나면 그 얻어 먹은 사건이 잊혀지지 않는 것이 이상한 세상이다.

번뇌 안개 눈 가리고 욕망 구름 검게 덮여 나만이 소중하고 나만을 위한다면 낙엽 저도 서글프고 물가 인상에 화가 치민다. 욕망 번뇌 사라지면 본심청정(本心淸淨) 맑은 하늘 한가롭게 미소 짓고 만인을 평화롭게 한다. 낙엽 지고 눈비 와도 세상 인심 순응하면 마음해가 밝게 비춰 나날이 기쁨이 온다."

이렇게 스님은 욕심 버리는 법문을 끝없이 한다. 살다보면 어쩌다 통한(痛恨)의 불행을 만나기도 하기 때문이다.

"신체 병고 얻거나 사고 재난에 가족이 상하거나 재물을 잃거나 고치기도 씻기도 어려운 고통 있다면 그 고통 잊어야 그 아픔 버려야 자신을 이기고 더 큰 불행 막는다.

부처님께서 '두 번째 화살 맞지 말라' 하시지 않았던가. 통한은 잊으려고 생각하면 할수록 더해진다. 쉴새없이 염불 독경하고 하는 일 두 세배로 열심히 정성껏 하고, 건전한 취미도 행하면 아픈 생각할 틈이 없어 자기를 건강하게 만들 것이다.

그러므로 그럴 때일수록 부처님 자비의 품안에 안겨볼 필요가 있다. 희망이 꺾일 때 님 앞에서 한없이 흐느끼면 그 울음 받아서 시원함을 돌려주고, 사랑하는 이에게 외면당해서 심장이 터질 듯 하여도 님에게 목청이 터지도록 원망하면 빙그레 미소 지어서 '한껏 목청껏 마구 퍼부어라' 하시며 용서와 평온함을 주시며, 사업 직무 힘겨워도 학업에 지쳤어도 세상에 억울함도 님에게 소상히 드러내어 그 모두를 바치면 지혜 눈길로 살피시고 자비 손길로 어루만져 희망과 용기를 주기 때문이다.

밝은 태양 등지고 어둠 속에서 불빛 찾아 헤매면 부엉이 혼 들었나 따스한 햇님 반기는데 죽은듯이 긴 꿈에 빠져 있는 이 세상, 자연 부수고 석유 태운 불만 즐기니 자연의 이치를 모르고 섭리를 거역한다. 넓고 밝은 산과 들 외면하고 좁은 틈에 집 위에 또 집 짓고 시멘트 상자 속으로 들어가다 마침내 땅속까지 파고들어 우글대니 두더지를 닮으려나. 자연을 알고 섭리를 따르면 순리(順理)의 지혜, 순리에 만족함이 최대의 행복으로 올 것이다.

외국산 농산물이 우리 시장에 활개치고 불로소득 수 천억 원 소동 세상이 떠들썩해도 정성껏 씨뿌리고 포기마다 땀을 주어 황금 이삭 하얀 무 풍작에 감사하는 그 마음이 연꽃처럼 고운 마음이다.

부모님 일손 돕고 힘든 친구 살펴주다 평균 점수 반절로 실업고교 진학하여 열심히 일하여 가정 지키고, 사회 위해 노력하게 되었으니 다행이라 웃음짓는 그 마음이 허공처럼 맑은 마음이다.

수단 방법 가리지 않고 권력 욕망에 찬 평생을 말로만 사는 정치꾼, 권력 시녀 아부꾼, 정경 유착 사업꾼, 법에 정한 방학까지 삼경 지난 심야까지 귀한 자녀 묶어두고 교육제도 잘못이라 말하면서도 못 고치는 교육자, 불황이다 엄살하며 돈 잘 쓰는 장사꾼, 이런 세상 저런 인심 생각지 않고 소득은 적지만 직무에 열중한 일꾼 단칸방에 오손도손 버스에서 정든 인사 세상 흐름 따라 살고 자기 복을 순종하며 묵묵히 분수지켜 사는 사람 햇살처럼 밝은 마음 다수가 고운 마음 이 나라 밝은 나라다."

이렇게 스님은 시간 따라 법문하여 질명하는 사람에겐 희망을 주고, 소비하는 사람에겐 절약을 깨우쳐 주었다.

찰떡궁합

'잘 살고 못 사는 것 전생의 업'이라고 옛 사람들은 말하고, '지식 기술 토대 위에 노력하고 투자하면 부자 된다'고 현세 사람이 말하였다.

사주(四柱), 관상, 가문, 지역, 눈에 띄게 정해졌고, 전생 지은 업(業)은 감추어진 유전자이니 이 모두 선천적 씨앗이다.

배우고 익히고 노력하고 사색하며 신앙 정진하는 것은 후천적 가꿈이고 배우자와 직장은 씨 가꾸는 터밭이니, 잘 가꾸는 성장제는 밝은 마음, 바른 뜻 날마다 정성으로 가꾸어 풍성한 삶의 결실을 맺으리라.

비탈진 산 밤나무에 봄에는 거름 주고 여름에는 풀 베고 두 노인이 쏟은 땀방울이 얼마이던가? 재 넘어 온 바람결이 시원한 가을 밤나무는 정직하게 곱고 탐스런 알밤을 내미는구나.

억센 가시 돋힌 갑옷 속에 고운 미소로 다정히 정렬한 삼형제, 의좋게 자리 나눈 형제 알 밤 주렁주렁 헤일 수 없이 어허야 이것이 풍년이로다.

밤송이 이고지고 아들 딸 생각하며 허리 펼 틈도 없는 노부부 객지에 아들 일행이 와서 밤을 줍고 밤을 까니 밤 풍작 식구 풍년 어허야 좋다.

돌아갈 때 올망졸망 선물도 많아 인심도 풍년 자식은 효심으로 도와 드리고 부모는 사랑주고 풍작도 거두었다.

그래서 스님의 궁합론(宮合論)은 날마다 그렇기 때문에 인연을 소중히 여긴다.

"만난 인연 소중히 알고 사는 것이 인생이니, 사람들아 사주팔자 논하지 말고 통각 궁합에 합칠 궁합으로 살아라.

두 손이 마주쳐야 소리난다. 온 곳도 모르고 갈 길을 알리요. 주는 마음 모르고 받을 줄을 알리요. 오가는 길 알고서야 만나면 정이 든다.

샛노란 개나리에 반하여 향(香) 담고 상(像) 그려도 여름 오면 장미와 친하고 가을 오면 국화도 사랑한다.

꽃이 예쁘다고 꺾고 잘라 꽂아 두고 우러러 보면 벌써 시들었다. 짓밟고 내던지고 천대 괄시하지 마라. 고이고이 묻어주라. 고이 살짝 태워주라.

인심(人心)이 무상(無常)한가. 자연(自然)이 무상(無常)한가. 진심(眞心)도 가심(假心)도 인연 따라 가는 것이다.

김노인 부부는 딸 아들 번성하여 호강 받으니 풍작 궁합, 이선생 부부는 20년 동안 무자식이지만 사랑하며 잘 사니 찹쌀 궁합, 박서방 여편네는 자식 두고 도망 치니 원수에 이별 궁합. 김노인 이선생 박서방 모두 다 만날 때는 오행 잘 보는 전문가가 '궁합 좋다' 하여 혼인했지만 먼저 가고 나중 갔다.

궁합 유래 살펴보면, 중원 땅에서부터 신분, 분수 안 맞을 때 혼사 거절 수단으로 써먹었고, 고려 때는 몽고족의 처녀 약탈을 막아보려고 살기 궁합 유포했었다.

조선 시대 우리 조상은 '남녀칠세부동석' 이라 하여 맞선도 못 보고 백년해로 하자니까, 하도하도 답답하여 사주라도 살펴보고 근거 모르는 궁합이라도 보면서 위안 삼아 믿었었나.

현세의 젊은 이는 맞선 보고 대화하며, 겪어 보고 속속들이 알아보니 궁합이란 사족(蛇足)이니 붙이지도 말아야지 하고 산다."

이것이 덕진 스님의 궁합 철학이다.

범어사 강원에서 사교(四敎)를 배우다

스님은 통도사에 들어와 있을 때도 결제 기간 동안에는 선방에서 지내고 해제 기간 동안에는 강원에서 지내 스님들이 한번씩은 꼭 겪어야 하는 이력과정(履歷過程)을 빠짐없이 이수하도록 마음 속 깊이 다짐한 바 있다.

4교는 4집 다음에 배우는 과정인데 능엄경, 기신론, 원각경, 반야경이 그것이었다. 사미과에서는 중 노릇하는 방법이 중심이고, 4집과에서는 선교 양종에서 돈점(頓漸) 양면으로 수행하는 과정과 만파종단(萬派宗團) 가운데서도 일불석가의 정신을 배웠는데 4교에서는 한국 불자들에게 가장 영향력을 주어온 능엄, 원각, 반야의 세 경전과 기신일론(起信一論)을 배우게 되어 있었다.

① 능엄경 수학(修學)

제일 먼저 배우는 것이 〈능엄경〉인데, 〈능엄경〉은 부처님께서 사위성 기수급고독원에 계실 때 아난 존자와 마등가의 세속적인 사랑 때문에 생긴 것이었다. 이것이 후대에 조직적으로 구성되어 불교의 우주 인생관은 물론 항마성도(降魔成道)의 내력까지 체계 있게 정리된 철학서로 발전된 것이었다.

아난 존자가 밖에 나갔다가 물이 먹고 싶어 사방을 둘러보니 한 여인이 물을 긷고 있었다.

“물 좀 얻어 먹읍시다” 하니 “저는 마등가입니다” 하고 쳐다보지도 못했다.

마등가는 사람을 쳐다볼 수 없는 불가시천민(不可視賤民)이었기 때문이다.

그래서 아난은 부처님께 들은대로 ‘대천이 바다에 들어가면 똑같이 한 맛이 되듯 4성이 불교를 믿으면 똑같이 한 불자가 된다’ 하였더니 그는 놀라 물을 떠주며 그 마시는 것을 물끄러미 바라보았다. 이 세상에 태어나서는 처음보는 남자라 자신도 모르는 사이에 사모심이 나서 기원정사까지 따라갔다가 기원정사는 ‘금녀의 집’ 이라 그냥 집으로 돌아와 어머니께 사정하였다.

“어머니 저는 오늘 이런 일이 있었사온데 다시 한번 그 남자를 만나보고 싶습니다.”

“내 들으니 그는 출가 사문이고, 출가 사문 가운데서도 도가 높은 큰스님 같은데 안 된다.”

그러나 막무가내로 보채므로 어머니께서는 마등가의 주법(呪法)을 통해 차력(借力)을 하였다. 이에 아난다는 자기도 모르는 사이에 그 주력에 끌려 마등가의 집 문앞에 이르러 서 있었다. 마등가가 나가 아난다의 손을 잡고 자기 방으로 들어갔다.

그런데 그 때 부처님께서 아난 존자가 없어진 것을 아시고 능엄삼매에 들어 아난다를 찾아내니 아난다는 부끄러워 고개를 들지 못하고 근심 걱정하였다. 이에 부처님께서 ‘그 부끄러운 마음이 안에 있느냐, 밖에 있느냐, 눈안에 있느냐, 오장육부 속에 들어있느냐, 생각 속에 들어있느냐, 그 중간에 있느냐, 아니면 주차할 곳이 없는 곳에 있느냐’ 하여 일곱 번을 묻고 답변하여 마음에는 주소가 없다는 사실을 밝힌다.

이것이 저 유명한 〈능엄경〉의 칠처징심(七處徵心)이다. 다시 부처님은 4약장(四若章)으로 견(見)의 당처를 밝히고 제2권에서 깨달음의 마음을 발양하고, 제3권에서는 이 세계가 생겼다 없어지는 과정을 설하시고, 제4권에서는 만법이 여래장 속에 들어있음을 설하시고, 제5권에서는 25원통을 통해 수행의 진요(眞要)가 무엇인지를 밝히고, 제6권에서는 관세음 보살의 묘한 행을 설하고, 제7권에서는 여러 가지 방편을 설하시고, 제8권에서는 수행의 계위를 설하고, 제9권에서는 업을 따라 태어나는 곳을 설하고, 제10권에서는 마(魔)의 정체를 밝혔다.

총 10권 62,032자에 불과한 책이지만 중국에서는 당, 송, 명, 청대에 이르기까지 많은 수행자들이 여러 가지 주소(注疏)를 쓰고 우리 나라에서는 고려의 보환(普幻), 조선의 연담(蓮潭), 한국의 운허(耘虛) 스님 등이 해설서를 내어 알기 쉽게 풀어놓았다. 스님께서 가지고 공부하던 〈능엄경〉은 운허 스님의 해설서였다.

② 원각경의 보살도

다음 〈원각경〉은 본 이름이 〈대방광원각수다라요의경(大方廣圓覺修多羅了義經)〉이다. '대'는 마음의 체(體)와 상(相)과 작용(用)의 위대한 것을 뜻하고, '방'은 바른 것(正)을 의미하고, '광'은 자리이타의 행이 넓고 큰 것을 의미하고, '각'은 자각, 각타의 행이 끝까지 이르러 간 것을 의미하며, '수다라'는 경이고, '요의경'은 그 뜻이 분명한 대승경전임을 의미한다.

총 12장으로 구성되어, 먼저 문수장(文殊章)은 신해문(信解門)

으로 무엇을 믿고 어떻게 이해할 것인가를 가르쳐 무명을 깨달
으면 즉시 불도를 이룬다 하였고, 제2 보현장(普賢章)으로부터
보안(普眼), 금강(金剛), 미륵(彌勒), 청정(淸淨), 위덕(威德), 변
음(辯音), 정제업장(淨除業障), 보각(普覺), 원각(圓覺)까지 10장
은 정종분으로 상·중 근기의 수행을 밝힌 것으로 자리이타를
중심으로 관행(觀行)을 전체적으로 또는 개별적으로 닦게 하였
으며, 끝으로 현선수보살장(賢善首菩薩章)은 도량가행(道場加
行)으로 하근 중생이 깨달이 들어가는 문을 밝혔다. 그런데 이
경은 먼저 산문으로써 그 내용을 밝히고 다음에 그것을 간추려
시로 거듭 밝혀 놓았기 때문에 공부하기가 편리하였다.
　이제 문수장의 중송(重頌)을 보면 다음과 같다.

여러 부처님들이
본래 발심한 인지로부터
모두가 지혜의 깨달음으로써
무명을 분명히 깨치셨나니라.

그것이 허공의 꽃인 줄 알면
곧 유전에서 벗어나나니
마치 꿈꾸는 사람이
깨고 나면 아무 것도 없는 것 같다.

깨달아 안다는 것 허공과 같아
평등하여 요동함이 전혀 없나니
깨달음이 온세계에 두루하므로

즉시에 불도를 성취하리라.

뭇 허환이 멸하면 흔적이 없듯
불도를 이룬다는 것 역시 그러니
본 성품이 본래부터 원만키 때문이다.

보살이 이에 의해
보리심을 낼 것이며
내세의 중생들도
이 법을 닦으면 사견을 면하리라.

제2 보현장에서는 일체 중생의 종종 환화(幻化)가 모두 여래의
원각에서 생겼으니 환(幻)만 여의면 나무에서 불이 생겨나 그 나
무를 태우고 불까지 꺼지듯 깨달음의 방편에는 차례가 없음을
밝혔다.

보현아, 그대는 알라.
일체 중생들의
끝없이 오랜 환의 무명은
모두가 여래의 원각에서 생겼나니
마치 허공꽃이
허공에서 생기는 것 같느니라.

허공꽃이 사라져 없어진대도
허공은 일찍 변동치 않나니
환이 원각에서 생겼기에

환이 멸하면 깨달음이 원만해지나
본각의 마음은 요동치 않느니라.

보살이나 말세 중생들이
환을 멀리 여의어야 되나니
환들을 모두 다 여의면
나무에서 불이 나 나무를 태우고
불까지 꺼지듯 하여야 되느니라.
깨달음에는 차례가 없고
방편이란 것 역시 그러하니라.

　제3 보안장에서는 몸은 4대에 속하고 마음은 6진에 돌아가니
3세가 평등하여 끝내는 가고 옴이 없음을 깨달으라고 하였다.

보안아, 알아라
일체 중생들의
몸과 마음은 모두 환(幻) 같아서
몸은 4대에 속하고
마음은 6진으로 돌아가니,
사대(四大)의 본체가 제각기 흩어지면
무엇을 화합했다 하랴.

이와 같이 차츰차츰 수행하면
일체가 모두 청정해져서
요동치 않고 법계에 두루하니

범어사 승가대학 경반에서
가을 감따기 울력.

작(作)·지(止)·멸(滅)도 없고
증득할 이도 없으리라.

온갖 세계들이
마치 허공꽃 같아서
3세가 모두 평등하여
끝끝내 가고 옴이 없느니라.

처음 발심한 보살과
말세의 중생들이
불도에 들고자 하면
이렇게 닦아 익히라.

　제4 금강장보살장에서는 미래의 적멸한 성품은 시작도 끝도 없으니 만일 윤회심만 떠나면 즉시 깨달음을 얻어 용광로에서 나온 금이 다시 광석이 될 필요가 없는 것과 같음을 밝혔다.

금강장이여, 잘 알아라.
여래의 적멸한 성품은
시작도 마침도 없나니
만일 윤회의 마음으로써
따지면 그대로 뒤바뀌어서
윤회의 테두리에 들뿐이요
부처의 바다에는 들지 못하리.
비유컨대 금광을 녹이는데

금은 녹임으로써 있는 것 아니며,
비록 본래부터 금이었으나
녹임으로써 이루어져서
일단 순금이 되고나면
다시는 광석이 되지 않는다.

생사와 열반과
범부와 부처들이
모두가 허공꽃이다.
생각함 자체가 허깨비 같거늘
하물며 허망타고 따지겠는가.
만일에 이런 마음 바로 안다면
비로소 원각을 구할 수 있으리라.

제5 미륵보살장에서는 중생이 해탈을 알지 못하는 까닭은 모
두 탐욕으로 인해 생사에 끄달리기 때문이니 차별된 성품에 번
뇌·소지 2장(障)을 끊고 스승을 구해 큰 원을 세워 대원각에 돌
아갈 것을 강조하셨다.

미륵이여, 잘 알아라
일체 중생들이
해탈을 얻지 못하는 까닭은
모두가 탐욕을 인하여
생사에 끄달리기 때문이다.
만약에 미움과 사랑을 끊고

탐욕과 성냄과 어리석음도 끊으면
차별된 성품에 구애치 않고
모두가 불도를 성취할 것이요,
2장(障)을 영원히 끊고
스승을 구하여 바른 깨침 얻어서
보살의 서원을 원만케 하면
거룩한 열반에 의지하리라.

시방의 보살들이
모두가 대비의 서원에 따라
생사에 드는 모습 시현했나니
현재에 수행하는 이들과
말세의 중생들이
온갖 애견(愛見)을 부지런히 끊으면
대원각에 돌아가게 되리라.

제6 청정혜장에서는 보리의 성품은 취할 것도 증할 것도 없으니 마음 가운데 허망한 생각만 내지 아니하면 그 사람이 현세의 보살이라고 하였다.

청정혜여, 잘 알아라.
원만한 보리의 성품은
취할 것도 증할 것도 없으며
보살도 중생도 없느니라.
깨달을 때와 깨닫지 못할 때를 인해

절차와 차별이 있나니
중생은 견해의 장애를 받고
보살은 깨달음의 소견을 여의지 못하고
지상에 들어가 영원히 적멸하여
일체 형상에 머무르지 않고
대각이 모두 원만해지면
두루 수순한다 하느니라.

말세의 중생들이
마음에 허망한 생각 내지 않으면
나는 그런 사람을
현세의 보살로서
항하사 부처님께 공양하여
공덕이 이미 원만했다 하노라.
여러 가지 방편이 많기는 하나
모두가 수순하는 지혜라 하느니라.

제7 위덕자재장에서는 위없는 대각에는 두 모습이 있으나 방편을 따르면 수효가 없다. 그러나 공부하는 데는 적정한 사마타를 거울에 그림자를 비쳐보듯 하고 환과 같은 삼마제의 싹이 자라는 것같이 하며 적멸 선나는 그릇 속의 종소리 같으니 이 세 가지를 의지해서 원각에 나가라고 하였다.

위덕아, 잘 알아라.
위없는 대각의 마음은

본래 두 모습이 없건만
온갖 방편에 따르건대
그 수효가 한정이 없느니라.
여래가 총괄해서 말하건대
세 종류가 있게 되니
적정인 사마타는
거울에 그림자가 비치는 것 같고
환과 같은 삼마제는
싹이 자라는 것 같고
적멸인 선나는
그릇 속의 종소리 같으니
위의 세 가지 묘한 법문은
모두가 원각에 수순하느니라.
온 세계의 여래들과 큰 보살들이
이를 인하여 도를 이루나니
세 가지 일을 원만히 증득하므로
마지막 구경의 열반이라 하느니라.

제8 변음장에서는 사마타 · 삼마발제 · 선나를 홀로 또는 복수
로 수행하는 방법을 25종으로 나누어 설명하였다.

변음아, 그대는 알아라.
일체 보살들의
걸림없는 맑은 지혜는

모두가 선정에서 생기나니
이른 바 사마타와
삼마발제와 선나이니
세 가지 법을 돈과 점으로 닦으면
25종이 있으니라.

시방의 여래들과
3세의 수행자들이
이 법을 인하지 않고는
보리를 이루지 못하느니라.
그러나 당장 깨달은 사람과
법에 수순치 않는 이는 제하느니라.
일체 보살과
말세의 중생들이
항상 이 관문을 지니어
수순하고, 부지런히 닦아야 되나니
부처님의 대비의 힘에 의하여
오래지 않아서 열반을 증득하리라.

제9 정제업장에서는 미움과 사랑은 마음에서 생기고 아첨과
사욕은 생각 속에서 생기니 깨달음에 들어가고자 하면 3독심을
버리고 법애(法愛)까지도 버려야 된다고 하였다.

정업아, 그대 살 알아라.
일체 중생들 모두가

아애를 집착하기 때문에
끝없는 옛부터 허망하게 헤매였나니
네 가지 상을 제하지 못하면
보리를 이루지 못하리라.

미움과 사랑은 마음에서 생기고
아첨과 사곡이 생각 속에 있으면
그 까닭에 미진이 많아져서
각성에 들어가지 못하느니라.
만일 깨달음의 국토에 들어가려면
먼저 탐진치를 버려야 되나니
법애까지도 마음에 남기지 않으면
점차로 성취할 수 있으리라.

내몸도 본래 있는 것 아닌데
미움과 사랑이 어디서 생기랴.
이 사람이 선지식을 구하면
끝내 사견에 떨어지지 않거니와
구하는 바에 별다른 생각을 내면
끝내 성취하지 못하리라.

제10 보각보살장에서는 작·지·임·멸(作止任滅)의 병을 여
윈 선지식을 만나 청정 계율을 지키면서 부처님 섬기듯 하면 마
침내 원각에 든다고 하였다.

보각아, 잘 알아라.
말세의 중생들이
선지식을 구하려 하거든
바른 소견을 가진 이로서
2승의 생각을 떠난 이를 구하라.
그의 법은 네 가지 병이 없어야 되나니
작 · 지 · 임 · 멸이 그것이니라.

내게 가까이 하여도 교만치 말고
나를 멀리 하여도 성내지 말고
갖가지 경계를 나타내 보이거든
희유한 생각을 내어
부처님을 만난 듯이 공경하여라.

그릇된 계율을 범하지 않으면
계행의 근본이 영원히 맑아지리니
일체 중생을 제도하여
마침내는 원각에 들게 하되
나다 너다 하는 상이 없이
마땅히 바른 지혜에 의지하면
당장에 아견을 초월해서
원각을 증득하고 열반에 들리라.

　제11 원각장에서는 업장을 소멸하고 3 · 7일 동안 사마타 · 삼
마발제 · 선나를 닦아 부처님을 친견하라고 하였다.

원각아, 잘 알아라.
일체 중생들이
위없는 도를 구하려거든
먼저 세 기한을 택하라.
비롯함이 없는 옛부터의 업을 참회하며
3 · 7일 동안을 지내고
그런 뒤에 바르게 생각되어
들은 바가 아니거든
끝내 취하지 말라.

사마타는 지극히 고요하고
삼마제는 바르게 기억하고
선나는 수문을 밝히니
이것이 세 가지 청정한 관법이니
만일 부지런히 닦아 익히면
이는 부처님이 나타나신 세상이다.

둔근(鈍根)이 성취하지 못했거든
항상 부지런한 마음으로
끝없는 옛부터의 죄를 참회하라.
모든 업장이 소멸하면
부처의 경계가 당장에 나타나리라.

제12 현선수보살장에서는 이 경은 12부의 안목으로 여래의 경

계를 나타낸 경전이니 누구나 공부하면 한량없는 공덕이 있다고
설하였다.

현선수야, 마땅히 알라.
이 경은 모두 부처님들께서 설한 것이고
여래께서 잘 호지하는 것이고
12부경의 안목이다.
이름이 대방원각다라니이니
여래의 경계를 나타낸 것이다.

이대로 닦아 행하는 자는
점차 부처님의 지위에 나아가는 것이
백 가지 내가 바다에 들어가는 것 같아
마시는 자는 모두 충만해지리라.

가사 3천 대천 세계에
가득찬 보배를 보시할지라도
이 경전을 듣는 것만 같지 못하며
만일 간디스강의 모래알수와 같은 중생을
모두 아라한이 되게 할지라도
이 경의 반게를 설한 것만 못하다.
그러니 너희들은
내세에 이 경 가진 자들을 보호하여
퇴굴심을 내지 않게 하라.

③ **마명보살의 기신론**(起信論)

〈기신론〉의 원 이름은 〈대승기신론(大乘起信論)〉으로 '위대한 삶에 대한 확신을 일으킨 논문'이란 뜻이다. 저자에 대해서는 이론이 많으나 불멸 후 600년 경에 태어난 마명(馬鳴) 아슈바고사(asvsghosa)로 알려지고 있다.

〈석마하연론(釋摩訶衍論)〉에서는 6명의 마명을 들고 있으나 대개 불조정맥 제12대 손으로 제11대 부나야사(富那耶奢)의 법을 계승한 사람으로 보고 있다.

〈대장엄론(大莊嚴論)〉 15권 등 40여 권의 저서를 쓴 것으로 전해지고 있으나 그 가운데서 가장 널리 알려져 있는 것이 〈대승기신론〉이다. 이 논은 백부의 대승경논 가운데 가장 핵심적인 부분만을 뽑아 만든 저서로써 모두 5분으로 나누어져 있다.

첫째 인연분(因緣分)은 이 논을 짓게 된 인연을 여덟 가지로 들었고, 둘째 입의분(入義分)에서는 이 논의 핵심이 되는 일심(一心) 이문(二門: 法 · 義) 3대(三大: 體 · 相 · 用)의 요령을 간추려 적고, 셋째 해석분(解釋分)에서는 입의분의 1심 · 2문 · 3대를 진여(眞如) 생멸(生滅) 양문에 나누어 바른 뜻을 드러내고, 법 · 아(法我) 2견으로써 삿된 집착을 대치하고 세 가지 발심(信成就發心 · 解行發心 · 證發心)을 분별하여 도를 닦아가는 뜻을 구체적으로 밝혔다.

넷째 수행신심분(修行信心分)에서는 먼저 진여 3보를 믿고 다음에 5바라밀을 닦아 깨달음을 얻는 과정을 설명하고, 다섯째 권수이익분(勸修利益分)에서는 널리 이 논을 닦고 권하면 큰 이익이 있음을 밝혔다.

서기 5, 6백 년 사이 진제(眞諦) 스님이 번역하였다고 전하는 이 논은 중국, 한국, 일본을 통해 8백 여 종의 주석서가 있었으며, 서양에도 널리 알려진 논문이었다. 마치 생멸의 인연상(因緣相)을 기독교의 생멸 사상에 비추어 타락하는 과정을 아담과 이브가 에덴 동산에서 선악과를 따먹고 쫓겨나는 과정과 다시 이 세상에 와 갖가지 고난 속에 허덕이다가 예수의 중개로 고통을 벗어나는 과정이 일목요연하게 눈에 보이듯 설명해 놓았으므로 기독교 성직자들도 즐겨 읽는다 하였다.

특히 스님은 이 유명한 논문을 쓴 저자가 저서의 동기를 밝힌 가운데 "사람들로 하여금 모든 고통을 여의고 즐거움을 얻게 하고, 부처님의 근본 교리를 알기 쉽게 풀이하여 누구나 바르게 빗나가지 않게 하며, 선근 중생에게 대승법을 가르치고 확신을 가지고 공부를 더 잘하게 하고 낮은 근기의 사람들에게 업장을 씻고 버릇을 고치고 지(止)와 관(觀)을 닦아 2승범부들이 빠지기 쉬운 자리(自利) 자각(自覺)을 깨우쳐 부처님 회상에 태어나도록 하였다. 그리고 그대로 실천하면 누구나 큰 이익을 얻을 수 있다는 것을 가르쳐주되 세상의 명예나 이익 공경을 받기 위해서 하는 것이 아니다"고 한 부분은 본받을 만한 말씀으로 가슴 깊이 새겼다.

그리고 마명 보살은 불교를 어렵게 표기하지 않고 중생의 마음으로부터 시작하여 생멸 양면으로 쉽게 풀었고 본 마음과 거짓 마음을 분명히 밝혀 바로 성불할 수 있는 길을 열었다.

그런데 이 책은 다른 책과 달리 그 책 앞에는 서문에 해딩하는 귀경송(歸敬頌)과 결론에 해당하는 회향송(廻向頌)을 써서 3보

에 대한 확신과 공부의 결과를 어
떻게 회향할 것인가를 보여준데 대
해서도 크게 감명을 받았다.

범어사 승가대학 백운강사 스님, 도반스님과 함께.

귀경송(歸敬頌)
한마음 함께 귀울여서
언제 어디에서나 가장 훌륭한 일을 하시고
두루 모르시는 바 없이 다 알며
자유자재한 모습으로
세상을 구하고자 큰 자비를 베푸시는 자와
그 몸과 모습
참되고 영원함이 저 바다와 같은 진리
한량없는 공덕을 갈무리고
사실대로 수행하는 구도자들께 귀의하오니
모든 사람들이
의혹을 없애고 그릇된 고집을 버리고
대승의 바른 믿음을 일으켜
부처님의 종자가 끊어지지 않게 하옵소서.

회향송(廻向頌)
모든 부처님들과 깊고 넓은 뜻을
내 이제 차례로 다 지녀 풀이하고
그 공덕을 돌려 진리의 본성 그대로
두루 모든 중생계를 이롭게 하나이다.

160

이렇게 〈기신론〉을 배우고 나서는 〈금강경〉의 무상 법문을 배우게 되었다.

④ 금강경의 무상법문(無相法門)

끝으로 〈반야경〉은 강원에서 배우는 600부 반야경 가운데서 577권 째에 해당하는 〈금강반야바라밀경〉을 보았다. 총 32분으로 되어 있는데 무상(無相), 무아(無我), 무주(無住), 무착(無着)의 보살행을 가르치고 있었다.

불멸 후 9백년 경 무착(無着) 보살이 일광정(日光定)에 들어 도솔천에 올라가 미륵 보살을 만나 80수의 시로써 이 경에 대한 강의를 듣고 반야 수행의 과정을 18주위(住位)로 풀어 설명한 것이 있는데 소개하면 다음과 같다.

① 발심주(發心住)는 초발심 보살이 어떻게 그 마음을 가질 것
　인가를 밝혔고,
② 바라밀상응주(波羅密相應住)는 보살이 바라밀다를 행하는
　방법을 설했으며,
③ 욕득색신주(欲得色身住)는 색신을 관하는 방법을 설하고,
④ 욕득법신주(欲得法身住)는 법신을 관하는 방법을 설하고,
⑤ 수도득승주(修道得勝住)는 도닦는 사람은 의심과 거만이
　없어야 된다는 것을 밝히고,
⑥ 불이불출시주(不離佛出時住)는 득·무득(得·無得)에 대해
　밝히고,
⑦ 원정불토주(願淨佛土住)는 보살이 불국토를 장엄하는 방법

을 밝히고,

⑧ 성취중생주(成就衆生住)는 중생 성취의 방편을 밝혔다.

⑨ 원이수조주(遠離隨照住)는 외도들의 미·사견(迷·邪見)을 밝히고,

⑩ 색중박취주(色衆搏取住)는 색신에 주착하여 중생 제도를 빠뜨리면 안 된다는 사실을 밝히고,

⑪ 공양여래주(供養如來住)는 여래의 복자량을 밝히고,

⑫ 원리이양주(遠離利養住)는 멀리 이양을 여읠 것을 밝히고,

⑬ 인고주(忍苦住)는 석가 전생의 감인사(堪忍事)를 밝히고,

⑭ 이적정주(離寂靜住)는 적정한 맛에 빠지지 않도록 가르치고,

⑮ 증도희동주(證道喜動住)는 도를 깨달을 때 자기 희열에 빠지는 것을 꺼려했으며,

⑯ 구불교수주(求佛敎授住)를 아뇩보리는 결정법이 없는 것을 밝히고,

⑰ 증도구족주(證道具足住)는 신·지·복(身·智·福) 갖출 것을 권하고,

⑱ 상구불지주(上求佛地住)는 위로 불도를 구하여 깨달음이 만족할 수 있다고 가르쳤다.

다음 무착의 동생 세친(世親)은 형님에게 18주위를 듣고 〈금강경〉은 이 세상 모든 의심을 수보리가 총 집합하여 스물 일곱 가지로 나누어 부처님께 물은 것으로 결론 짓고 27의단(二十七疑斷)을 설명하였는데 중국의 소명태자(昭明太子)는 이 경을 읽고 32분으로 장을 나누어 설명하였다.

어쨌든 이 경은 중국, 한국, 일본에 있어서 공덕경으로써 사람
이 죽었을 때나 살아서 복을 짓고 지혜를 계발하기 위해서 읽는
경전으로 이해되어 승·속간에 많이 읽고 있었다.
　덕진 스님은 어떤 불자가 이 경을 읽고 한량없는 공덕을 얻었
다는 말을 듣고 다음과 같이 시를 지었다.

정겹게 사랑한 님
이십 년 고이 모신 님이
별안간 가신지 어언 수 년이요

아픔을 부여 안고
의지할 곳 찾아 헤매다
뜻이 통해 위안 만이라도 힘이 된 분
그분마저 뜻대로 한대로 못 되니
이 고독 다생의 업장이리요

대자대비 관세음 보살 부르며
사랑도 바치고 아픔도 바치고
미소도 바치고 눈물도 바쳐서
내가 나를 지킨다.

금강반야바라밀경
여시아문 일시불(如是我聞一時佛)
뜻이야 알 듯 말 듯 읽고 또 읽어

송경 삼매 그 속에
원망도 한탄도 사르르 녹아서

악물었던 입술은
환한 미소 짓는다
밝은 길이 열린다

부처님이 내 님이요
경 읽기가 내 사랑이로다
이렇게 좋은 님 왜 진작 몰랐을까?

〈연꽃처럼〉 중에서

이렇게 해서 스님은 4집과를 마쳤는데 4집과를 마치고 나니 새삼스럽게 불교를 개척해야 되겠다는 생각이 들었다.

첫째는 불교는 그 교리가 어느 종교보다도 수승(殊勝)한데 그 내용이 일반 사람들이 알아볼 수 없는 한문본으로 전용(專用)되어 있으므로 이것을 우리말로 바꾸어야 되겠다는 생각이고, 둘째는 여러 가지 파벌로 인해 화합을 제대로 하지 못하고 있는데 이것을 희석시켜 연합불교 운동을 해야 되겠다고 생각했으며, 셋째는 불교는 이론 중심의 종교로써 자기 중심의 복전이나 닦고 극락왕생 발원이나 하며 현실 중심의 어린이 불교를 외면하고 있으니 지상불국토 건설과 새싹 어린이 불교에 관심을 더욱 깊이 가져야 되겠다는 생각을 하였다.

그리고 끝으로 사찰 운영의 방법으로써 출가한 스님들이 살림

에 얽매여 공부도 제대로 못하고 고민하는 경우가 많은데 이 같
은 잡무는 신도들에게 일임하고 또 각 법당에 안내인을 양성하
여 찾아온 손님(관광객)들을 교화할 것을 구상하였다.

　그리고 덕진 스님 주지 이전까지는 연화불교청년회로써 여성
청년들의 모임을 '금화청년회'라 하여 남녀 같이 수행 포교하게
하였고, 지금까지 없던 고등학생 불자모임 '보현불교학생회'를
창립하여 지도하였으며, 은사 스님의 뜻을 받들어 연붕(蓮朋) 야
학생들에게 장소를 제공하여 부산 대학 학생들이 대학 진학을
원하는 어려운 학생들 수십명씩 가르치게 하였다. 그리고 방생
법회(放生法會)도 먼 곳에 여행처럼 가서 고기만 살려주고 기도
하는 것이 아니라, 종래의 형식을 간소화하고 양로원, 고아원, 군
부대 등을 방문하여 방
생신도와 외로운 이가
함께 위로와 기쁨을 느
끼게 하는 인간 우선의
방생법회로 했다.

1982년 부산 금화사 학생법회 설법.

보명사 주지가 되다

이렇게 열심히 포교를 하고 있는데 은사 스님께서 또 불렀다. 울산 보명사가 비어 있으니 잠깐 살림을 맡아 주어야겠다는 것이다. 그래서 할 수 없이 또 덕진 스님은 울산 보명사 주지가 되었다.

보명사는 울산시 무거동에 있는 절이다. 어떤 보살이 창건하여 운영하다가 운영권을 덕진 스님의 은사 스님에게 넘김으로써 은사 스님께서 덕진 스님에게 발령하였다.

무거 마을은 오랜 전설이 묻혀 있어 신비한 곳이었다. 옛날 경순왕이 마의태자와 함께 문수 보살을 찾아오다가 냇물이 있어 건너오지 못하고 징검다리를 놓고 있을 때 어린 동자가 건너편에서 '이리 오세요, 이리 오세요' 하고 세 번 불러 건너왔는데 그 거처를 찾을 수 없어 '어디로 갔는지 모르겠다' 하여 무거(無去)란 마을이 생겼다. 그리고 '이리 오세요, 이리 오세요' 하고 세 번 외친 곳을 지금 '삼호(三呼)' 마을이라 부르고 있었다.

또 경순왕과 마의태자가 무거 마을까지 왔다가 쉬면서 '할 수 없다. 그냥 가자' 하여 잠시 쉬었던 자리가 지금 울산 공대 자리가 되었는데 그래서 그곳을 '헐수정' 이라 하였다.

또 무거 마을 뒤로 넘어가면 울주군 청량면 율리 영취산에 신라 제49대 헌강왕 때 창건되었다고 하는 '망해사(望海寺)'가 있었다. 헌강왕이 개운포에 놀러갔다가 돌아오는 길에 물가에서 쉬었는데 홀연이 구름과 안개가 캄캄하게 덮여 길을 잃게 되었다. 이상히 여겨 일관(日官)에게 물었더니 '동해의 용이 변괴를 일으키는 것'이라 하며 '좋은 일을 하면 괜찮을 것'이라 하였다. 이에 대왕은 유사에게 명령하여 '용을 위하여 근처에 절을 지으라'고 하자 곧 안개가 흩어졌다. 그래서 울산의 별명이 '개운포'가 되었다는 것이다. 한편 동해용이 기뻐 아들 일곱 명을 데리고 나타났다. 용은 왕의 덕을 칭송하여 노래와 춤을 추었고 아들 하나를 선물로 바치니 국정을 돕도록 하였는데 그 이름이 처용이었다. 그래서 그가 춘 춤을 '처용무(處容舞)'라 하여 섣달 그믐날 궁중에서는 꼭 그 춤을 추었다.

왕이 그에게 아름다운 여자를 아내로 삼게 하여 머물러 있도록 하고 급간(級干)의 벼슬을 주었는데 역귀(疫鬼)가 그 여인을 흠모하여 사람으로 변하여 나타나 밤이면 몰래 그의 집에 와서 동침하였다. 이 때 밖에서 돌아온 처용은 두 사람이 누워 있는 것을 보고 노래를 부르며 춤을 추었다.

동경 달밝은 밤에
밤새도록 놀다가
들어와서 자리를 보니
가랭이가 네이러라
둘은 내것이 분명한데

둘은 뉘것인고
본래는 내것이다마는
앗은 것을 어찌할고

　이러한 전설에 의해서 이 청량산(청량면 문수산) 일대에는 용
왕과 산신을 모시는 여러 민속들이 수백 년 동안 자리 잡아왔는
데 보명사도 그러한 분들 중 한 가족이 지었다. 지금은 휴전선 근
처 군법당으로 이전하여 많은 장병들에게 혜택을 주고 있다 한
다. 스님은 보명사로 가면서 부처님께 고했다.

나는 님의 품에 의지하여
병고(病苦)의 늪에서 헤어났다.

님의 뜻을 담배씨 만큼 헤아리니
착각의 암흑에서 횃불을 만난 듯
내 이제 실낱 같은 길이지만
가야할 길을 가고 있다.

남의 은혜 못잊어
좋다고 느끼면 나누어 주고
옳다고 아는대로 가르쳐 주며
나약한 이 몸이 다할 때까지
행하고 행하리라.

울산 공원 묘원

스님은 이렇게 마음을 고쳐먹고 부처님 마음으로 기도하고 형편 따라 대중을 위해 포교하는데 하루는 옛날 신도 장례식 때 염불 독경하던 생각이 나서 공원 묘지를 찾아가기로 하였다.

때는 봄이라 화려한 미모에 요염을 다투면서 사열해 있는 벚꽃 대군(大群)들이 오늘도 인생의 마지막을 묵묵히 배웅하고 있었다. 히나 둘 셋 사뿐사뿐 내려앉는 벚꽃잎을 바라보면서 스님은 시를 읊었다.

푸른 잔디 옆에 선 홍도꽃이
왕생극락 빌어주며 하는 말
"우리 마을에 오신 손님
무슨 일 하다 왔소."
"만인 적선하였소.
재산 모으며 고생하고 자식 번성 하였지요."
"그런 당신은 간곳 없고 흔적이란
유골 보전하는 육척(六尺)의 집
삼척(三尺)짜리 돌비석 문패하나 뿐인가?"

생각하니 참으로 서글픈 것이 인생이었다. 천진난만한 어린 시절에는 어머니 치마끈에서 떨어질세라 졸졸 따라 다니던 인생이 장차 커서는 제2 어머니를 만나 가지를 뻗고 열매를 맺고 마지막엔 그 몸뚱아리 하나를 땅 속에 묻고 돌아서는 사람들을 다

떠나보내고 홀로 누워있는 모습을 보니 '인생이 저것인가' 가련하고 안타깝기 그지없었다.

"외로운 인생, 내 저 인생들을 위해 염불해 주리라."

덕진 스님은 이름도 문패도 없는 한 외로운 혼령 옆에 서서 반야심경을 외웠다.

"마하반야바라밀다심경…."

그리고 인사하였다.

"잘 계시오. 또 만납시다."

대답이 없는 그 사람에게 이렇게 말하고 돌아오는데 어딘가 마음이 가벼워지는 것을 느꼈다.

"내 이곳에 다니면서 바로 이 일을 담당하리라."

하고 스님은 공원 묘원 사무실을 찾았다. 그 곳 사무장께서 반갑게 맞아주었다.

"스님, 어인 일이십니까?"

"사무장님이 보고 싶어 왔습니다."

"어서 오십시오."

사무장은 자리를 권하면서 차를 주었다. 스님은 차를 마시면서 말했다.

"누가 이 공원 묘지에 와서 염불하는 사람 있습니까?"

"없습니다."

"그렇다면 내가 이들 영혼들께 부처님의 법음을 들려드리고 싶습니다.”

“참으로 좋으신 생각입니다. 그렇지 않아도 고적한 공원 묘지
라 쓸쓸함을 느끼고 있습니다.”

“아무런 조건이나 댓가는 바라지 않으니 부담없이 받아주십시
오.”

“그렇게 하겠습니다.”

그 뒤 얼마 있다가 연락이 왔다.

“영가의 가족이 스님을 찾고 있습니다.”

덕진 스님은 기쁜 마음으로 가서 외로운 길손을 전송한 그 가
족과 마지막 외롭게 떠나가고 있는 영혼을 위해 진심으로 염불
하였다. 영가도 좋아했고 가족도 좋아했고 또 공원묘지 관리인
들도 매우 좋아하였다. 스님은 칠요인생가(七要人生歌)를 부르
며 절로 내려왔다.

태어나 칠주간(七周間)을 삼신불께 명복비니
얼굴에 일곱 창구 몸뚱이 일곱 층계
七요일 세월따라 먹고 자고 일한다.

사람이 무엇이며 우주는 무엇인가
지수화풍공견식(地水火風空見識)
칠대(七帶)로 되었다고
부처님 경전 통해 소상히 밝히셨네.

못 피할 일곱 고개 생노병사(生老病死) 죄(罪)와 복(福)
그리고 인연(因緣)들을 슬기롭게 넘고자

七바라밀… 행해도 생사(生死)고개 못 피해
숨지면 폐물되니 청소절차 서둘러
일곱줄로 동여매어 땅속에 고이 두고
일곱조각 횡판을 고이 덮어 하직한다.

七七四十九재 왕생극락 비노니
나서도 죽어서도 七七日에 매였으니
인생七要 돌아보며 다시금 살펴보세.

울산 다연회(蔚山 茶硏會)

염불이 끝나고 나니 사무장님이 소개하였다.
"이분이 우리 공원묘원의 회장님이십니다."
"만나게 되어 반갑습니다."
"차나 한잔 하시지요" 하고 회장님은 회장실로 스님을 안내하
였다. 차 냄새가 물씬 풍겼다.
"차 냄새가 참 좋습니다."
"작설차입니다."
"정신도 맑아지고 맛도 향기로와 참으로 사랑받는 차이지요."
"스님이 어떻게 차에 대해서 그렇게 아십니까?"
"아는 것이 아니고 불도는 차 속에서부터 싹이 텄으니 저도 그
속에 그렇게 젖어 있습니다. 부처님께서 아침에는 차 한 잔하시
고 낮에는 밥 한 술 드시고 저녁에는 오후불식(午後不食) 하시지
않았습니까."

“아, 듣고 보니 그렇군요.”

“그래서 절에서는 아침에 다게(茶偈)를 외우고 저녁에는 오분향례(五分香禮)를 하는 것입니다.”

“저도 옛날에는 커피를 주로 마셨는데 우리 차를 알면서부터 차를 주로 마십니다. 조주 스님도 차 한잔을 가지고 연나라 임금님을 교화하신 일이 있더군요.”

“그렇습니다. 그러나 조주 스님 차야 어찌 이렇게 좋은 작설차로 생각힐 수 있습니까?’ 하고 덕진 스님은 ‘백초림중일미신(百草林中一味新) 조주상권기천인(趙州常勸幾千人)’ 하는 시식문을 설명하면서 조주 차에 대하여 이야기하였다.

“옛날 연나라 임금님이 조나라를 치기 위해 진을 쳤습니다. 그런데 그때 일관이 동쪽 하늘을 바라보고 ‘이 나라에는 도인이 있기 때문에 전쟁을 해도 얻을 것이 없을 것 같습니다’ 라고 보고하였다. 연나라 임금님은 전쟁할 생각을 그만두고 그 도인에 대한 호기심 때문에 조나라 임금님께 통지 하였습니다.

‘당신의 나라에 도인이 있다고 하는데 한번 뵙고 쉽습니다.’

전쟁의 위기 속에 걱정하고 있던 조나라 임금님은 평온한 마음으로 ‘제가 그 길을 안내하겠다’ 하고 두 임금님이 함께 관음원을 찾았습니다.

조주 스님은 높은 선상(禪床)에 앉아 일어나지도 않고 말씀하였습니다.

“아시겠습니까?”

“무엇을 아시겠냐 물으십니까?”

"임금님은 내 나이가 되면 일어나기 어렵게 된다는 것을!"

"스님 나이가 몇 살입니까?"

"백 열 여덟이요."

나이가 많다고는 하지만 한 나라의 임금님 대하기를 이렇듯 소홀히 하는가 생각되어 괘씸하였다. 그래서 연나라 임금님이 물었습니다.

"이 세상에서 제일 높으신 분이 누구십니까?"

"그야 물어볼 것도 없이 임금님이시지요."

"임금님은 한 분입니까, 두 분입니까?"

"두 분입니다."

"누구 누구가 두 분입니까?"

"절에는 절 임금님이 계시고 마을에는 마을 임금님이 계십니다."

"그러면 그 두 임금님 가운데 어느 임금님이 높습니까?"

"절에 가면 절 임금님이 높고, 마을에 가면 마을 임금님이 높습니다."

더 이상 할말이 없었습니다. 그런데 선상에 앉은 스님께서 절 임금님으로서 위신을 갖추다 보니 선상이 뒤뚱거리며 곧 넘어질 뻔 하였습니다. 자세히 살펴보니 선상의 다리가 하나 부러져 부지갱이로 바쳐 놓았습니다. 임금님께서 말씀하셨다.

"내 스님께 책상 하나 시주하겠습니다."

조주 스님께서 사양하였습니다.

"무슨 말씀이십니까. 나는 이 책상 하나를 가지고 58년을 살았습니다. 그래도 하나도 부족한 것이 없습니다. 뿐만 아니라 이 선상 때문에 공부를 하였지요. 이 선상이 망가지지 않았더라면 선상에 올라앉아 졸다가 아무 것도 못했을 것입니다. 그런데 이 놈이 뒤뚱거리는 바람에 넘어지면 죽는다 생각하여 정신 바짝 차리고 공부할 수 있었지요.”

하고 깔깔 웃었다. 그리고 차를 권하였다.

“차나 한 잔 드십시오.”

“차가 어디 있습니까?”

“저 돌솥에 있습니다. 평상시는 백 가지 풀을 뜯어다 달이는데 오늘은 힘이 없어 백비탕(白沸湯) 입니다.”

“백비탕이라니요.”

“강물 떠다 그대로 끓인 것입니다.”

연나라 임금님이 그 백비탕을 떠서 한사발 마시려하는데 너무 뜨거워 한꺼번에 마실 수 없었습니다. 그래서 훌훌 불어가면서 천천히 마시면서 방안을 살펴보니 방안에는 오직 선상 하나와 돌솥에 끓인 물 뿐이었습니다.

“이렇게 살면서도 천하에 부족한 것이 없는 것을…” 하며 조나라 임금님께 고백하였습니다.

“임금님.”

“예.”

“나는 사실 당신 나라를 침범하려 계획하고 3년 동안 군사들을 양성해 왔습니다. 그런데 오늘 조주 스님의 삶을 보고 전쟁을 하지 않기로 마음 먹었습니다. 우리 두 사람이 뜻을 합하며 중원의 평화를 실천해 가면서 조주 스님 잘 모시도록 합시다.”

“참으로 고마우신 말씀입니다. 저도 매우 연나라 임금님에 대해 두려운 생각을 가졌으나 오늘 이 말씀을 듣고 보니 두 다리 쭉

뻗고 자도 되겠습니다."

"감사합니다."

"진실로 감사해야할 쪽은 이 쪽입니다" 하고 두 임금님은 서로 가슴을 맞대고 포옹하였다.

"차 한 잔의 위력이 이렇게 강합니다."

최사장님은 덕진 스님의 이 같은 말씀을 듣고 매우 기뻐하며, "오늘 참으로 고귀한 말씀을 들었습니다. 우리 울산에는 다도회가 없으니 스님 우리 함께 울산 다도회를 하나 만듭시다" 하였다. 그래서 만들어진 것이 울산 다도연구 모임인 '다연회' 이다.

수효 사상 수효사

'수효' 란 해남 대흥사 성훈(聖熏) 스님께서 불교의 효도 정신과 수행 정진을 선양하는 운동이다. 그리고 환자의 고통을 구하는 것을 목적으로 따주기을 중심으로 한 포교 불교이다.

그런데 스님께서 보명사에 있으면서 성훈 스님의 포교 정신에 감동하여 함께 법회를 보았는데 성훈 스님은 "효도하는 마음으로 수도하라"고 강조하였다.

스님은 보명사를 떠나서 성훈 스님과 서진태 거사님이 중심이 되어 울산 신정동에 마련한 수효사 포교원을 맡아 운영하게 되었다.

그래서 스님도 효도를 유독 강조하는 불교를 하셨다.

"우리는 조상 대대로 충성과 효도를 배우고 익히고 행하여 왔

습니다. 가정에서 가장 중시하는 예의와 도가 효도이며 국가에
는 충성을 중요시하고 있습니다.

우리 부처님께서는 〈중아함경〉에 '만일 중생이 인간으로 태
어나 부모에게 효도하지 않고 스님과 스승을 존경할 줄 모르며
진실하고 미덥게 행하지 않고 복덕을 짓지 않으며 후세의 죄를
두려워하지 않으면 그는 이것으로 인연하여 몸이 무너지고 목숨
이 끝난 뒤에는 지옥에 나게 되어 고통을 받게 된다' 하였으니
그 가운데서도 부모에게 효도함은 가장 필수적인 덕목입니다.

효도에는 세 가지가 있으니 어버이에게 의식을 제공함은 하품
의 효양이고, 어버이의 마음을 기쁘게 하면 중품의 효양이며, 부
모님께서 공덕을 짓게 하시고 그 공덕을 여러 부처님께 회향함
을 상품의 효양이라 합니다.

그런데 요즘 사람들은 부모님께 효도를 하고 싶어도 멀리 계신
부모님을 자주 뵙지도 못하고 같이 모시고자 해도 뜻이 맞지
않는다고들 합니다.

이렇듯 이런 저런 핑계와 구실을 붙여서 부모와 자식이 이산가
족이 되어 버린 가정이 요즘 많습니다.

시골에 남겨진 연로한 우리의 부모가 의식주 걱정은 아니할지
언정 외롭고 힘겨움은 얼마나 많으신지, 무슨 애로가 있으신지,
외로움과 허전함은 어떻게 위로해야 할지 깊이깊이 생각해 본적
이 있었습니까?

직무, 사업, 자녀 교육도 중요하지만 부모님 잘 모시는 것을 바
쁜 생활에서 몇 번째로 하고 있습니까?

어버이 은혜는 부모님을 머리에 이고 삼천 세계를 돈다 해도

다 갚지 못한다고 〈부모은중경〉에서 말씀했으며, 효순하는 자는 효순하는 자를 낳고 5역자는 5역자를 낳는다는 말도 있습니다.

지극한 정성을 기울여 부모님 마음을 편안히 할 뿐만 아니라, 불법을 믿고 알고 행하게 안내해 드려서 생사의 법칙을 확실히 알아 인생의 최후를 두렵지 않게, 또한 사후에도 영원한 길을 닦게 하고 선행을 베풀고 공덕을 짓게 해 드리는 것이 최상의 효도입니다.

고인이 되신 부모를 위해서도 천도 기도와 왕생 발원 재불공이나 법공양을 행하여 공덕을 지어 드리는 것이 좋은 효도입니다.

이러한 행이나 의식은 자녀에게도 효를 가르치는 것이고, 은덕을 지어 주는 것입니다. 청년이나 소년들이 행할 효도는 부모님 기대에 벗어나지 않게 최선의 노력을 다하는 것이고, 또한 부모님의 보호를 받는 중에라도 자신이 부모님과 가정을 위하여 할 수 있는 일은 스스로 찾아서 하는 것이 효도입니다.

그리고 이렇게 웃어른과 부모님을 잘 공경하는 마음과 자세가 되어 있으면 다른 일들도 잘될 뿐만 아니라 자신도 인격자가 되고 대우를 받을 것입니다.

인격 도야와 복을 짓는 데에도 효도를 아니하고는 될 수 없으니 효도와 수도가 별개가 아니라고 생각하며, 이런 효행을 원만히 할 때 국민 인격도 형성되고 사회도 맑고 화합되며 질서가 정착되리라 봅니다."

이것이 스님의 효도 정신이다.

산중다회(山中茶會)

이렇게 다도회가 만들어지니 산이고 들이고 인연따라 곳곳에
서 다도회가 벌어졌다.
아침마다 부처님께 차를 올리며

아금청정수(我今淸淨水)
변위감로다(變爲甘露茶)
봉헌삼보전(奉獻三寶前)
원수애납수(願垂哀納受)
원수애납수(願垂哀納受)
원수자비애납수(願垂慈悲哀納受)

하던 것을 현실적인 차 공양으로 승화(昇華)시켰다.

온 정성 다하여
맑은 뜻 바친다.
잡념을 씻는다.

욕망 갈증 씻어주는
감로다 되니,
최상의 청량제다.

평등이 보인다
낮은 데를 채워서
영원을 산다.

그윽한 향기 속에
만상(萬想)이 그윽하다.

현상(現象) 보여 본질(本質) 알고
법문(法門) 소재 제공한다.
<다 공양 중>에서

불기 2538년 울산교육원에서는 문화교실을 열고 다도반을 따
로 운영하였는데 그 때 스님은 안내문에 다음과 같은 스님의 시
를 실었다.

솔바람에 끓는 물로
정성스레 달인 차
연두빛 투명한 진색(眞色)에
정감 그윽한 진향(眞香)에

속진번뇌 사르르 녹아지는
묘한 맛의 경계 젖어드니
불도(佛道)와 신선도(神仙道)와 다도(茶道)가
따로 따로가 아니로다.

하고싶어 하는 다도(茶道)에
고요롭게 섬세하게
옛 얼을 찾아 멋을 즐긴다.

심성(心性) 닦고 행실 다듬어
인격을 깔끔히
자신을 옛스런 멋으로
여성다웁게 가꾸며
가정에 정감이 넉넉하고
이웃에 맑은 향기 나누고
절집에 정성과 예의로 장엄한다.

시(詩)와 다(茶)

그리고 그 다도회에서는 시 낭송도 겸했다.

깎아지른 듯한 절벽을 지나
노르스름한 솔 낙엽을 밟고
오목하고 호젓한 절
법당에 절 올리고 앉으니
자비로운 스님의 안경에
해맑은 찻잔이 비친다.

새하얗게 소박한
차나무 꽃이 정겨워
맑은 찻잔에 차 꽃을 띄우니
진향(眞香)에 향긋한 묘미(妙味)가 그윽하다.

다완에 말차는 푸르스름 한데

그 중에 새하얀 차 꽃이 뜨니
조화롭고 신비하구나!
우리 모두는 환희와 감격에
박수를 치고, 조심스레 차를 머금는다.

스님은 이와 같이 '산중다회'의 시를 읊고 나서 '녹차(綠茶)'
에 대한 강의를 하였다.

겨우내 역사(力事)하여
따사로운 봄볕을 맞이하여
파르스르 잎새를 일제히 내밀었다.

색감에 도취한 홍감을 억누르고
청아하고 가날픈 잎새를
한입한입 따서 모아
지끈지끈 주무르고 우직우직 비비고
살금살금 덖어서 고이고이 간직한다.
섬섬옥수로 달이니
청아한 연두빛 차
순박한 잎새의 본상(本像)도 드러난다.
색이 좋아 마시나 향(香)이 좋아 마시나.

진색(眞色)도 진향(眞香)도 진미(眞味)와
어우러져, 미소와 마음도 어우러져
묘경삼매(妙境三昧) 되었네.

이렇게 하다 보니 울산의 다도는 무르익어 갔고 때에 따라서는 차밭을 찾기도 하였다. 스님은 율포(栗浦) 차밭에 가서 다음과 같은 시를 읊었다.

남해바다 풋풋한 갯바람을 맞으며
능선마다 골골마다
아련한 금색인 듯, 아물아물 녹색인 듯
굽이마다 굼실굼실 줄지어선
차나무 행렬

길손 마음 사로잡으니
'아아 멋지다 정말로 좋을시고'
우리 조상 얼을 일러준다
우리의 참맛을 보여준다
우리 기호 맑힌다.

〈율포(栗浦) 차밭〉 중에서

자성(自省)

스님은 부처님의 탄생일이나 성도재일 또는 출가재일이나 열반재일을 맞이하면 늘 부처님의 그 행에 비하여 자기 자신을 반성해 본다.
"과연 나는 이 세상에 태어난 본분을 다하고 있는가."
"중노릇을 잘 하고 있는가."

"부모 형제 다 버리고 집을 나와 과연 부끄럼없이 살아가고 있
는가."

"이렇게 살다 떠날 때 후회 없이 인생을 회향할 수 있을까."

부처님은 6년 동안 숲 속에서 하루에 한 끼씩 잡수시며 고행
정진 하였는데, 요즘 우리는 세 끼를 먹고도 때때로 차 마시고 따
뜻한 방에 앉아 졸고 있음을 생각하면 가슴이 철렁 내려앉는다
고 하였다. 편리주의적 생활만 추구하는 현대인, 이기주의에 빠
진 종교인 예절, 내 일이 아니면 털끝만큼도 용서를 못하는 오늘
사람들의 생활 속에서 나도 똑같이 그렇게 되어가고 있지 않은
가 점검하였다.

부처님의 진리는 이웃과 동료들로부터 가르치고 전해야 한다
고 생각하면서 이 일 저 일을 핑계로 게으른 포교 활동을 자책하
기도 하였다. 실로 법공양이란 특별히 자본이 드는 것도 아닌데
왜그리 인색할까 하면서 이런 시를 외우기도 하였다.

주어도 퍼 주어도
줄지 않고 늘어나는 것
주면 줄수록 아름답게 빛난다.

누구나 누구에게나
들은 대로 아는 대로
전해주면 주기도 쉬운 것
자기를 바로보고
만인을 구제하는
법공양일세.

한번은 신도 집에서 초상이 났는데 주지 스님이 가야 49재도 들어오고 절 위신도 선다고 하였다. 그러나 그 날이 바로 어린이들의 일요 법회라 스님은 산 사람을 위해서는 죽은 사람을 포기한다는 생각으로 초상집에는 다른 스님을 보내고 스님은 어린이 법회를 보았다. 그런데 나중에 생각해보니 '산 사람만 좋게 할 것이 아니라 죽은 사람까지도 좋게 하였어야 하는데' 하고 후회하게 되었다. 그래서 다음부터서는 무슨 일이 일어나더라도 핑계하지 않고 짧은 시간이라도 쪼개서 자리이타(自利利他)에 충만한 생활이 되도록 노력하였다.

하루는 고기잡으러 가는 어선이 만선(滿船)을 기원해달라고 부탁해 왔다. 처음에는 '자비문중에서 살생을 조장하는 일을 해서 되겠는가' 생각했다가 '에라, 어차피 죽을 물건이라면 좋은 일하고 죽어 인도 환생하도록 기도해 주어야지' 하고 갔다. 신도들은 방생법회에 버금갈만큼 기쁜 마음으로 돌아왔다. 스님은 종종 선방에 앉아 대도무문(大道無門)을 생각하며 집집의 문을 통해 장안(長安) 가는 이치를 가르쳤다.

출입문이 없는 한 평 짜리 집에
세 끼 밥이 빠짐없고, 물도 옷도 들어와서
의식주 해결되니,
신진대사 원활하고 몸둘 바도 만족하다.

행주좌와(行住坐臥) 염불삼매요
시시처처(時時處處) 기도 발원하니

문없는 집이라도 전후좌우 길이 열려
가가호호(家家戶戶) 통장안(通長安)
문전성시 소식통

방하착(放下着)에 선정삼매 일여(一如)하고
공부 한 과목이 순조롭다.
시왈(是曰) 대도무문(大道無門)

이것이 저 유명한 '대도무문' 에 대한 시다.

불광신행회(佛光信行會)

불자는 누구나 일불제자(一佛弟子)다. 그런데 언제부터인가 종(宗)과 파(派)가 생기면서 자기 종파 소속이 아니면 도외시하고 업신여기는 풍조가 생겼다. 기독교는 종파가 2백 개가 넘는데도 하나로 뭉쳐 시멘트 철강보다도 더 강한데 불교는 일불제자이면서도 뭉칠 줄을 모른다. 이 강한 세상을 이겨내는 데는 혼자의 힘만으로는 되지 않는다.

그래서 스님께서는 울산불교연합회를 창립하는 선배 스님을 적극 도우면서 문수사, 동축사 등 선배 후배 스님들과 몇몇 울산 지역 타종단 스님과 간부들을 만났다. 모두가 좋다고 하였다. 60만 인구가 붐비는 대도시에서 불교가 이렇게 서러움을 받아서야 되겠느냐고 모두 각성하는 소리를 냈다. 지역 불교를 활성화하고 우리의 얼을 살려 가는 울산 문화의 역군이 되자고 다짐하였다.

팔만대장경을 다 이해시킬 수는 없지만 불교를 바로 믿고 알고 실천할 수 있는 역할을 하자고 말이다. 불교가 불교다운 위치에 서려면 불자가 불자다워져야 하기 때문에 우선 6바라밀의 실천과 육화경행(六和敬行)으로써 존경받을 수 있는 시민상을 정립하자고 다짐하였다.

물질적인 것이 되었건 정신적인 것이 되었건 베풀어 준다는 마음, 이웃 사람들의 마음을 평온하게 하는 마음, 청정한 계행으로 인욕 정진하여 안정된 마음을 가지고 사는 불자, 어떠한 어려운 일이 생기면 요사스러운 마음으로 새 떼처럼 몰려다니며 묻는 것이 아니라 바른 지혜에 의해서 정(正)과 사(邪)를 판단할 수 있는 불자들을 만들자고 다짐하였다.

그렇게 하려면 '우선 스님들부터 화합 단결해야 되는데 각 종파의 견해로써가 아니라 역대 모든 선지식들이 실천해 온 '육화경행' 으로써 하자고 하였다.

육화경행이란 서로 화목하고 친하는 여섯 가지 생활 방법이다.

첫째는 신업동화경(身業同和敬: 身慈和敬)이니 몸으로 자비 화합하여 같이 머무르는 것이고, 둘째는 구업동화경(口業同和敬: 口慈和敬)이니 말로써 화합하여 존경하는 것이며, 셋째는 의업동화경(意業同和敬: 意慈和敬)이니 뜻으로 자비 화합하여 같이 생각하고 걱정하는 것이고, 넷째는 동계화경(同戒和敬: 戒和同事)이니 계행으로 자비 화합하여 같이 일하고 행동하는 것이며, 다섯째는 동견화경(同見和敬: 見和同解)이니 견해로써 화합하여 서로를 이해하며 살아가는 것이고, 여섯째는 동시화경(同施和敬: 利和同均)이니 이익과 나눔으로 화합하여 서로 잘 살게 하는 것이다.

　말하자면 몸과 입과 뜻으로 서로 화합하고 공경하여 함께 부처님의 계법과 진리로써 자타의 이익을 위해 노력하면 이 세계가 그대로 불국토화 될 수 있기 때문이다.

　지역 불자들께 매일 30분 이상 기도하고 식사 전후와 취침 전후에 항상 감사하라고 강조했다. 그리고 울산지역에 종파와 사찰을 초월하여 서종기 거사님을 중심으로 불광신행회가 창립되어 매주 시내 예식장이나 연합회 불교회관에서 법회를 하였다. 그 신행회를 찬양하는 시를 덕진 스님이 써서 그들을 격려했다.

　이제 '불광신행회' 란 시를 소개하면 다음과 같다.

울산에 몇몇 불자(佛子)
포교에 뜻을 모아
소속조직 초월하여
법회를 열어 불광신행회(佛光信行會)라 이름하고
수 년을 매주 마다
만나던 법우들

신행이 원만했나
불광(佛光)은 밝고 따뜻하지만
모양도 얽매임도 없이
중생심의 안과 밖을 초월한다.
우리 모두 부처님 빛(佛光) 모을
집열판 잘 만들어 정비하고

빛모을 볼록렌즈를
우리들 가운데서 찾아내어
그 초점을 맞추자.

묵묵히 앉아 있는 문수산 같은
변함없는 불심으로
유유히 흐르는 태화강 물처럼
꾸준한 정진으로
이 지역 법고 둥둥 울리고
불교대학 세우는 등등……

불사 포교 함께 발원하여
우리얼 불교문화
우리신앙 불교신행
불국정토 이루도록
내내 불광 밝히세

대리인생 이제(二題)

살다보면 예기치 아니한 일들이 종종 생긴다. 어느 해 4월 초
파일 전야제 준비로 바쁜 시간을 보내고 있었는데 전화가 왔다.
"스님, 여기는 효암여자상업 고등학교 불교학생회인데 오늘
부처님 오신날 기념법회 법문을 교장 선생님께서 해주시기로 하
였는데 갑자기 일이 생겨 교육청에 가셨습니다. 시간이 다 되었

는데 도와주실 수 없습니까?"

참으로 딱한 일이다. 그러나 보명사 일도 불사이고 학생회 일도 불사인데 어느 불사라고 따로 귀한 것이 있겠는가.

"가겠다."

약속을 하고 큰 길로 뛰어 나갔으나 차를 잡을 수 없었다. 검문 경찰에게 부탁하였는데 화물차 하나를 잡아 주었다. 다행히 차를 잡았으나 올라타고 보니 육고기 냉동 운반차라 냄새가 고약하였다. 속이 울렁거려 입을 막으니 기사가 송구스럽게 생각하였다.

"스님, 죄송합니다."

"괜찮습니다. 이 모두가 사람을 위한 냄새가 아닙니까."

"감사합니다."

서창까지 와서 인사하고 내려 간신히 법회를 마치니 학생들로부터 감사의 인사를 받았다. 그래서 스님은 그 냉동차 운전수에게 다시 한번 감사하였다.

또 한번은 독실한 불자의 집 결혼식에 동참하였다. 마침 길일(吉日)이라 결혼식이 30분 간격으로 진행되는데 약속한 주례 스님께서 시간이 늦어 발을 동동 구르고 있었다.

신랑이 부탁하였다.

"똑같은 스님이니 스님께서 주례를 대신해 주십시오."

5분을 더 기다려 보자고 하여 기다렸으나 주례 스님이 오시지 못하므로 하는 수 없이 주례를 서고 막 사진을 찍으려 하니 본래 정한 주례 스님이 오셨다.

"길이 막혀 이제야 도착했습니다."

〈연꽃처럼 햇살처럼〉 시집 출판기념회에서 출간사 하는 중.

"잘 오셨습니다. 스님께서 사진을 찍으십시오."

"아닙니다. 스님께서 주례를 서셨으니 스님께서 찍으십시오."

"법문은 똑같은 법문인데 누가 찍으면 어떻습니까. 같이 찍읍시다" 하여, 한 혼례식에 두 스님이 주례를 본 일이 있었다.

희귀한 결혼식이니 신랑 신부 또한 귀하게 되리라.

스님은 이렇게 어려운 여건 속에서도 침착한 태도로 사람들을 웃기며 즐겁게 살아가고 있다.

제5편 | 정토사편(淨土寺篇)

최한형 사장님의 시주

그 때 덕진 스님은 울산 수효사에서 열심히 기도하고 있었다. 그러던 어느 날 공원묘원 최사장님께서 오셔서 말씀하였다.

"공원묘지 근처에 절을 하나 지으려고 터를 잡아 놓았는데 인연 있는 스님을 만나지 못해 아직까지 절을 세우지 못하고 있으니 덕진 스님께서 절을 하나 지으면 어떻겠습니까?"

뜻하지 않았던 제안이었다. 그러나 평상시 알맞은 곳이 생기면 절을 짓고 포교해야겠다고 마음 속에 다짐한 바 있으므로 쾌히 승낙하였다.

"절을 짓는다는 것은 쉬운 것이 아니지만 정성을 다해 한번 해보겠습니다. 부족한 사람이 사장님의 이상에 맞는 불사를 해낼 수 있을까 걱정이 될 뿐입니다."

이 말에 최사장님은 고개를 끄덕이면서 말했다.

"수많은 공원묘지에 영령들을 위로하고 좋은 부처님 말씀을 통해 사람들을 깨우쳐 주도록 합시다."

"감사합니다."

이렇게 해서 최한형 사장님과 서태진 회장님과 뜻을 같이하여 울산 수효사 일을 열심히 보면서 정토사 창건 불사가 시작되었다. 때는 1987년 7월 1일 이었다.

정토사 설계

어떻게 절을 지을 것인가, 최한형 사장님과 서태진 회장님께
의논하였다. 먼저 대지 변경을 하고 그 땅에 맞추어 설계를 하기
로 하였다.

그리하여 우선 울산 시청에 가서 형질 변경을 하고 땅을 골랐
다. 1988년 4월 6일 대웅전 40평, 요사 42평, 이 불사를 완성하기
위하여 5월 26일에는 '정토사 창건 후원회'를 결성하였다. 회장
은 서정만씨가 맡기로 하고 최한형 사장님을 고문으로 모셨다.
땅을 골라서 요사를 먼저 완공하여 수효사 부처님을 모시고 이
사를 했다. 그해 음력 10월 10일에 대웅전을 준공했다.

4년 후인 1992년에 지장전 '수효재'를 지었고, 또 4년 후인
1996년에 정토회관을 만들어 강의와 전시 공연을 할 수 있는 곳
을 만들고 또 공양간으로 사용하도록 하고 2층에는 사무실과 주
지실을 만들고 3층에는 3천불을 모시고 세계 각국의 대장경과
역대 조사의 진영을 모셔 한 눈으로 불·법·승 3보를 친견할 수
있도록 하자고 설계하였다.

그리고 절 입구에 들어와서 세 법당이 있는 앞마당으로 오르는
계단은 극락 정토에 오르는 9품연대를 상징하여 9품계단을 만들
기로 하고, 또 7보의 7계단, 6바라밀을 상징한 6계단을 쌓아서 이
계단을 오르고 내릴 때마다 사바 세계와 극락 정토를 왕래하며
아미타불을 친견하고 사바 세계 중생들을 제도할 원력을 세우도

록 하였다.

맑고 향기로운 법자리, 말만 들어도 그 깨끗한 청정도량 정토사는 부처님의 가르침을 널리 펼칠 전법의 대도량이 될 것 같았다.

스님께서는 늘 몸소 실천하고 있는 문수 보살의 지혜와 보현 보살의 행원을 배우며 전생의 업장을 씻고 금생의 지혜와 복을 닦아 석가모니 부처님의 원만한 생활이 실천될 수 있도록 서원하였다.

정토사 신축 기공식

1988년 7월 1일, 드디어 정토사 창건 기공식이 열렸다. 통도사에서는 월하 방장 스님과 대중들이 오셨고, 울산 시장 곽만섭님께서는 여러 의원들과 함께 와서 축사해 주셨고, 서정만 추진위원장은 수효사 신도들과 와서 '만법의 수행과 포교의 전당이 되게 하겠다' 발원하였다.

"거룩하신 부처님! 햇빛같이 밝고 깨끗하신 부처님! 오늘 저희들은 은월산 기슭에서 밝은 빛을 나투시는 부처님의 전당을 건립코자 발원하고 있습니다. 부처님께서 옛날 발원하신 것처럼 영원히 3악도를 여의고 탐진치를 끊고 불법승을 듣고 부지런히 계정혜를 닦고 제불학(諸佛學)을 배워 보리심에서 물러나지 않고 결정코 안락국토에 태어나 아미타불을 뵙고 널리 중생을 제도하기 발원하옵나이다."

통도사 월하 방장 스님은 〈금강경오가해〉 서설에 있는 「야부송(冶父頌)」을 읊어 장차 이 도량이 어떻게 발전할 것인가를 예시하여 주었다.

> 마하대법왕(摩訶大法王)
> 무장역무단(無長亦無短)
> 본래비조백(本來非皁白)
> 수처현청황(隨處現靑黃)

> 크고 큰 마음이여,
> 길지도 않고 짧지도 않구나.
> 본래 검고 흰 것 아니지만
> 때에 따라 푸른 빛 누른 색 나타낸다.

이 글귀야말로 덕진 스님의 심정을 잘 나타낸 법이라 생각되었
다. 본래 한 생각도 없던 사람이 인연을 만남으로써 푸른 빛 누른
색을 나타내게 되었으니 말이다.

일꾼들은 열심히 일을 하고 화주들은 동분서주 권선하며 스님
들은 밤낮없이 부처님의 가피를 빌었다. 드디어 기공식 넉달 열
흘만에 요사채 42평이 완성되고 개산(開山) 봉불식을 거행하게
되었다. 스님의 거처도 보명사, 수효사에서 정토사 요사채 큰방
으로 옮겨지게 되었다.

대웅전 낙성식과 봉불식

이듬해 1989년 5월 1일에는 대웅전 준공식과 봉불식을 가졌
다. 대웅전은 목조 와가 40평이었다. 그리 크지도 않고 작지도

않은 은월산 기슭에 봉황이 나는 것과 같은 기상으로 대웅전이
들어서니 부처님의 광명이 시방으로 퍼져나갔다.

　　부처님 큰 광명 시방에 두루하니
　　온갖 만물 더없이 밝고도 고요하다.
　　오색구름 온누리에 가득하듯이
　　곳곳마다 부처님덕 찬탄하는데
　　빛이 있는 곳에 넘치는 기쁨이여
　　중생의 모든 고통 씻은 듯이 사라지네.

　이것이 큰법당 주련(柱聯)이다. 대개의 모든 절에는 한문으로
씌어 있는데 정토사 주련은 한글로 씌어 있다. 이것만 보아도 정
토사가 현대화 대중화된 생활 불교의 터전인 것을 알 수 있다.
　법당 안에는 부처님이 모셔져 있는데 정토 세계의 모델이 되는
아미타불과 관세음 보살 대세지 보살 3존불이 그분들이다. 아미
타불은 48원력으로 극락 세계를 10종으로 장엄하여 온갖 중생들
의 고통을 없애주는 어른인데 좌우에는 관세음 보살과 대세지
보살이 보필하고 있다.
　아미타불은 진짜 금색으로 찬란하게 빛이 나고 32상 80종호로
단정하기 그지없었다. 눈썹 사이의 하얀 털빛은 다섯 개의 수미
산과 같고 푸른 눈빛 맑은 빛은 사대해(四大海)와 같았다.
　좌측의 관세음 보살은 몸이 금산(金山) 담복화(薝蔔花)와 같
고, 오른쪽의 대세지 보살은 몸에서 끝없는 광명이 쏟아져 나왔
다. 탱화는 석가부처님이 10대 제자를 거느리고 여러 보살들에

196

게 둘러싸여 있는 것을 4천왕이 4
방에서 호위하고 있는 모습이 그
림으로 그려져 있지 않고 조각으
로 형성되어 금칠이 되어 있었다.

1995년 겨울, 정토사 전경.

　법당에 앉아서 보면 좌청룡 우
백호가 두 팔처럼 감싸고 있고 북
현무 남주작이 역연(歷然)하게 나
타나 있다. 새벽 하늘에 울려퍼지는 목탁 소리는 오탁악세의 흐
린 물을 쫓고 은은하게 울려퍼지는 범종 소리는 지옥 중생을 제
도한다.

　최한형 거사님께서 "첫째는 조건이 순수하고 둘째는 발원이
원만하였으므로 두 사람이 같이 모여진 것이 아닌가 생각한다"
하였는데 땅속에 누워서도 최사장님은 덕진 스님께 정토사 창건
을 맡긴 것을 큰 보람으로 느낄 것이다. 왜냐하면 처음 약속한 그
말이 털끝 만큼도 차질이 없이 이행되어 1년 365일 영혼들을 위
한 법문이 이어지고 염불 독경이 그치지 않고 있기 때문이며, 정
토사가 죽은 사람들만을 위안할 뿐 아니라 울산 불교를 대표할
만한 포교 사찰로 크게 발전하고 있기 때문이다.

　덕진 스님은 정토사 4주년을 맞이하여 다음과 같은 '정토발원
의 노래'를 불렀다.

　은월산 아늑한골 부처님 가호내려
　큰설이 장임하니 법향(法香)도 은은하다
　온시민 편안하고 혼탁인심 밝혀주네

선망조상 왕생극락 온국민 화합번영
지심발원(至心發願) 모인 전당 만인의 수행도량
정토사는 우리절 우리의 무량복전

원효대사 정토신앙 면면히 이어받아
아미타불 염불삼매 업장고뇌 씻어내고
아미타불 일념속에 현재세상 정토되고
미래세도 극락정토 우리모두 성취하세

성훈선사 이르시길 이도량에 모인사람
수도하고 효도하여 조상얼 이어가고
민족정기 바로새겨 국가번영 일꾼되고
불교중흥 공헌하는 참다운 불자되라
이교훈을 알아행해 우리모두 보살되자

산업요람 울산지역 시민고뇌 씻어내고
선조님께 효도하고 자녀에게 효행보여
지혜수행 일깨우고 자비복덕 짓게하는
정토사가 문열은지 어언간에 네돌이라
걸음마도 부지런히 스님신도 합심정진
인격도야 가족화목 사회화합 터전인데.

고통중생 구제하는 유명교주 지장보살
저승세계 영혼들을 다스리는 명부시왕

존엄히 모시옵는 지장전을 새로지어
온불자 원력모아 업장참회 염불정근
오늘삶이 맑아지고 내일삶이 밝아지니
과거조상 미래자손 모두에게 보배로세.

부처님등 내마음등 옛인연을 밝혀보고
자비의등 세상의등 우리함께 밝혀들고
지혜의등 정토의등 찬란하게 길이밝혀
좋은나날 복된세상 이룩되게 하여지다.

정토사는 터도 넓고 산도 수려하고 물도 풍부하여 부족한 것이
별로 없었다. 울산 시내에서 그리 멀리 떨어진 것도 아니고 그렇
다고 너무 가까운 곳도 아닌, 산중 같으면서도 도시의 편리함이
함께 어우러진 명당이었다.
  법당이 이루어지고 이듬해 봄 나무들이 잎을 피우니 화장장엄
세계가 그 가운데 나타났다.

육중한 범종 울림에 단잠 깨고서
목탁 소리에 장단 맞추어
'아미타불, 아미타불 '
가는 길을 물어보고

땡그랑 땡그랑 풍경 소리에 수마는
도망 치고 좌선 삼매 일여(一如)하다.

햇님 마중 창을 여니,
진달래 붉은 볼에 봄소식이 춤추고
산오리꽃 얼기설기 생동의 노래
산새들이 재잘대는 말,
'석가여래 금빛상 보다
야윈체구 스님보다
재롱둥이 천진불들이
같이 와서 놀아 주니
봄놀이나 즐깁시다.'

이것이 정토사의 봄소식이다.

월간 정토 회보

조직이 이루어졌으면 그들 조직의 활동 상황을 대외에 알리고, 안으로는 그 동안 한 일들을 정리해 놓을 필요가 있음을 느꼈다. 그래서 덕진 스님께서는 사찰 이름에 알맞는 정토회보를 월간으로 발행하게 하였다.

처음에는 3천부씩 발간하다가 지금은 5천부에 이르고 있다. 내용은 정기법회의 안내와 경전글귀, 짧고 감회 깊은 토막 이야기, 그리고 불교계의 소식들을 간단 간단히 담고 있다.

이제 1989년 8월 31일에 발행했던 제1회 정토회보에 실린 법문을 들어보자.

“우리가 살면서 포기할 수도 없고 나아가기는 두렵고 돌아갈 수도 없으며 나아가기는 힘겨운 때가 있다. 이럴 때 ‘허공을 향해 힘차게 한 걸음 내 뛰어야 한다.’

운영하던 사람이 진퇴양난이거나 시작하려는 일이 준비는 했는데 곤란하거나 가까운 사람이 싫어져 계속 같이 있을 수도 없고 다시 안볼 수도 없을 때, 몸이 불편한데 이 약이 좋을까? 저 치료는 어떤 게 좋은가? 고민할 때, 진학이나 진급이 있을 때 누구나가 고민하지만 이럴 때는 이것도 저것도 생각지 말고 될대로 될 것이다, 혹은 부처님께서 알아서 하실 것이다 하고 과감하게 떨치고 잊어야 한다. 몸은 현실에 착실히 움직이지만 마음은 비우고 맑혀야 한다.

수년 전에 한 스님께서 절을 짓다가 자금도 부족하고 일도 되지 않아서 불사를 중지할까, 다른 스님께 맡길까 등등으로 고민하다가 그만 절을 훌쩍 떠나서 전국 사찰 유람만행 하다가 한 달 후쯤 돌아와 화주가 나타나서 불사가 마무리 되었다고 한다.

또 한 예는 한 여인의 자부가 말씨도 불순하고, 자부가 온 후로 살림도 줄어들고, 자부를 볼 때마다 미워지고 원수처럼 느껴져서 이혼을 시키자니 아들과 자부의 장래 문제와 다시 자부 보기가 걱정이고 두고 보자니 원수덩어리지만 내가 참고 견딜까 이 양자를 놓고 고민하니 잠도 안 오고 가끔 두통까지 났다.

절에 가서 진퇴양난일 때에는 ‘허공을 향해 크게 뛰어라’ 하시는 법문을 듣고 될대로 되겠지 하고, 약 한 달 간 절에 다니며 기도하고, 자부 생각에 대한 집념을 버리게 되었다. 그랬더니 자부도 뜻밖에 상냥하고 일도 잘하고 가족 화합이 되었다. 이런 것이

백척간두 진일보의 한 현상이다.

　이 진리 교훈은 번뇌와 망상, 일상의 얽매임까지도 초월하라는 말씀이기도 하다. 이것도 또한 자신의 범주를 과감하게 벗어나 용기와 지혜가 날 수 있는 것이기도 하다.

　스님께서는 이렇게 ‘백척간두에 진일보 하자’ 는 법문을 설하고, 〈비미모경〉에 있는 설화를 들어 ‘참회와 공덕’ 이란 제목으로 다음과 같이 정리하였다.

　석존께서 왕사성의 영취산에서 많은 사람들을 모아놓고 설법하실 때의 일이다. 당시에 ‘선나다’ 라는 스님이 있었다. 그는 언제나 산림이 조용한 곳에 앉아서 수행에 정진하고 있었다. 사람들은 이 스님의 굳은 구도에 동정하여 매일 음식을 보내주었다. 그러나 그것은 처음 뿐이지 얼마 아니하여 사람들은 이 스님을 까맣게 잊어버리고 말았다. 그 사람들 가운데 오직 한 여인만이 시종 변함없이 스님에게 음식을 날라다 주며 스님에 대한 여인의 마음은 점점 변해갔다. 스님도 여인의 마음을 느끼며 남몰래 생각에 잠기는 시간이 많아졌다.

　그러나 부처님의 계율을 생각하고 이 망련된 생각을 물리치려고 더욱 더 정진에 힘썼으나 도를 닦으려는 마음과 사랑에 끌리는 마음과의 괴로운 시련에서 방황하고 있을 때 여인은 매일 스님을 찾아와 유혹을 했다.

　스님은 마침내 여인의 유혹을 이겨내지 못하고 몸의 충동에 몸을 맡기어 부처님의 계율인 여자를 범하는 죄를 저지르고 말았다. 부정한 짓을 한 그는 크게 놀라고 깨달아 범한 죄를 뉘우치려다가 마장이 들어서 미친 사람 같이 되어 버렸다. 그는 가사만 걸친 알몸으로 '도둑이야, 도둑이야, 나는 지금까지의 수행을 몽땅 빼앗겨 버렸다' 고 울부짖으며 자기에게 음식을 보내준 사람들과 자기와 동행인 스님들에게 숨김없이 저지른 죄를 자백하며 이 죄업을 소멸시킬 수 있는 방법을 물었다.

그 때 하사 성자가 '네가 참으로 죄를 씻기를 원한다면 내가 하라는 대로 하겠는가' 라고 묻자 '이 죄가 소멸된다면 어떤 일 이든지 분부대로 하겠습니다' 라고 하였다.

이제 성자는 큰 구덩이를 파고 그 속에 장작을 쌓고 불을 질렀 다. 무서운 불구덩이를 바라보며 '저지른 죄를 소멸시키고 싶거 든 이 불 속에 뛰어들어야 한다' 며 성자는 엄숙한 얼굴로 그에게 선고하였다.

다만 성자는 넌지시 불구덩이를 둘러싸고 있는 다른 중들에게 '이 중이 아무런 망설임도 없이 곧장 불구덩이 속으로 뛰어 들려 거든 붙잡아라' 했다. 그런데 그는 성자의 선언을 받자마자 아무 런 망설임도 없이 불구덩이로 뛰어들려 하였다. 성자의 분부대 로 다른 스님들은 불구덩이로 뛰어들려는 그를 붙잡고 놓지 않 았다. 성자는 빙그레 웃으며 그에게 말하였다

'너의 죄는 이제 말끔히 씻기었다. 너의 죄는 이미 소멸되었 다. 다시 번뇌에 사로잡히지 말라. 어서 가서 수행길에 오르라.'

이리하여 그 스님은 진심으로 성자의 발에 이마를 대고 절하였 다. 그리고 죄에서 해방되어 몸도 마음도 가볍게 다시 본디의 길 로 돌아갔다. 그 뒤에 그는 정진에 정진을 거듭하여 수행을 쌓아 이라한의 지위를 얻었다고 한다.

숭산 스님의 설법회

숭산 스님은 재미 홍법원(在美弘法院) 원장으로 일본과 홍콩 프랑스 등 세계 1백 곳이 넘는 곳에 법당을 만들어 수천 명의 제자를 양성하고 불법을 국제적으로 펴고 계신 대선사다.

덕진 스님이 새로 절을 짓고 포교를 한다는 말씀을 듣고 그 바쁜 시간 가운데서도 시간을 내어 내려가셨다. 때는 12월이라 바깥 날씨는 제법 쌀쌀하였지만 모여든 시민들의 열기가 동지섣달 추위도 다 녹였다.

법상에 올라간 스님께서 한참 앉아 계시다가 법장을 한 번 내려치시고 말씀하였다.

"극락 세계가 언제 탄생하였는가?"

또 한참 있다가 주장자를 다시 치시고 말씀하였다.

"아미타불이 어느 곳에 계신가?"

또 한참 있다가 주장자를 다시 한 번 치시고 말씀하였다.

"정토 극락 세계가 바로 이 곳이로다."

그리고 한참 있다가 천천히 말씀하였다.

"덕진 스님께서 정토사를 짓고 대한민국을 불국 정토로 만들려 하니 그 마음을 먹는 순간 이 세상에는 벌써 정토 세계가 이렇게 나타나게 되었습니다.

땅을 시주하신 최한형 사장님, 절을 짓기 위해 갖가지 방법으로 화주 시주해주신 여러분의 마음 속에도 이미 정토 세계는 나타나 있습니다.

부처님께서 처음 도를 깨달으시고 왕사성에 가니 빔비사라 임금님께서 죽림정사를 지어 바쳤고, 사위성의 수닷다 장자는 기타 태자와 의논하여 기원정사를 만들었는데 지금 이천오백 년이 넘은 오늘에도 그 빛이 성성(惺惺)합니다. 기타 태자가 아무리 왕자고 수닷다 장자가 아무리 부자라 해도 불법을 만나지 못했으면 한 주먹의 재로 변한지 오래 되었을 것이지만 그의 몸은 한 주먹 재가 되었지만 그의 마음은 전세계 사람들의 가슴 속에 살아 있으니 우리들이 부처님의 경전을 읽히게 되면 그 경전 속에 그 이름과 그들이 지은 절이 언제나 나오고 있기 때문입니다.

그래서 옛날 야부(冶父) 스님이 외쳤습니다.

독장불랑명(獨掌不浪鳴)이로다.
외외당당(巍巍堂堂) 만법중왕(萬法中王) 이여
삼십이상(三十二相) 백천종광(白千種光)이로다.
성범첨앙(聖凡瞻仰)하고 외도귀항(外道歸降)이로다.
막위자용난득견(莫渭慈容難得見) 하라.
불이기원대도량(不離祇園大道場)이로다.

한 손바닥 가지고는 소리가 나지 않는다.
인연이 닿아야 불사가 이루어진다.
외외 당당한 만법 가운데 왕이여,
32상에서 백천가지 광명이 끝없이 비추도다.
성현과 범부들이 모두 함께 쳐다보고
외도와 삿된 무리들이 그릇된 마음을 버리고

정법에 귀의하고 있구나.
부처님 뵙기가 어렵다고 하지 말라.
기원정사 대도량을 여의지 않는다.

오늘 울산에서는 바로 이 정토사가 기원 도량이 되고 있습니다.
참된 마음 의지하여 교화가 되면 속(俗) 속에 진(眞)이 머물게
되어 있습니다. 부처님께서 가비라국에서 탄생하여 마가다국에
서 성도하시고 쿠시나가라에서 설법하시듯 덕진 스님은 경상도
에서 태어나 경상도에서 성불하시고 경상도에서 법을 펴고 있습
니다. 모두 함께 축복하여 기원도량에서 8만 법장이 연설되듯 정
토사에서 불국이 성취될 수 있도록 모두 함께 축복합시다."
우레와 같은 박수가 쏟아졌다.

신도회 결성

1989년 8월 9일에는 정토사 신도회를 결성하였다. 앞서 결성
된 정토사 창건 후원회는 건축물을 짓기 위한 위원회였지만 이
제 결성된 신도회는 이름 그대로 불교 신도회로서의 사명을 다
할 수 있는 조직이었다. 회장단은 고문, 명예회장, 회장, 부회장
으로 정하고 그 밑에 감사, 이사, 총무, 관리, 교화, 헌공, 재무, 종
무를 두고 다시 총무부에는 부장과 차장을 나누어 두었다. 일이
많은 부서이기 때문이다.
고문과 명예 회장은 정토사 창건과 깊은 인연을 가지고 있으면
서도 사회적인 명망이 있는 분을 추천하였고, 회장은 실질적으

로 정토사 일을 감당해야 할 분을 모색하였다. 그리고 부회장은
회장님을 잘 받들어 중흥 불사를 잘 할 수 있는 불자들을 모시기
로 하고 감사는 정토사 사무가 잘 되어가고 있는가를 잘 감사할
수 있는 분을 추천하도록 하였다.

　그리고 나머지 분들은 회장단에 일임하여 서로 손을 맞추어 일
할 수 있는 분들을 뽑으라 하였다. 그리하여 정토사 신도회는 누
가 보아도 견고한 신심에 정진심이 강한 팀들이 모였다고 평할
수 있는 다양한 인재로 구성이 되었다. 이제 그 명단을 소개하면
다음과 같다.

고　　문 : 최한형
회　　장 : 서정만
부 회 장 : 서진태
여부회장 : 황명선, 김차자

스님은 신도 간부들과 함께 부처님께 발원하였다.

이론의 시비(是非)에 빠져서 실천 없는 어리석음
기어이 건지오리다.

자기 주장과 고고함에 빠진
캄캄한 어둠 이몸이 촛불되어
기꺼이 태우면서 밝히오리다

향락(享樂)에 배인 아첨
지식에 찌든 냄새

한줄기 향이 되어 맑히오리다.

아만과 질투 증오까지 지워서
맑은 뜻 되어 티없이 정갈한 마음
오염없는 고운산천 찾을 때까지 끝없이
쉴새없이 행하오리다.

그리고 부탁하였다.
"우리 하심(下心)으로 일을 합시다. 지위 권위로 묵중히 누르
고 술수의 사슬로 꽁꽁 묶으며 양심의 고운 싹 순수 정갈함을 짓
뭉개 버립시다. 그럴수록 자신을 굽히고 낮추어 하심의 산뜻한
싹을 내밀고 인내의 횃불로 길을 밝힙시다. 비위 못 맞춘다고 냉
대 외면하더라도 더욱 올바른 예의로써 정중히 모십시다."

불교청년회 창립

어린이가 한 가정의 꽃이라면 청소년은 가정의 등불이다. 집
안에 아이들이 없으면 등불없는 밤과 같이 캄캄하고 답답하다.
사회와 국가에 있어서도 청년은 나라의 기둥이요 대들보다. 그
래서 옛 사람들은 경로사상을 고취하는 이상으로 젊은 청년들의
기상을 키워왔다.
기독교에서는 일찍부터 YMCA의 활동을 중심으로 세계적인
청년 운동을 전개해 왔는데 우리 불교는 청년들이 찾아오면 늘
칭찬해 주면서도 그들이 불교를 알고 깨닫게 하는 데는 인색해

왔다.

　하기야 교주 석가모니 부처님께서 청년 시절에 가정을 버리고 입산 수도하여 혹 그 같은 일들이 벌어지지 아니할까 자식 사랑하는 마음 때문에 불교를 좋아하는 사람이면서도 젊은 사람들에게 불교를 깊이 이해시키기를 꺼려해 온 경향도 없지 않다.

　그러나 부처님은 개인의 영달보다는 사회 인류의 고민을 해결하기 위해서 출가하신 것이다. 그것을 이제 깨달음을 통해 닦아 놓으신 대도의 길을 이제 출가 재가를 논할 것이 아니라 모든 인류가 다같이 깨닫고 살아가야 할 인과요, 인연이기 때문에 넉신 스님은 정토사에 불교청년회를 창립하기로 작정하였다.

　1990년 7월 17일 여름방학 하계 휴가를 기해서 울산 시내 청년들을 끌어모으니 처음에는 몇 명 되지 않았으나 차차 그 수가 늘어 새 울산 불교 청년회의 초석이 되었다.

　한용운 스님이 불교 청년회를 만들어 구국운동을 하는 마음의 자세로써 금화사에서 어린이 법회를 시작했던 마음으로 청년들을 끌어 모았다.

　그런데 세상에는 예기치 못했던 것과 같이 청년이라고 해서 모두 강하고 고민없이 잘 사는 것이 아니라 청년시절이야말로 꿈이 많고 혈기 왕성하므로 여러 가지 장애에 부딪쳐 고민하는 사람도 많았다. 스님은 이같은 고민들을 부처님의 말씀을 통해 해결해주고 공상이 아닌 사실적인 원력을 가지고 세상을 살아가도록 이끌어 주었다.

　약사부처님의 12대원과 관세음 보살의 16대서원, 석가여래의 10대원과 지장 보살의 '지옥을 건지지 못하면 성불하지 않겠다'

고 하신 위대한 서원들을 가지고 인생의 고민과 장애를 해결하다 보니 차차 그 수가 불어날 뿐 아니라 장년·노년 불자들에게 열 번 설해도 잘 이해가 되지 않던 불교가 1, 2회 설법이나 수련으로 거뜬히 그 문제가 해결되어 청소년과 어린이 학생 불자들을 양성해 가는데 좋은 스승들이 되었다.

청화 스님의 염불선(念佛禪)

청화 스님은 곡성 태안사 조실이시다. 대선사이시면서도 염불을 잘하여 유명하므로 염불선에 대한 법문을 요청하였다.

"염불은 원래 극락 세계 왕생을 위해 무량수경의 16관 가운데 하나로써 관하던 것인데, 중국에 들어와서 칭명염불(稱名念佛)을 하는 무리들이 생겨 우리 나라에서 그 영향을 많이 받고 있다.

그러나 실제 그 염불 방법을 보면, ① 좌선 입정하여 부처님을 관하는 정업염불(定業念佛), ② 일상생활 속에서 실행하는 산업염불(散業念佛), ③ 부처님의 상호를 관하면서 정토에 왕생하기를 관하는 유상염불(有相念佛), ④ 필경공(畢竟空)의 이치를 관하면서 부처님의 명호를 부르는 무상염불(無相念佛) 등 여러 가지가 있다."

청화 스님은 신라 때 무상(無相) 스님이 주장한 무상 염불을 공개하면서 대중에게 설파하였다.

"염불을 하는 데는 지극히 정성스러운 지성심(至誠心)과 깊은 마음(深心), 그리고 일체 중생에게 그 공덕을 돌리는 회향발원심(廻向發願心)이 필요하다. 이 세 가지는 마치 솥의 세 발과 같아

210

서 하나만 빠져도 완전한 솥이 될 수 없는 것과 같다.

그러면 첫째, 지성심이란 무엇인가. 아미타불이 가지고 있는 마음이나, 석가여래가 가지고 있는 마음이나, 내가 가지고 있는 마음은 동일한 것인데, 한 생각이 미진하여 석가여래와 아미타불은 모두 부처가 되어 부처님 자리에 앉아 계신데 우리는 왜 중생 세계를 헤매이고 있는가. 하루 빨리 공부하여 나도 불·보살의 위치에 올라가야 되겠다는 지극한 마음으로 발심하는 것이다.

둘째, 깊은 마음은 이 세상 만 가지 일이 있어도 그것을 다 이 몸을 먹여 살리는 방편으로써 나타난 일이므로 이 몸의 주인이 되는 마음을 꼭 먹여 살릴 수 있는 진리의 자량(資糧)을 기필코 성취해야 되겠다는 생각을 가지는 것이 깊은 마음이다.

셋째, 회향 발원심은 부처님의 세계와 중생의 세계를 바라볼 때 부처님들은 항상 즐겁게 자유롭게 깨끗하게 사는데 중생들은 무상속에 늘 고통을 받으며 부자유 속에 더럽게 살고 있으니, 이들 중생들에게 이 공덕을 돌리고 먼저 걸으신 부처님들에게는 감사의 공덕을 올려야 되겠다는 생각을 가지는 것이 회향발원심이다.

신라 때 무상 스님은 중국에 들어가 청정두타행으로 염불선을 하였는데, 겨울철에는 연화가 되고 스님의 방 근처에는 호랑이 뱀, 구렁이 같은 것들이 와서 법문을 듣고 모두 해탈을 얻었다. 한낱 자비 광명이 비치는 곳에 지옥도 공해진다 하였는데, 하물며 대비의 신주력(神呪力)이야 더 말할 것 있겠는가.

나에게 한 게송이 있으니 들으라. 듣고 깨달으면 한 발짝도 옮기지 말고 극락 세계를 수용하여라.

일념망시명요요(一念忘時明了了)
미타부재별가향(彌陀不在別家鄉)
통신자재연화국(通身自在蓮華國)
처처무비극락상(處處無非極樂裳)

한 생각 놓아버리면 분명하게 밝아지는데
아미타불이 어느 곳에는 없겠는가.
이 몸 깨달아 연화주 이루면
가는 곳마다 극락 아님이 없도다.

무진장 스님의 설법

무진장 스님은 조계종 전 포교원장이시다. 한국 불교 포교의
대들보로서 육중한 몸매에 사자 같은 음성은 청중들을 깜짝 놀
라게 하였다. 특히 정토 불교의 수호와 파사현정에 대한 법문은
널리 알려진 바 있다.

1991년, 불기 2535년 1월 10일. 쌀쌀한 날씨에도 수많은 선남선
녀들이 모였다. 단상에 오르자 〈화엄경〉의 게송을 소개하셨다.

약인욕식불경계(若人欲識佛境界)인데
당정기의여허공(當淨其意如虛空)하라
원이망상급제취(遠離妄想及諸趣)하면
영심소향개무애(令心所向皆無碍)하리라.

만약에 사람이 부처님의 경계를 알고 싶어 한다면
마땅히 그 마음을 허공과 같이 하라
멀리 망상과 끄달려가는 생각이 없으면
가는 곳마다 걸릴 것이 없으리라.

"〈화엄경〉에서 하신 말씀입니다. 사람은 관념 속에 살기 때문에 갖가지 병이 생깁니다. 허공처럼 툭터진 마음으로 산다면 무슨 걸림이 있겠습니까. 이럴까 저럴까 망설이는 마음. 이 마음이 망상을 형성하니 가는 곳마다 장애를 이룹니다.

6조 스님이 처음 5조 홍인 대사를 찾아 갔을 때 5조 스님이 물었습니다.

"어디서 왔느냐?"

"영남에서 왔습니다."

"영남 사람들은 머리가 영리하여 장사는 잘해도 도를 구하기는 어려운데…"

"사람은 영남, 호남이 있지만 마음이야 어찌 영·호남이 있겠습니까."

"네 그것을 어떻게 알았느냐?"

"본래부터 그러한 것을 누가 가르쳐 주어서 압니까."

이것이 제6대조가 되게 된 동기입니다. 그렇습니다. 반야는 무지(無知)라 실로 아는 것이 없습니다. 그러나 또한 알지 못하는 것도 없는 것이니 그것은 마치 큰 거울과 같아서 삼라만상이 나타나면 있는 그대로 비춰주는 역할을 하기 때문입니다.

6조 스님이 극락 왕생을 발원하고 염불 정진만 하는 사람에게

'극락 세계가 어디 있느냐?'고 물으니 '10만 8천토 밖에 있다'
하였습니다.

이에 6조 스님께서 말씀하신 '10만은 10악이니 몸으로 살생하
지 않고, 도둑질 하지 않고, 사음하지 않고, 입으로 거짓말하지
않고, 꾸미는 말하지 않고, 이간질하지 않고, 악담 설욕하지 않으
며, 뜻으로 탐 · 진 · 치 3독을 하지 아니하고 얻은 것을 바로 보
고 바로 생각하고 바로 느껴 말하고 바르게 행동하고 바르게 정
진하여 흔들림이 없어 그 마음이 안정되면 그것이 곧 8천토를 가
는 것이다' 하니 그 사람이 그 자리에서 도를 깨쳐 극락 정토를
형성하였습니다.

여러분! 이제 새해입니다. 올해부터는 이렇게 수행하여 극락
을 누리세요.

덕진 스님은 일찍이 자기 판단을 분명히 하고 아상, 인상, 중생
상, 수자상을 없애는 공부를 하여 이 세상을 복되게 잘 살아가는
방법을 깨달았기 때문에 나 혼자만 즐겁고 나 혼자만 자유로워
서는 안 되겠다는 생각 때문에 정토사를 창건하고 포교하기 시
작한 것으로 압니다.

한 생각 놓아버리면 그 자리가 극락인 것인데 사람들은 그 한
생각을 놓지 못하여 사바 세계의 탄성(嘆聲)을 그치지 못하고 있
는 것 같습니다. 이제 여러분께서는 이 정토사를 통하여 덕진 스
님의 이 큰 덕과 참된 마음을 배워 이 세계를 불국정토로 만들고
나아가서는 본래 가지고 있는 내 마음의 불법을 자유자재로 쓸
수 있는 불자가 되어주시기 바랍니다."

선방일기

절에 살다보면 무슨 일이 그렇게 많은지 자식을 낳고 권속을 거느린 사람들도 한가하게 사는데 혼자사는 사람이 새벽 4시부터 일어나 저녁 10시까지 일을 해도 끝이 나지 않는 것이 절 일이다. 나름대로는 부처님 따라 중생 따라 열심히 산다고 하지만 때에 따라서는 사람 노릇도 잘못할 때가 많은 것을 느끼게 된다.

여러 사찰과 불교단체, 학교, 군부대, 경찰 구치소, 사찰단체, 기업체, 가정 가릴 것 없이 부르는대로 쫓아다니며 권선징오(勸善懲惡)하고 희로애락(喜怒哀樂)에 좌우되지 말고 살라고 말하지만 내 자신 스스로 공허(空虛)에 빠지게 되는 수가 있다.

덕진 스님은 그럴 때마다 절을 찾지 않으면 여행을 떠난다. 너무 한 곳에 도취하다 보면 자신도 모르게 하는 일에 집착하는 경우가 있기 때문이다.

선방은 멀리 가지 않고 본사인 통도사 극락암에 방부를 들여놓고 참선을 한다. 여러 대중 스님들과 함께 지내다보면 자신을 절제하고 관리하는 공부가 되기도 하기 때문이다.

새벽 3시 예불을 모시고 두툼한 좌복을 반쯤 접고 앉아 화두를 붙들면 상쾌한 산 바람이 가슴 속까지 파고든다. 어둠이 가시는 여명 속에 거무스름하게 기와 지붕이 보이다가 먼 산이 아련이 트일 때면 '지지배배 지지배배 끼룩끼룩' 산새들이 알아보며 새벽 예불을 한다.

'무(無) 무(無) 무(無)' 하다가 초가을 선방 앞뜰에 줄기줄기 역동(力動)하는 맑은 바람 온몸에 상쾌하게 날아오면 무진장한 청량미(淸凉味)가 뇌리에 가득찬다.

이 생각 일으키는 자(者)를 다시 또 무자(無字)에다 매어두면 최상의 선열미(禪悅味)가 또 그 무 속에 사무친다.

있는대로 생기는대로 모두 먹어 치워버리면 희로애락 번뇌도 고요하고 그 고요한 것까지 마저 씹어 먹게 된다. 절도 중도 집도 사람도 줄줄줄 줄설사를 싸버리면 사랑도 미움도 슬픔도 번뇌도 좌악좌악 쏟아져 나간다.

창공에다 오색실로 포근한 집을 짓고 뭇새들의 쉼터 되어 예배 공경 받는다 해도 바다 속에 찬란한 수정덩이로 왕궁을 짓고 온갖 고기 돌아 춤추며 풍악을 즐긴다 해도 검은 흙집 참된 방에 앉아 머무름 없는 마음으로 가고 오는 것만은 못하리라.

그래서 이름이 극락선원인지 모르겠다. 시들시들 꽃잎이 힘없는 뜰에 가을 바람이 졸고 있다. 선승(禪僧)은 뛰다가 날아가며 나래 펼친 오늘은 닦는 것이 없음을 느낀다.

마음 맑으면 주변이 맑아지고 내뜻이 긍정하면 모두가 편해진다. 참는 용기 하심(下心)으로 이겨내고 힘든 일 솔선한 보람찬 미소가 만인 공부 자비롭게 된다.

본래 나를 찾으면 청정무결한 뜻 나를 찾는 것마저도 부질없는 것임을 느낀다.

그래서 스님은 '님의 편지'를 읊으며 도량을 경행한다.

미움도 사랑도 부처님께 바치고
괴로움도 쾌락도 부처님께 바치고
미련도 분별도 부처님께 드리고

오늘도 내일도 부처님의 뜻대로
이렇게 따르는 마음 오늘의 불자요
이렇게 터득하니 이것이 곧 부처님의 경지

괴로움도 즐거움도 마음에서 생기고
미움도 아쉬움도 내가 지었고
착함도 악함도 자심(自心)에서 나오니
내 마음의 긍정이 만중생 안정이요
내 얼굴의 미소가 만인에게 공양이요
한순간 너그러움 이 세상 평화

잘나나 못나나 세월가면 변하고
많으나 적으나 때가 되면 흩어지고
선함도 악함도 날이가면 달라져요
이 세상 덧없다
형상보고 믿지마오
진실상을 관찰하소.

매정한 인생

절 생활이란 어떻게 보면 신선처럼 깨끗하고 절도 있는 삶이라
다정다감한 것같이 느껴지지만 세상 사람들의 다정한 입장에서
보면 매정하기 찍이 없는 인생살이다. 그러나 그렇게 하지 아니
하면 절 살림을 꾸려나갈 수 없거니와 또 도닦는 사람의 몸가짐

을 가질 수 없기 때문이다.

덕진 스님은 구도 초창기부터 그 같은 느낌을 당하는 일을 종
종 보아 왔다.

하루는 선방에서 두 달 동안이나 함께 공부하던 스님이 갑자기
없어졌다. 아침 시간에도 공양에 참여하지 않더니 정진 시간에
는 아예 좌복마저 없어졌다. 다른 곳으로 갔거나 자진 퇴소한 것
이다. 점심 공양 후 차담을 하는 데도 이렇다 할만한 답변이 나오
지 않는다.

'오는 사람 막지 말고 가는 사람 잡지 않는다' 는 절 집안의 내
력을 비로소 알 수 있었다. 세상 사람들 같으면 말이 많았을 것이
다. 그러나 절에서는 지난 일 논하지 않고 오지 않는 일로 신경을
쓰면 공부가 제대로 되지 않기 때문에 아는 사람만 알뿐 모르는
사람에게 구태여 말하지 않는다. 이것이 절 집안 살림이다.

그러나 스님은 처음 당하는 일이라 그렇게 냉엄하고 준엄한 모
듬살이를 실감하여 '떠남' 이란 시를 다음과 같이 지었다.

君아!
무슨 사연 있어서 갔는가?
후학 위해 한 마디 일러주게.
여보게
가는 자 사연 알아 무엇하리
가고 싶어 인연 따라 가는데
가는 곳에도 사람 살고 진리대로 산다오.
가는 자 인사 없이 남는 자 말도 없이

218

가고 오는 조건 없이
묵묵히 미소 짓고 선정이 익어가오.

가는 님 걸망에 희망이 가득
계신 님 걸망에 침묵이 가득
나란한 좌복에
고행과 희열이 엉킨다.

간다고 지구를 떠나리
있다고 세월을 묶어 두리
오늘 가면 어떻고
내일 가면 어떠하리
아주 간 것은 아니지
배웅 절차가 없는 걸 보니
언젠가는 떠나야 할 인생
선정도 말이 없고 진리도 말을 떠나서
無言의 禪定으로 生死길 헤량하리다.

또 한번은 작은 절 주지를 맡고 있을 때의 일인데, 절이 워낙
가난하다보니 같이 사는 노스님께서 '장등도 켜고 기도도 하면
좋지 않겠느냐' 하여 대웅전 안에 인등을 가득이 켜 놓았는데 은
사 스님께서 오셔서 꾸중을 하였다.

"신도들 복락을 빌어주는 것도 좋지만 본인들이 원을 발하여
하는 것도 아니고 절을 유지하기 위한 방편으로 그런 일을 하면
중이 장사를 하는 것밖에 되지 않는다. 아무리 절이 어려워도 중

은 굶어 죽는 법이 없다.”

하는 수 없이 등불을 치워버리긴 하였지만 ‘불법 문중에서는 한 물건도 버리지 않지만 한 가지도 받지 않는다’는 말이 그렇게 해서 나온 것이구나 하고 크게 깨달음을 얻게 되었다.

그해 음력 4월 8일 연등을 만들어 등불을 켜는데 시중의 절에서는 크고 작은 등을 만들어 가격을 차별화하고 화주들에게 돌려 권선한다는 말을 듣기도 했는데 은사 스님의 등불사에 관한 말씀과 실천은 그렇지 않으심에 감동했다.

“이것은 평등하지 못한 일이다. 힘따라 돈을 내고 신심으로 불사를 해야지 불평등한 마음으로 시주금을 얻으면 부처님 생일이 제대로 되겠느냐. 부처님께서 세상에 나오신 것은 중생 때문에 오신 것인데 중생을 이용하여 돈 벌이를 하려 한다면 불교의 기본 정신과는 어긋나니 축복의 등, 위안의 등, 사랑의 등을 달지 못할 바에는 차라리 등불을 켜지 않는 것이 낫다.”

덕진 스님은 하는 수 없이 은사 스님의 뜻대로 한 가지 하얀 팔각등 등불을 켜 부처님의 생일을 축복하였다.

또 한번은 스님께서 30대 전후가 되었을 때 청혼이 들어왔다. 예고도 없이 한 여인이 주지실로 들어왔다. 그리고 다짜고짜 말했다.

“스님, 나는 스님과 결혼하고 싶어요.”

자신은 공무원으로 있으면서 이곳 저곳을 다녀보고 남자들을 사귀어보니 대부분 남자들은 믿을 수 없는데 스님만은 믿을 수 있을 것 같으니 남편이 되어달라는 것이었다.

“스님은 장가가는 것이 아니다” 하니 “시중의 스님들이 대부분 장가 가서 처자를 거느리고 있는데 무슨 시대에 뒤떨어진 소리를 하고 있느냐"고 도리어 질책하였다.

　스님은 그 동안 살아오면서 고생한 이야기며 자신이 자신의 얼굴을 거울에 비추어 보면 복덕이란 손톱만큼도 없는 데다 몸까지 약하여 세속 사람으로서는 맞지 않고 부처님 덕분에 명과 복을 유지하고 있으니 만일 내가 장가가면 우리 누님처럼 단명하여 횡사할런지 모르니 나는 그렇게 할 수 없다 하자 두 세 번 조르다가 스님의 뜻이 움직임 없으니 다른 애인을 만나 시집갔다고 한다.

　사람은 누구나 자기 분수를 알아야 하고 처지와 입장을 분명히 하여야 잘 살 수 있는 것이다. 만일 이것도 아니고 저것도 아닌 얼치기 인생을 살았다면 부처님도 욕되게 하고 그 여인도 불쌍하게 되지 않았겠는가.

심경농장(心耕農場)

　부처님께서 하루는 밥을 얻으러 가니 한 바라문이 소리쳤다.

"당신도 농사짓고 밥 드시오?"

"나도 농사짓고 밥 먹는다."

"저는 당신의 농토와 쟁기와 씨앗을 보지 못했습니다."

"나는 여래의 밭(如來田)에다가 보리의 종자(菩提種)를 심어 번뇌의 풀(煩惱草)를 매고 열반의 과(涅槃果)를 얻는다."

　이에 놀란 바라문은 '나도 그 같은 농사를 짓고 싶습니다' 하고 '돌아가실 때까지 저의 공양을 받아주십시오' 하였다.

이에 감동한 덕진 스님은 정토사에서 얼마 떨어지지 않은 곳에 묵은 땅을 파서 개간하고 뜻이 있는 신도들에게 주말 농장을 경영하게 하였다.

"자녀들에게 갈고 뿌리고 가꾼 만큼의 결실을 보여주고 때를 기다려야 하는 인고의 정신을 교육할겸 농사를 지으십시오."

여러 회원이 모이자 스님은 경작의 중요성과 농장의 주의사항을 지적해 주었다.

농사를 지으면,

① 자연 속에서 작물을 가꾸는 가운데 심성이 순화된다.

② 적당한 노동을 하므로 건강한 생활이 된다.

③ 자연학습을 통해 자연의 혜택을 체험하게 된다.

④ 우리 농산물에 대한 호감을 갖고 애용하게 된다.

⑤ 농토의 효율적인 활용(폐농지 근절)을 할 수 있습니다.

그러니 심경농장 회원 여러분께서는,

① 땅(밭) 위치 및 물빠짐 상태를 잘 파악하고 작물을 심고

② 농약 사용을 금지하고

③ 서로서로 작물을 아껴주고 지켜주며,

④ 정보교환과 협동정신을 위해 월1회 정기모임으로 대화합시다.

⑤ 그리고 어려운 점이 있으면 절(스님)로 문의하십시오.

이렇게 규칙을 정하였더니 한 여성불자가 20평 농지를 분양받아 각종 채소를 정성껏 가꾸어 대중공양을 하는가 하면 율무 1천 폭을 심어 천념(千念)을 만들어 정토사 법당에 올렸다.

하루는 몸이 고단하여 일찍 누워 자려다가 남편에게 들켰다.

“어디 아프오?”

“아닙니다. 놀다가 갑자기 일을 하다보니 너무 피곤해서 그럽니다.”

“절에 다니더니 쓸데없는 일에 신경을 써서 아픈 게 아니오?”

“아닙니다. 요즘 들어 잡초가 너무 무성하여 뽑다보니 그리 되었습니다. 헬스클럽에 가서 친구들과 밥 사먹고 커피 마시고 화투치고 시비하다가 아름답게 꾸미고 당신 앞에 나타나는 것만은 못하지만 땅하고 씨름하면서 땀을 흘리고 호박, 가지, 상추, 시금치 등 온갖 채소들을 가꾸어 절에도 드리고 우리도 이렇게 푸짐하게 먹고 이웃들에게도 나누어 주니 다이어트를 아니하여도 몸이 좋아지는 것 같습니다.”

“그래, 땅은 거짓이 없지. 옛날 우리도 농사짓고 살지 않았어. 요즘 화학비료로 살찐 채소 먹다가 퇴비로 가꾼 음식을 먹으니 고소하고 맛이 있어.”

“감사합니다.”

“진짜 감사한 것은 나야.”

이렇게 하여 가정도 복되고 절도 보람 있고 이웃과 친구들도 부럽게 생각하며 칭찬하는 것을 생각하니 덕진 스님은 심경농장에 대한 보람을 더욱 크게 느꼈다.

단비도 같이 맞고
뙤약볕도 달게 받으며
흙과 진솔한 대화를 나누며
친숙해진다.

흙은 정직하게
품은 씨앗 싹 틔워
파란 무 자주 상추
키다리 옥수수를 무성케 한다.

초봄에 나를 불러
씨앗 달라 속삭이고
녹음 짙은 여름엔
싱그럽고 맛깔스런 선물 주는데
가을엔 무얼 줄까
설레임으로 기다린다.

절 앞 폐허된 논에 무성한 잡초 베고
삽질을 하니
순수한 취미로 만든 땅이
훈훈한 정감을 준다.

쉴 새 없이 자라주는 신선채로
대중들 입맛 돕고
이웃에도 나누어 주니
폐답은 옥토 되고
경작의 보람 속에
몸도 마음도 건강한 속살이 찐다.

이것은 스님께서 불기 2539년 불교 부산방송에서 발표한 시다.

수효불교학생회 창립

어린이가 한 나무의 떡잎이라면 청소년들은 가지요, 잎이요, 꽃이다. 어린이 법회는 매주 일요일 10시부터 12시까지 하고, 청년법회는 매주 일요일 오후에 하다 보니 그 중간에 있어야 할 중·고등학생 법회가 빠진 것 같았다.

더욱이 울산은 공업단지라 전국에서 기능이 있다고 하는 청년들이 많이 모여와 있었으므로 그의 자제들을 교화하기 위해서도 절실히 필요한 일로 인식되었다. 넉진 스님은 신노회 산부들과 의논하여 1991년 1월 8일 수효 불교학생회를 맞아들였다.

어린이 법회의 형님 누나들, 청년법회의 동생 자녀들이 한데 모이다 보니 한 집안에 올망졸망한 자식들이 생긴 것과 같이 마음이 흡족하였다. 덕진 스님은 인간의 최고 행복에 대하여 말씀하였다.

"세상 사람들은 갖가지 복을 바라며 길상(吉祥)한 일들을 생각하고 있습니다. 부처님의 원래 이름은 인도에서는 바가범(婆伽梵)이라 부릅니다. '명칭, 길상, 존귀, 자재, 치성, 단엄'의 여섯 가지 뜻이 들어있는 이 바가범이야 말로 모든 사람들이 바라고 원하는 길상인 것입니다. 건강과 돈과 사랑과 자손은 이 세상 사람들이 바라는 가장 긴박한 욕망이

정토사 연꽃어린이 겨울수련학교 일정 중 모닥불 축제 점화.

지만 이 욕망을 충족한 다음에도 그 명예(명칭)가 길상하고 존귀하며 자유로워 끝까지 번성하여 윤리 도덕적인 면에서 단정 단엄하면 부처님은 이 같은 사람들을 '청정한 사람' 이라 불렀습니다.

부모님 잘 섬기고, 형제들과 우애하며 법답게 친구를 사귀고 바른 정신으로 공부할 수 있다면 이 사람이야말로 인간 최고의 행복입니다. 보시를 하고 계율을 지키면서 좋은 친구 사귀고 열심히 공부하면 이것이 이 사회를 복되게 하는 것입니다.

악업은 짓지 않고 건전한 음식을 정도껏 먹고, 모든 일에 방일하지 아니하면 이것이 인간이 행복하게 되는 조건입니다. 남을 존경하고 스스로 자신을 낮추며 작은 것에 안주할 줄 알고 은혜를 생각하며 때때로 법문 듣고 자기 자신의 잘못을 뉘우칠 줄 아는 사람, 이 사람이 행복한 사람입니다.

자기 자신을 잘 다스리고 청정한 행동으로 부처님의 진리를 깨닫고 열반에 나아가는 사람, 이 사람이 행복한 사람입니다.

칭찬과 비방에 흔들리지 않고 상과 벌에 좌우되지 않으며, 있고 없음에 흔들리지 않고, 근심도 성냄도 없이 평온한 마음으로 세상을 살아가는 사람, 이 사람이 행복한 사람입니다.

여러분, 학생들은 이 세상의 꽃이요, 사람으로 말하면 심장의 고동과 같습니다. 피끓는 청춘을 이 사회와 국가 민족을 위해 쓰고 가정과 이웃 내 자신을 위해 복되게 쓸 때 이 세상은 불국정토가 될 것입니다."

덕진 스님은 이와 같이 불교학생운동에 자신을 가지고 수요 불교학생회를 시작하였다.

회광 승찬 대사의 칠바라밀 법문

회광 승찬 스님은 조계산 송광사 방장 스님이시다. 스님께서 법상에 올라 사방을 바라보고 게송을 읊었다.

세존좌도량(世尊座道場)
비여천일출(比如千日出)
상방대광명(常放大光明)
조요대천계(照耀大千界)

세존께서 도량에 앉으시니
마치 천개의 해가 나타난 것과 같다.
항상 밝은 빛 놓아
대천 세계를 비춘다.

부처님 계신 곳은 어느 곳이나 어두운 곳이 없습니다. 태양은 아무리 밝아도 낮만 비추고, 달빛은 아무리 밝아도 저녁만 비춥니다. 그래서 속을 비추는 등불이 생기게 된 것입니다. 그러나 등불은 계속 심지를 갈고 기름을 부어야만 하기 때문에 연등(燃燈)이라 부르게 된 것입니다.

〈법화경〉에 일월등명(日月燈明) 부처님이 나오는데 바로 해와 달 등불의 역할을 한데 모은 것이 부처가 해야할 일임을 상징적으로 나타내 보인 것입니다. 그러나 해와 달 등불은 스스로 그 빛이 밝은지 어두운지 구분을 하지 못하고 있습니다. 이 세상에 제일 밝은 빛은 그 밝은 빛을 보고 밝은 빛인 줄 알아보는 마음의 빛입니다. 이 빛은 안과 밖이 없고, 속과 겉이 없습니다.

그런데 그 마음이 오랜 세월 번뇌의 먼지에 가려져 있으므로 그 빛은 약이 됩니다. 부처님께서 6바라밀에 대해 말씀한 것이 있는데 송광사 방장 구산스님은 7바라밀을 이렇게 설명하였습니다.

월요일은 보시의 날로 힘 따라 베푸는 일을 하고, 화요일은 지계의 날로 부처님 계를 철저히 지니고, 수요일은 인욕의 날로 화내지 말고 용서하는 마음으로 지내고, 목요일은 정진의 날로 열심히 노력 수행을 하고, 금요일은 선정의 날로 흔들리는 마음을 가라 앉히고, 토요일은 지혜의 날로 정과 사를 구분하는 날입니다. 그런데 일요일은 원력에 의하여 이 여섯 가지를 합쳐서 실천하여 가족과 이웃, 사회와 국가를 위해 봉사하는 날이니 누구나 이렇게 세상을 살면 이 세상은 말 그대로 정토 세계가 될 것입니다.

　　관음보살대의왕(觀音菩薩大醫王)
　　감로병중법수향(甘露甁中法水香)
　　쇄탁마운생서기(灑濯磨雲生瑞氣)
　　소제열뇌획청량(消除熱惱獲淸凉)

　　관세음 보살 대의왕께서
　　감로병중의 법수향으로
　　마군들을 제거하니 서기의 맑은 기운이
　　중생들의 고통을 없애도다.

합창단 창단

〈화엄경〉에 보면 부처님께서 설법하시기 전 8부신장이 나와서 예배, 공양, 찬탄하는 장면이 나온다. 철저한 투쟁 정신을 가진 아수라와 가수 가루나, 무용수 긴나라, 포주 마후라, 악사 건달바 등 8부신장이 나와서 각기 자기의 기능을 있는대로 발표하고 불법을 찬탄한다. 그래서 이들을 호법신장이라 한다. 또한 불교가 전래되면서 범율범패, 영산회상곡 등 다양한 음악이 있었다.

그동안 어린이 법회, 중·고등학생 법회, 청년 법회 등 다양한 법회를 구성하였으나 불법을 찬탄하는 찬불가단이 없었다. 그러나 정토사 창건 이래로 매주 목요일마다 경전 강의를 하고 성악을 전공하신 여적선화 불자님이 찬불가를 가르쳐 주었다. 그러다가 1992년 5월 10일 부처님 오신날을 기하여 합창단을 창단하였다.

옛날에는

귀의불양족존(歸依佛兩足尊)
귀의법이욕존(歸依法離欲尊)
귀의승중중존(歸依僧衆中尊)

하고 3귀를 하던 것을 피아노 반주에 맞추어

거룩한 부처님께 귀의합니다.
거룩한 가르침에 귀의합니다.
거룩한 스님들께 귀의합니다.

하고 알아듣기 좋게 하니 얼마나 기분 좋은지 알 수 없었다.

찬불가에 대해서도

천상천하무여불(天上天下無如佛)
시방세계역무비(十方世界亦無比)
세간소유아진견(世間所有我盡見)
일체무유여불자(一切無有如佛子)

찰진신념가수지(刹塵心念可數知)
대해중수가음진(大海衆水可飮盡)
허공가량풍가계(虛空可量風可繫)
무능진설불공덕(無能盡說佛功德)

하던 것을 지휘자의 지휘와 반주에 따라

둥글고 밝은 빛은 우주를 싸고
고르고 다시 넓은 덕은 만물을 길러
억만겁토록 변함없는 부처님 전에
한마음 함께 기울여서 찬양합시다.

저 모든 하늘 가운데서 가장 높으고
이 세상 모든 만물 중에 제일 귀하사
지혜와 복덕 구족하신 부처님 전에
한마음 함께 기울여서 찬양합시다.

젊고 예쁜 여성들이 전통적인 한복을 학처럼 입고 서서 청정

한 목소리로 찬불가를 부르니 보통 법당이 아름다운 꽃으로 장
엄한 것 같았다. 스님은 자작시 '좋아라'를 읊으며 진심으로 좋
아했다.

하늘 맑아 좋아라
산이 푸르러 좋아라
물이 맑아 좋아라
그대 마음 내 마음이
서로 통해 더욱 좋아라
가는 이 오는 이 우리 모두
미소 밝아 좋아라

부모 형제 서로서로
사랑하여 좋아라
정을 주고 정을 받고
인정 넘쳐 좋아라
언제나 어디서나
우리 모두 고운 노래
같이 불러 좋아라

지장전 준공과 명부시왕 봉안식

정토사의 창건 목적이 공원묘원의 영가들을 위하고 또 창건주
의 자손들을 위하여 특별히 조상을 모시는 한편, 모든 불자들의
재공의식의 편의를 도모하자는데 큰뜻이 있었으므로 제사 지내

고 재를 올리는 법당을 따로 마련하고 그 이름을 '지장전'이라 부르게 되었다. 1992년 11월 4일 연건평 60평의 지장전을 준공하고 유명교주(幽冥敎主) 지장대성과 좌보처 도명존자(道明尊者) 우보처 무독귀왕(無毒鬼王)을 모셨다. 그리고 이듬해 5월 13일에 명부시왕을 모시니 마치 기러기라 하늘을 나는 듯 질서가 정연하였다.

제1 진광대왕, 제2 초광대왕, 제3 송제대왕, 제4 오관대왕, 제5 염라대왕, 제6 변성대왕, 제7 태산대왕, 제8 평등대왕, 제9 도시대왕, 제10 오도전륜대왕, 이 열분의 임금님들이 60갑자에 해당하는 모든 중생들의 선악을 재판하고 있다.

제1 진광대왕은 경오(庚午)·신미(辛未)·임신(壬申)·계유(癸酉)·갑술(甲戌)·을해(乙亥)생을 관할하고, 제2 초광대왕은 무자(戊子)·기축(己丑)·경인(庚寅)·신묘(辛卯)·임진(壬辰)·계사(癸巳)생을 관할하며, 제3 송제대왕은 임오(壬午)·계미(癸未)·갑신(甲申)·을유(乙酉)·병술(丙戌)·정해(丁亥)생을 관할하며, 제4 오관대왕은 갑자(甲子)·을축(乙丑)·병인(丙寅)·정묘(丁卯)·무진(戊辰)·기사(己巳)생을 관할하며, 제5 염라대왕은 경자(庚子)·신축(辛丑)·임인(壬寅)·계묘(癸卯)·갑

정토사 지장전 內 지장보살님과 명부십대왕 상.

진(甲辰)·을사(乙巳)생을 관할하며, 제6 변성대왕은 병자(丙子)·정축(丁丑)·무인(戊寅)·기묘(己卯)·경진(庚辰)·신사(辛巳)생을 관할하며, 제7 태산대왕은 갑오(甲午)·을미(乙未)·병신(丙申)·정유(丁酉)·무술(戊戌)·기해(己亥)생을 관할하며, 제8 평등대왕은 병오(丙午)·정미(丁未)·무신(戊申)·기유(己酉), 경술(庚戌), 신해(辛亥)생을 관할하며, 제9 도시대왕은 임자(壬子)·계축(癸丑)·갑인(甲寅)·을묘(乙卯)·병진(丙辰)·정사(丁巳)생을 관할하며, 제10 오도전륜대왕은 무오(戊午)·기미(己未)·경신(庚申)·신유(辛酉)·임술(壬戌)·계해(癸亥)생 등을 담당하고 있었다.

사실 시왕 신앙은 부처님께서 직접 설하신 것은 아니나, 인도의 야마 신앙과 중국의 태산 신앙이 보태져서 불교적인 권선징오(勸善懲惡) 신앙으로 굳어진 것이다.

불교에는 여러 가지 방편이 있으나 한국 사람들은 60갑자에 5행 음양 신앙을 깊이 믿고 사는 까닭에 명부전을 설단(設壇)하고 나니 인과를 믿는 마음이 더욱 철저해지는 것 같았다.

재일법회(齋日法會)

이렇게 지장 시왕전이 마련되고 나니 자연스럽게 재일 법회가 형성되게 되었다. 재는 범어 '오포사타(Uposadha)'로써 몸과 입과 뜻 3업을 깨끗이 제어하여 악업을 짓지 않는 것을 말한다.

그러나 근래에는 사뭇 그 의미가 변하여 법회 때 신도들이 스님들 공양하는 것을 재라 하고, 또 부처님께 불공드리는 것도 재,

49재, 백재라 하여 불사 문중에서 음식을 크게 다루고 법회를 가지게 되는 것은 모두 다 재라 부르고 있다.

재일 법회는 크게 6재일 법회와 10재일 법회 두 가지로 나눌 수 있다.

6재일이란 1년 중 정월 5월 9월 초하루와 보름날을 특별신행 강조 기간으로 정하고 몸과 입과 뜻을 정제하는 것이다. 전설에 의하면 이 달에는 '제석천왕이 큰 보배 거울로 남섬부주를 비추어 보고 인간의 선악을 관찰한다' 하고, 또 어떤 데서는 지옥의 염라대왕이 업경대(業鏡臺)를 가지고 중생의 업을 비추어 본다고도 하며, 비사문천왕이 사바 세계를 순행하는 달이라고도 하며, 악귀의 세력이 특히 성행하는 달이기 때문에 정제한다 하는 곳도 있다.

하여간 중국의 수·당·송 때는 이 달 이 기간 동안에는 일체의 도살을 금지하고 관위(官位)의 승진을 폐했으며 인민은 채소 음식을 먹고 독경하는 풍습을 길렀다.

다음 10재일은 한 달 가운데 10일을 특별 성현일로 정하고 예배 염불하여 삼업을 깨끗이 하는 것이다.

지옥에는 염라국이 있고 염라국에는 10대 명왕이 있는데 각각 그들이 섬기는 불·보살이 다르므로 그들이 좋아하는 불·보살을 섬기면 자연이 지옥의 고통을 면하게 된다는 예방 법회로써 10재일이 선정된 것이다.

1일은 정광부처님 재일이니 도산(刀山) 지옥 진광(秦光) 대왕의 원불(願佛)이고, 8일은 약사부처님 재일이니 화탕(火湯) 지옥의 초강(初江) 대왕의 원불이며, 14일은 현겁천불(賢劫千佛)이니 한

빙(寒氷) 지옥 송제(宋帝) 대왕의 원불이고, 15일은 아미타불(阿彌陀佛)이니 검수도산(劍樹刀山) 지옥 5관(官) 대왕의 원불이다.

18일은 지장(地藏) 보살이니 발설(拔舌) 지옥 염라(閻羅) 대왕의 원불이고, 23일은 대세지(大勢至) 보살이니 독사(毒蛇) 지옥 변성(變成) 대왕의 원불이고, 24일은 관세음(觀世音) 보살이니 탑추(搭墜) 지옥 태산(泰山) 대왕의 원불이며, 28일은 노사나(盧舍那) 부처님이니 해거(解鉅) 지옥 도시(都市) 대왕의 원불이며, 29일은 약왕(藥王) 보살이니 철상(鐵床) 지옥 도시(都市) 대왕의 원불이며, 30일은 석가부처님이니 흑암(黑暗) 지옥 5도전륜(道轉輪) 대왕의 원불이다.

정토사에서는 이들 10재일 가운데 울산 불자들이 가장 많이 신앙해 오던 초하루 정광재일 법회와 보름 미타재일, 그리고 18일 지장재일 법회와 24일 관음재일 법회를 실시하도록 하였다.

불교 교양대학의 개설

불교가 대중화 생활화되면 불교신도들의 지적 수준이 부쩍 높아진다. 경향 각지에서 우후죽순처럼 나타나고 있는 교양대학들이 불자들의 사기를 돋구어 주고 있다.

그 동안 연합적으로 울산 교육원을 운영하여 많은 효력을 얻기는 하였어도 정토사 신도들에게 보다 전문적인 불교교리를 가르칠 필요가 있다는 것을 느꼈다.

그리하여 스님은 쌍계사 조실 고산 스님과 학성선원 원장 우룡 스님, 통도사 자비원장 시공 스님, 무봉사 도문 스님, 동국대 정

병조·오형근·이봉춘·윤영해·강동균 교수, 지안 스님, 운문
사 일진 스님, 범어사 백운 스님, 울산대 양명학 교수, 부산 신라
대학교 김용태 총장, 불교정신문화원 원장 한정섭 법사, 부산불
교 연구원장 고순호 법사 등과 의논하여 기라성 같은 쟁쟁한 법
사 스님들을 모시고 정토불교대학을 개설하였다.

교재는 제1장 「교학편」과 제2장 「신행편」, 제3장 「경전편」과
제4장 「포교, 불교문화 예술, 교육 복지」 등으로 고안하였다.

제1장 「교학편」에서는 부처님의 생애와 불교 역사, 근본 교리,
대승 불교, 비교 종교학, 동양 사상과 불교로 엮었다. 부처님의
생애는 〈본생경〉에 나타난 8상성도를 중심으로 부처님의 일대
기를 쓰고 10대 제자를 소개했으며, 불교 역사 가운데서는 인도
의 원시부파 불교와 대승 불교, 밀교, 중국 불교, 한국 불교, 일본
불교를 소개했으며, 근본 교리에서는 3법인, 4성제, 8정도, 12인
연을 소개하고 대승 불교에서는 불신관, 신행관, 수행덕목 6바라
밀을 중심으로 소개하였다. 그리고 비교 종교학에서는 유교와
이슬람교, 기독교, 불교를 비교하여 다종교 사회에 있어서 불자
들이 자질을 형성하도록 거양하였으며, 동양 사상과 불교에서는
인류의 진화를 선사, 유사, 현대식으로 소개하고 음양오행, 과학
과 불교에 대하여 이해시켰다.

제2장 「신행편」에서는 예불과 사원 예법, 예배법, 도량에서의
몸가짐, 스님을 대하고 경전을 대하는 태도, 법회에 임하는 자세,
공양을 하고 염주를 사용하는 법, 독경·운력·화장실 사용법
등을 구체적으로 설명하였다. 기도하는 법, 참회 발원하는 법, 정
근하는 법, 참선하는 법, 염불하는 법을 알기쉽게 설명하고 각단

미륵신앙과 관음 · 지장 등의 신앙을 이해시키고 다라니 읽는 방
법들을 설명하였다.

　제3장 「경전편」에서는 경전의 결집과 구성 · 문제를 소개하고
우리에게 익숙한 아함경 · 육방예경 · 불소행찬 · 법구경 · 수타
니파타 · 42장경 · 유교경 · 밀린다왕문경 · 부모은중경 · 자타
가 · 대반야경 · 금강경 · 인왕경 · 화엄경 · 법화경 · 열반경 · 원
각경 · 능엄경 · 유마경 · 능가경 · 승만경 · 정토삼부경 · 해심밀
경 · 천수경 등을 간단 간단히 소개하였다.

　그리고 제4장 「포교」에서는 포교사의 자질과 전도에 대한 의
지를 설하고, 「문화 예술」로서는 불상 문화 · 탑 · 사원 건축 · 단
청 · 벽화 · 불구 · 예불의식 · 범패 · 범무 · 경조직 · 패엽경과 석
경(石經) 등을 소개하고, 불교를 상징하는 5색불교기 · 법륜 · 코
끼리 · 용 · 사슴 · 사자 등의 조각물 등을 설명하였다. 또 보다
차원 높게 공부하고 싶은 사람에게는 불교방송 홍사성 선생님께
부탁하여 불교란 무엇인가, 부처님의 생애, 불타의 본질, 불교의
진리관, 일체법의 분류, 윤회와 업, 깨달음의 길, 수행자의 이상,
계율과 교단조직, 불교의 역사 등을 보다 구체적으로 정리, ‘불
교입문’ 이라 하여 공부하도록 하였다.

　누구나 보면 ‘불교란 이런 것이구나’ 느낄 수 있도록 알기 쉽
게 편집하여 그 책이름을 ‘불교의 요지’ 라 하고 개강식 때는 삼
귀의 · 반야심경을 외운 뒤 개강 염송과 우리의 다짐, 정토대학
생들이 지켜야 할 일 등을 구체적으로 염송하게 하여 학생으로
서의 자세를 갖추도록 하였다.

개강염송

한없이 깊고 미묘한 부처님 법
백천만겁 지나도 만나기 어렵거늘
내 이제 듣고, 보고, 지니게 되었으니
여래의 진실한 법 깨치기 원입니다.
온정성 가다듬어 법장을 열고자 하옵니다.
옴 아라남 아라다 (3번)

우리의 다짐

오늘 정토불교대학에 입학한 저희들은 삼보에 귀의하옵고 학교 교칙을 엄숙하고 성실히 수학하여 삼귀의와 오계를 지키며 신행을 원만히 하고 참된 불자상을 정립하여 전법 교화하고 불교 중흥과 사회 발전에 앞장설 것을 엄숙히 다짐합니다.

정토학생이 지킬 일

- 등교시에는 법당 참배를 하고 수강 시작 10분전에 입실, 착석한다.
- 명찰을 달고 먼저 온 사람이 앞에서부터 차례로 앉는다. 그리고 수강 및 화합에 지장이 되는 언행을 삼가한다.
- 수강 헌금은 기일 전에 낸다.
- 수강 후에는 교실 정리와 도량 청소를 한다.
- 소임자의 통제에 따르며 조력한다.
- 사찰과 불교대학 일에 관심을 가지고 가능한 동참한다.

스님은 개강식 때 학생들에게 당부하였다.

"부처님은 곳곳마다 계시건만 중생이 지혜 눈이 어두워 보지 못하고, 만 생명이 부처 될 성품을 지녔으나 고통스런 윤회만 거듭합니다. 이는 석가모니 부처님께서 제시한 깨달음의 방법과 길을 모르거나 알아도 실행하지 아니해서 나타나는 현상입니다.

불교는 지혜의 눈을 밝혀 자신의 불성을 찾으면 무명과 고통에서 벗어나 깨달음과 영원한 생명이 있다는 것을 확신하고(信) 진리의 가르침을 바로 알아서(解) 차근차근 실행(行)하면 현실을 조화롭게 인생을 슬기롭게 영원히 안락하게 하고, 마침내는 불보살의 경지에 이르게 될 것입니다(證).

이렇게 좋은 불교를 모르는 이를 위하여, 또는 절에는 상당히 다녔어도 여기저기서 중구난방으로 장님이 코끼리 만지는 식으로 알고 있는 불자에게도 불교를 체계적으로 배워서 알도록 하고자 연초에 정토회관을 준공하고 정토불교대학을 개설하였습니다. 그리고 불교를 학문적 체계적으로 정리하여 1년 간의 공부 교재를 삼았습니다. 그 외에도 불교공부에 이정표가 되며 더 깊은 공부와 원만한 신행에 촉진제가 되었으면 합니다.

신·해·행·증(信·解·行·證)의 과정이 있지만 따로따로 있을 수는 없습니다. 알지 못하는 믿음은 누를 범하고, 알고 실행을 아니하면 머리 속에 공해만 될 뿐입니다. 다 알고 깨달은 후에 전법교화 한다는 것은 너무 요원합니다. 불교를 확실히 알았다면 실천하고, 또 이웃에 전하는 것이 활기차고 희망찬 불교이자 자신과 만인을 위하는 길입니다. 소승은 이런 소신으로 공부해 가면서 포교하고 있습니다

조계종의 소의경전인 〈금강반야바라밀경〉에 '이 경전 말씀의

구절을 수지 독송하고 타인에게 전한다면 온 법계에 칠보로 가
득채워 보시한 것 보다 더 큰 공덕이 있다' 하였으니, 우리 모두
이 교재를 잘 읽고 배우고 알아서 지니고 이웃에게 전하여 모두
함께 지혜를 증득하고 청정한 국토가 이룩되기를 기원합니다."
　제3회 정토불교대학 개강식 때는 기쁨에 넘쳐 '환희의 길'이
란 시를 다음과 같이 지었다.

　　문수산 지혜줄기 은월봉에 멈추니
　　태화강 젖줄기 동해로 흐르고
　　울산 평원에 우람한 산업 리듬 힘차다
　　하지만 백만 시민은 밥 먹고 쉬는 자리에
　　안락 얻지 못하여 좋은 길 편한 길 찾아 헤맨다.

　　은월산 정토사에 법연을 펼쳐
　　여러 스승이 매주마다
　　사자후 하시고 미묘법도 설(說)하시니
　　동참대중 모두는
　　귀가 열리어 소리없는 소리 듣고
　　지혜의 눈을 떠서 무형상의 이치를 본다.
　　법의 기쁨 삼매에 든다.

　　정토 불교 감로수로 사랑의 갈증도 증오의 불도
　　시원히 씻고 멸한다.
　　사대 육근의 병통도 물욕에 찌든 병도 모두 녹여
　　시비주장 등등 갖은 고통 모두 없애고

240

자신을 훨훨 장부로 온 백성을 선량대중으로 가꾼다.

이 환희의 바람결에 앞뒷산 단풍잎은 꽃비내리고
청솔은 절개 굽혀 큰절 올리네
수강인은 길 열어 탄탄대로에 춤추고 배운대로 행하는 이
자비보살의 길로 사뿐 사뿐 나아간다.
이 경지 이대로가 환희 찬 극락이요
이 도량이 여여한 법 정토로다.

49재와 육법공양문(六法供養文)

불교에서는 사람이 죽으면 49일만에 재를 지낸다. '죽은 사람
을 위해 복을 지어주면 악도에 떨어질 사람이 착한 곳에 가서 나
고 살아있는 사람도 복되게 된다'는 〈지장경〉의 가르침을 따라
그대로 모시게 된다. 매 7일마다 여섯 번 지내고 마지막 일곱 번
째는 회향식을 갖는다.

세상 사람들이 제사를 지내는 것은 돌아가신 날짜를 잊지 않고
그의 정신을 계승하기 위해서 하는데 불교의 재는 몸과 마음을
청정하게 하여 영혼을 일체의 업으로부터 해탈시키는 의식이므
로 제사 제자(祭)를 쓰지 않고 재계 재자(齋)를 쓴다.

대개보면 집안이 어렵고 우애로써 다지는 사람들이 재를 지낼
때는 정성을 다하고 가정이 풍부하고 돈을 기준으로 해서 재를
지내는 사람은 정성보다는 일종의 관념을 벗어나지 못하는 것
같은 기분을 느낄 때가 있다.

한번은 어떤 분이 49재를 지내는데 재 비용을 만드는데 4형제가 형편 따라 쉽게 마련하고 또 재를 지낼 때마다 부모님께서 평상시 살림 관리에 대해 논쟁을 하다가 한 집에서는 같은 돈을 내면서도 올 때마다 싸웠다.

"이번에는 네가 내라. 이번에는 네가 오고…"

"형님은 무엇 할거야."

"나는 그날 아침에는 조찬회가 있고 저녁에는 만찬회가 있어. 형수도 동행하게 되어 있으니 못 오게 될 것이다."

한 동생이 말했다.

"부모님의 사랑을 제일 많이 받고 유산도 가장 많이 가지신 분이 7·7재 가운데 단 두 번도 오지 못한다면 우리는 한 번씩만 동참해도 되겠네."

"야, 그건 그렇다 하고 아버님 집은 어떻게 처리한다고 하던. 그리고 서울에 있는 땅은 어떻게 하고."

"그거야 큰 형님이 알아서 하겠지."

이렇게 주고받다가 나중에는 '이새끼 저새끼' 하며 절이 떠날 갈 정도로 소리를 높여 싸운다. 만일 영혼이 이 광경을 보고 듣고 있다면 밥을 얻어먹기는 커녕 통곡할 일이다.

또 한 분은 새해를 맞이하여 6법공양물을 낱낱이 준비하여 부처님께 꽃과 향·차·과일·떡 공양을 올리고 부모님 영단에도 법답게 6법공양을 올리며 간절히 간절히 기도하였다.

스님께서는 이들을 위하여 특별히 6법공양문을 만들어 외워주셨다.

영원한 생명, 한없는 광명이신 부처님!

희망찬 새해를 맞아 온 정성 가다듬어 큰절 올리옵고, 바른 뜻 고요한 마음의 향(香) 한줄기 올리며 발원(發願)하오니 게으름과 삿된 견해 모두 녹이고 자신의 힘과 정성을 태워 만인에게 자비를 베풀게 하소서.

반야등불 밝혀 올리오니 진리에 캄캄한 두려움과 어리석음을 햇살처럼 밝혀서 무상 정등의 지혜 얻게 하소서.

맑디 맑은 감로다(甘露茶) 올리오니 온 국민 근심과 고뇌를 말끔히 씻어 샘물처럼 맑은 마음으로 갈애와 욕망을 모두 녹여 안락과 청량함을 누리게 하소서.

싱그럽고 고운 과일(菓) 정성스레 올리는 공덕으로 새롭게 수행 정진하여 탐진치 벗어나 보리의 결실을 탐스럽게 주렁주렁 맺어 만인에게 듬뿍듬뿍 나누어주게 하소서.

정결한 쌀(米) 공양 고이 받들어 올리오니 부족함과 자만에 헤매는 이들을 님의 큰 자비와 구족한 신통력으로 구원하시고 법 수행의 환희로운 맛을 모르고 허송 세월하는 이에게 님의 선열미(禪悅味) 고루 주시어 법을 알아 실행하는 기쁨 누리게 하소서.

아름다운 꽃송이(花) 공양하오니 여러 가지 수행(萬行)을 두루 닦아서 만물만사(萬物萬事) 스승 삼고 순리에 만족하며 예쁜 얼굴 고운 말씨 갖게 하소서.

희로애락 속에서도 자성을 깨달아 평상심에 바른 도를 행하게 하옵소서. 거룩한 법 잘 전하여 환희와 보람의 길을 가게 하옵고, 모두의 좋은 뜻 원만성취 원만회향하게 하옵소서.

마하반야바라밀 나무석가모니불.

세간무상(世間無常)

　세상이 무상한 것은 어느 누가 모르랴만 사람이 죽는 것을 보면 새삼스럽게 무상을 느끼는 것이 인생이다.

　어느 신도가 임종을 당하여 염불을 부탁해왔다. 스님은 여느 때처럼 목탁과 요령을 배낭에 넣고 그 집을 찾아갔다. 숨을 몰아쉬고 입에 거품을 뿜어대는 환자가 팔 다리를 움직이며 매우 고통을 느끼고 있다가 한줄기 목탁 소리에 '휴-' 하고 한숨을 내쉰다.

　"다 같이 지장 보살의 명호를 불러 업장을 소멸합시다."

　"아미타불 염불로 왕생의 길을 닦아 드립시다."

　한참 동안 〈지장경〉을 읽다가 마지막에 장엄염불로 회향하였다. 환자의 마음이 어느 정도 가라앉은 뒤에 법문을 하였다.

　"이 세상은 변해가고 있습니다. 모인 것은 헤어지고 태어난 것은 떠나가게 되어 있습니다. 형상이 있는 모든 것은 모두가 허망한 것이니 허상에 집착 없으면 가는 곳마다 걸릴 것이 없습니다."

　드디어 영혼은 숨결을 고르다가 마지막 한 마디 '딸국' 으로 끝났다. 가족들은 슬피울고 몸부림치며 대성통곡 하였다. 뜬 눈을 감기고 벌린 입을 다물게 하였다.

　"나무아미타불."

　"나무아미타불."

　무상 속에 영원이 있다는 것을 그 누가 깨닫는다는 말인가. 스님은 옛 스님들의 좌탈입망(坐脫入亡)을 생각하며 칠요인생가(七要人生歌)를 노래하였다.

태어나 칠주간(七週間)을 법보와 삼신불께 명복비니
얼굴에 일곱 창구 몸뚱이 일곱 층계
7요일 세월따라 먹고 자고 일한다.

사람이 무엇이며 우주는 무엇인가
지·수·화·풍·공·견·식(地·水·火·風·空·見·識)
칠대(七大)로 되었다고
부처님 경전 통해 소상히 밝히셨네.

못 피할 일곱 고개 생·노·병·사 죄와 복
그리고 인연(因緣)들을 슬기롭게 넘고자
7바라밀(6도 10원력) 행에도 생사고해 못 피해
숨지면 폐물되니 청소절차 서둘러
일곱 줄로 동여매어 땅속에 고이 두고
일곱 조각 횡판을 고이 덮어 하직한다.

7·7일 49재 왕생극락 비노니
나서도 죽어서도 7·7일에 매였으니
인생 칠요(七要) 돌아보며 다시금 살펴보세.

돌아오는 길에 태화강을 보니 가고 오는 것이 눈앞에 선했다.

싱글 벙글 맴돌고
밀고 당기며 얼싸안고

흘러가는 태화강물
다시는 아니 올세라
인사 없이 가더니

바다로 하늘로 문수산 중 허리로
우리집 뜰 앞으로
다시와서 하는 말
이것이 인연이요
이 길이 윤회라오!

남산에 고운 단풍
소박 맞아 뒹굴고
앙상한 가지는
흰눈이 좋아
부둥켜 안고 춤추더니
어느새 새잎, 애띤 얼굴
짙은 녹음 뽐내면서
잎새가 가고 옴은

뿌리와 계절의 인연
오- 색즉시공(色卽是空)이로다.
님도 가고 나도 간다
기약 없이도 다시 온다며
이 길로 가고 이렇게 온다.

어느 해 겨울, 대구 본대학 1학년생들이 셋이서 한데 모여 자취를 하다가 한 사람이 연탄가스에 중독되어 사망하는 사건이 생겼다. 경찰에서 진상을 밝히기 위해 수술한다는 말을 듣고 부모님들은 놀라 스님에게 부탁했다.

"우리는 가고 싶지 않으니 스님께서 왕생극락을 기원해 주십시오."

그래서 하는 수 없이 스님이 가게 되었다. 시체가 적막한 탁자 위에 놓여지더니 날카로운 칼로 배를 갈라 오장육부를 떡주무르듯 하고 나중에는 머리까시 쏘개어 낱낱이 분석하는데 차마 눈 뜨고 볼 수 없는 장면이었다.

그러나 스님은 그럴수록 더욱 큰 소리로 염불하며 영가의 이고득락만을 기도 드렸다. 결국 결론은 일산화탄소로 죽은 것이 판명되었다. 분석해 놓고 보면 인생이란 4대(地水火風) 4온(受想行識)의 집합체에 불과하지만 스님은 그 해 그 과정을 통해 진짜 5온이 공한 것을 비추어 보고 일체의 고통과 액난을 벗어나게 되었다. 그런데도 사람들은 이런 광경을 보고 나서 부정이 들었느니 상문살이 동했느니 하여 갖가지 문제를 일으킨다.

어느 신도님에게 전화가 왔다.

"백일기도 중인데 딸이 아기 낳는 것을 보아도 괜찮습니까."

"죽은 사람 초상도 치는데 태어나는 아기를 받지 않아서야 되겠습니까?"

아무 말이 없었다.

뿐이 아니다. 초등학교 동창 어머니가 정신 이상이 생겼다고 하는데 집에 있는 장롱, TV가 모두 뱀으로 보이고 주위에 있는 모든 것이 사탄으로 보인다고 하였다.

엉겁결에 스님은 절로 데려오라 하였다. 절에 도착한 어머니는 큰소리로 고함을 치지는 않았으나 보는 것이 모두 뱀으로 보인다 하였다. 일단 108염주를 손에 쥐어주고 같이 염불하는데 한 바퀴를 돌렸다. 그리고 '화엄성중(華嚴聖衆)'을 부르면서 구병시식을 하였다.

이렇게 3일 동안 절에 있는 사이에 모든 증상이 사라지고 자기 과거를 이야기 하기까지 되었다.

"나는 18년전 남편을 사별하고 이웃 사람들의 권유로 교회에 나가 외롭지 않는 시간을 보내어 많은 위안을 받았습니다. 그런데 갑자기 상여를 보고 나서부터는 속이 답답하고 뱀이 보이기 시작하는데 어쩔 수가 없었습니다."

"모든 것은 관념입니다. 사탄이 뱀으로 화한다는 기독교 성전의 관념이 당신의 마음 속에 도사리고 있다가 나타난 병이니 아무 걱정 마시고 '지장보살 멸정업진언'을 외우세요. 지장보살멸정업진언 옴 바라마니다니 사바하 옴 바라마니다니 사바하."

두 시간쯤 외우더니 곧 제정신을 찾은 뒤 말했다.

"미친다는 것이 이런 것을 두고 하는 말인 것 같습니다."

스님은 서로를 마주보며 웃었다.

무소유의 기쁨과 기도의 공덕

한번은 아침에 기도를 드리는데 정근을 약 30분 정도 더하고 싶어 30분을 늘여 정근하고 또 축원도 세밀하게 하여 약 1시간쯤 늦게 법당에서 나왔다.

그런데 이상하게도 스님의 방 앞에는 큰 몽둥이가 두 개나 놓여 있고 방안의 문이 다 열려있어 놀라 들어가보니 도둑놈이 와서 금고를 들어가고 없었다. 금고가 없어진 것은 별 것이 아닌데 그 속에 절 문서와 포교 자료가 들어 있어 곧 경찰에 신고하였더니 경찰에서는 여러 사람들을 동원하여 절 주변을 샅샅이 뒤졌다. 금고는 절 산 뒤 골짜기에서 찾을 수 있었는데 그 속에 들어 있는 몇푼의 돈은 가져갔어도 문서는 고스란이 남아있어 찾게 되었다.

그런데 사람들이 말했다.

"스님, 참으로 기도덕을 보셨습니다. 만일 정한 시간에 내려왔다가 그 도둑놈을 만났다면 저 몽둥이로 맞아 죽었을런지 누가 압니까."

생각해보니 진실로 그러하였다. 어떻게 그날이야말로 30분씩 정근을 더하고 축원을 더하게 되었는데 이것이야말로 부처님 마음으로 도둑님을 도둑질하는데 걱정없게 해주시고 주인은 주인대로 상처를 받지 않게 되었으니 이보다 다행한 일이 또 어디 있겠는가.

재물은 사람이 살아가는데 없어서는 아니될 물건이다. 그러나

그것이 지나치면 사람이 게을러지고 요사한 마음이 생기게 된
다. 돈으로 인하여 향락이 생기고 돈으로 인하여 가정불화가 생
기고 돈으로 인하여 집안에 문제아가 생기는 경우가 허다하다.

 그러므로 돈은 정당한 방법에 의하여 벌어야 하고, 버는 것 이
상으로 쓰는 것도 또한 정당해야 한다고 강조하신다. 부처님은
전생에 무의식 중 길을 걸어 가시다가 남의 보리알 세 개를 뜯어
먹고 그 집의 소가 되어 3년 동안 갚음을 한 일이 있다.

 아무리 많은 땅을 가지고 있어도 앉고 눕는 땅은 단 한 평에 불
과하고 아무리 많은 건물을 소유하고 있다 하더라도 죽어서는
한 줌의 흙을 면치 못한다. 잘못 되었을 때 후회하고 뉘우치는 것
보다는 잘못되지 않았을 때 미리미리 마음 속에 탐욕이 있는가
를 점검할 필요가 있다.

 실로 스님은 아무 것도 가진 것이 없다. 절이라고 해봐야 그것
은 시주의 정성에 의하여 이루어진 것이니 결국 종교의 소유물
로 내려가게 되어 있고 장가를 가지 않았으니 마누라가 있나 자
식이 있겠는가. 그래도 거리에 나서면 먹을 것이 기다리고 있고
가는 곳마다 내집과 같은 절집이 가슴을 포근하게 한다.

 하루는 어떤 사람이 차를 가지고 와서 스님을 모시고 나가더니
밥을 주고 차도 주고 떡도 주어 실컷 먹고 다음과 같이 '걸사' 란
시를 지었다.

 오늘은
 네 발로 달리며 나를 품에 감싸
 보호해 주던 차도 잊었다.

어느 불자가 가자는 대로 따라가니
샛노란 은행잎이 줄지어서 반긴다.

집도 잊었고 주머니도 비었지만
밥 잘 먹고 편히 쉬었다.
오늘은 무소유 걸사
절도 포교도 해야할 일도
모두 벗어난 해탈자
어떤 이가 녹차도 권하고
하고 싶어 하는 일
주고 싶어 주는 것
집착도 바램도 없이 하세요
그게 성인 마음이라오.

밥은 얻어 먹고
진리는 주었으니
무소유 걸인이 제대로 되었다.

제6편 | 불교의 의식개혁(意識改革)

　덕진 스님은 유교의 남존여비 사상으로 남자를 선호하는 생각을 바꾸어 절에서 절대평등하게 하였다. 축원방을 쓸 때도 아들 중심으로 하던 것을 남녀를 평등하게 순서적으로 썼으며, 여자 중심의 간부들을 남녀 평등하게 선출하고 불교 의식을 우리말로 바꾸어 읽었다. 그리고 사찰행정을 개혁하여 행정 그 자체가 그대로 포교 기관이 되게 하였다. 이제 이 가운데서 가장 핵심적인 의식(儀式) 개혁과 행정 개혁에 대하여 소개하도록 하겠다.

불교의 의식개혁(儀式改革)

　스님은 고칠 것은 과감하게 고치고 지킬 것은 철저히 지켜야 한다고 주장하고 있다. 특히 불교 의식에 대한 스님의 변(辯)을 들어보자.

　"현재 한국 불교의 기성 종단에서 행하고 있는 불공 및 기도법회는 구시대의 전통에 얽매여 현시대 민중의 여망에 부응함이 미약하다고 사료되어 그 결점을 지적하고 개선 방안을 제시하였다. 부처님께서 설하신 진리는 만고 불변하지만 그 진리를 깨닫고 교화하는 방편은 현실의 연(緣)에 따라 수시로 변한다. 그것

이 바로 '응병여약' '대기설법'이므로 시대와 민중에 맞게 의식
이 개선되어야 한다."

　그러면 어떻게 무엇을 개혁한다는 말인가. 현재 행하는 의식
의 염불 독경은 한문 음이며 사회의 일상 용어와 거리가 멀며, 염
불이 지닌 특유한 음향은 경건하고 마음 속 깊이 들어가는 소리
는 어느 정도 신도들의 마음에 작용하지만 그 내용을 대부분 모
르고 있다. 또 초입문 신도와 신앙의 정도가 얕은 신도의 기대와
관심을 모으기에는 너무나 멀다. 겨우 알아들을 수 있는 것은 축
원문 뿐인데 이것도 주소 성명 이외에는 모두 한문으로 되어있
어 이해가 잘 되지 않고 있다.

　그러므로 내용을 모르고 맹신적으로 믿는다면 다소 위안은 받
지만 그 결과는 만족할 수 없다. 그래서 스님은 천수 · 반야심경
은 물론 불공 시식하는 것까지도 모두 한글로 바꾸기로 작정하
고 여러 선지자의 번역본을 대조해가면서 운율에 맞게 네 글자
씩(四言絶句) 맞추어 번역 · 편집하는 〈한글의식집〉을 만들고
실제로 불공 기도에 실행하면서 의식의 대중화를 시도했다.

사찰행정개혁

　여기서 말하는 스님의 행정 개혁이란 절 살림 자체를 개혁하자
는 것이 아니고 법당 안내원을 두어 법당을 찾는 모든 사람들에
게 불교를 바로 인식시키자는 것이다. 스님 말씀을 들어보자.

　"근래에 명승 고찰에 수많은 관광객이 몰려오고 있는데 사찰
의 유래나 법당의 진리와 의미 또는 교훈은 전혀 알아보지도 않

고 가르쳐 주는 사람도 없다. 그러므로 상세한 안내와 불교적 지도가 있으면 사찰의 이미지나 불교의 포교상으로 지대한 효과가 있으리라 믿어진다.

또한 관광 안내원이 안내를 하는 경우에도 문화적 가치 또는 보물, 국보 등만 이야기하고 조금 상세히 한다면 연혁, 건축 양식, 예술적 가치를 말해준다면 더욱 좋지 않겠는가. 그러니 절에 가끔 다니는 관광객이나 참배 불자까지도 법당의 주불(主佛)이 어떤 부처님이며 우리에게 어떤 교훈과 공덕을 주는지, 어떤 영험을 보이는지는 모르고 그저 절을 하고 갈 뿐이다.

불교 신자라 하는 사람들도 이런 실정이니 관광객들이야 말할 것도 없다. 사실 불심이 조금 있다고 하는 사람도 쑥스러워 그만두기도 하는데 여러 사람들이 보는 앞에서는 거리에 나서서 열심히 포교를 하여도 모자랄 지경인데 각자 자기의 경비와 시간을 소비하면서 찾아온 사람들에게까지 불교를 가르치지 못하고 그냥 돌려보낸다는 것은 너무도 안타까운 일이다.

이는 우리 조상이 피땀 흘려 지켜서 물려준 재산을 이용만 하고 열매만 따먹는 무사안일주의라 생각된다."

"그렇다면 구체적인 방안을 제시해 주십시오."

"첫째, 각 법당 안내원을 두어 안내 포교를 하도록 하면

① 법당 안내원이 있으면 사찰과 불교에 대한 이해를 도울 수 있고, 전국민에게 불교 홍보와 관광 놀이 문화도 선도할 수 있다.

② 또 관광안내원이 있으면 사중(寺中) 경제에 도움이 된다. 예를 들면 관음전의 '천수천안 관세음보살님은 자비 위신력으로 근심 업장이 소멸되고 생각하고 염불하고 절하면 소원을 이룰

수 있다' 안내하고 또 약사전의 동방 만월 세계 약사 유리광 부처님은 '우리들의 병고를 모두 알아보시고 약을 내리시어 치료하신다' 하며 간절한 정신을 보이면 인연 닿는 자들이 예배 헌금하여 불교를 더 가까이 할 뿐 아니라 보시금도 들어오기 때문에 사찰 운영에 도움이 되는 것이다.

③ 이것을 전국 각 사암으로 확대하면 자연적으로 불교 신도 수가 증가되고

④ 포교 전법 인재를 발굴 양성할 수 있으며

⑤ 자원봉사단이 결성되면 사찰의 여타 행사에도 인력 도움이 될 것이다.

둘째, 자원봉사단 안내 포교 실시 방안은

① 자원봉사자 모집 및 교육은 본사 신도의 가족이나 지방 신행단체, 즉 청년회, 대학생회, 거사림 중에서 선발하거나 각 본말사(本末寺) 주지의 추천으로 모집하면 된다.

② 자원봉사자 교육은 정기적으로 본사에서 실시한다. 교무국(포교국 또는 강원)이 관장하고 교육 필증과 신분증을 수여한다.

③ 교육 내용은 불교 기초 교리와 본사 각 법당의 주불(主佛)의 신앙적 의미 및 위신력 그리고 경전상의 근거를 가르치고 현실 생활과의 관계 등을 가르친다. 그리고 사찰 법회와 불사

정토사 지장전 지상상 옆 동자상.

와의 연계성도 가르치고 민족의 얼과 주체성 문화 등도 가르친
다. 교재는 이해하기 쉽게 우리말로 편집하고 요점을 정리하여
안내하는 화술(話術)도 가르치면 된다.

④ 자원봉사자의 출석은 월별 요일별 등으로 담당자들을 편성
한다. 기능별로 '외국어 가능한 자, 설법이 가능한 자' 등으로 편
성하며, 각 법당마다 배치하면 이상적이 될 것이다. 만일 여의치
못하면 상노전 1명, 중노전 1명, 하노전 1명, 일주문·천왕문·
불이문 정도라도 괜찮을 것이다. 자원봉사자수만 많으면 1인이
월 1~2회 출석 봉사하고도 보람과 긍지를 가질 것이다.

셋째, 실행 가능성을 살펴보면 이 안내 자원봉사 취지와 목적
방안 등을 사부 대중에게 홍보하고, 보람과 긍지를 갖도록 본사
발행 포교지를 무료 증정하고, 사찰 무료입장권, 공로패(감사패)
등으로 자원에 대한 보상이 따르면 안내원 지원자는 충분이 있
을 것이다."

스님은 이 안을 통도사 본사에만 국한한 것이 아니고 조계종 전
체 각 교구 본사부터 이 제도를 속히 시행하여 주시기를 간절한
마음으로 건의한 바 있다. 사실 이것이 기본이 되어서 각 사찰에
는 사남(寺男) 사녀(寺女)
가 있어 절 일을 돕는 사
람들이 많이 생기게 된 것
이다.

스리랑카 티소비타 씨암종 부종정 스님을 정토사에
모시고 청법 후 선물증정.

제7편 | 초청법회(招請法會)

앞에서는 국제적으로 유명한 숭산 스님과 청화 스님, 그리고 국내외 대포교사인 무진장 스님, 대수행승 회광 승찬 스님 등을 초청하여 법문을 들었다. 그러나 실제 국제적인 인물들을 초청하여 신도들에게 직접 그분들의 육성을 들려줌으로써 국제불교의 안목을 키워가고자 스리랑카의 소비타 스님, 중국 구화산의 고승 인덕 스님 등을 모시고 법문을 들었다.

스리랑카 소비타 스님의 설법회

1995년 7월 18일 정토사에서는 외국 스님으로서는 처음으로 스리랑카 씨암종 부종정 소비타 스님을 초청하여 설법회를 가졌다. 국내의 저명한 스님들과 석학들을 모셔 다방면으로 법회를 하는 가운데서도 외국 스님은 어떻게 생겼으며, 무슨 말씀을 하시는가 궁금해하는 불자들에게 국제적인 안목을 키워주기 위하여 준비된 법회였다.

거므스름한 얼굴에 튼튼한 체구를 가지신 소비타 스님은 노랑 가사를 입고 법좌에 올라 설법하셨다.

"이 세상은 고통덩어리입니다. 태어나면서부터 늙고 병들고 죽는 고통은 말할 것 없지만, 좋아하는 사람들이 떨어져 살아야 하고, 원수가 한데 모여 살아야 하며, 이 몸은 각기 제 좋을대로 만 해달라 하는 데도 뜻대로 잘 되지 않습니다. 먹고 싶은 것, 입고 싶은 것, 자고 싶은 것, 무엇이 그렇게 구하는 것이 많은지 알 수 없으나 구해도 잘 얻어지지 않으니 고통거리가 아닙니까.

그러나 이 고통이 다른 데서 오는 것이 아니고 모두 사람의 생각에서 나타나는 것이니 선천적으로 이 몸과 함께 나온 탐욕과 성냄, 어리석음과 거만한 마음이 그렇게 만들었고 진리를 믿지 않고 의심하는 데서 생긴 고통인 것입니다. 뿐만 아니라 후천적으로 바르지 못한 스승을 만나 이 몸과 마음에 대한 교육을 잘못 받음으로써 이 몸을 자기의 주인으로 잘못 알고 죽으면 그만이라는 생각을 가진 자들이 인과를 믿지 않는다든지 오래 살고 죽지 않기 위해 귀신을 섬기고 천신을 공경하여 온갖 번뇌를 일으킨데서 연유된 것입니다.

그러므로 이 번뇌망상만 없애면 누구나 병나기 이전의 본래 사람으로 돌아가 평온한 삶을 가질 수 있습니다. 그러면 어떻게 하여야 그 같이 평온한 사람이 되겠습니까. 모든 것을 바로 볼 줄 아는 눈을 가져야 됩니다.

세상은 시간 따라 변해갑니다. 그러므로 열심히 노력하고 정진하는 사람에게는 행복과 평화가 있고, 방일하고 게으른 사람에게는 빈천의 과보를 받게 됩니다.

사람들은 인연 따라 모였다 흩어지는데 그 모이고 흩어질 때 만나는 사람, 헤어지는 사람과 착한 인연을 맺는 사람은 거룩하게 살 수 있지만, 주고 받는 것을 바르게 하지 못하는 사람은 불행하게 됩니다.

일체의 인과 인연은 모두 마음 하나로 짓는 것이니, 마음을 착하게 진실하게 아름답게 쓰는 사람은 성스러운 사람이 될 수 있습니다. 이렇게 바르게 보고 바르게 말하고 바르게 행동하고 바르게 생각하고 바르게 노력하는 사람은 마침내 열반(涅槃)을 증득하여 행복하게 살게되는 것입니다.

탐심과 진심(성내는 마음)과 어리석음을 벗어나고 맑고 밝은 심성을 찾으려고 스리랑카 스님들은 정오 이후에는 음식을 먹지 않고 명상과 관법을 수행하여 편안과 지혜를 얻습니다."

중국 구화산 인덕 큰스님 법문

중국에는 보타낙가산 관음도량, 오대산 문수도량, 아미산 보현도량과 구화산 지장도량이 있어 이를 4대성지라 부른다. 그런데 그 가운데 구화산 지장도량의 대법주이신 인덕(仁德) 큰스님께서 한국에 오셨다. 이에 덕진 스님은 큰마음 먹고 인덕 스님을 초청하여 대법회를 보게 되었다.

인덕 스님은 8대장삼에 금란가사를 입었는데 장삼은 노란색이었다. 스님께서 법상에 올라 말씀하였다.

"중국과 한국은 옛날부터 깊은 인연이 있습니다. 중국으로부터 한국에 불교가 들어왔으나 한국에 큰스님들께서 중국에 오셔서 많은 큰일을 하셨습니다. 신라 때 최치원은 재사(才士)로서 중국에 들어와 그 명성을 천하에 떨쳤고, 원광 법사, 자장 율사, 원측 법사 등은 불교 계율과 논문에 일가견을 가진 유능한 스님들이었습니다. 특히 구화산에 오셔서 100세가 넘도록 사시면서

산 지장보살로 존경을 받은 김교각 스님이 계십니다. 구화산에
는 여러분의 지장 보살들이 탄생하였으나 김지장 스님처럼 훌륭
한 스님이 드뭅니다.

교각 스님은 신라의 왕손으로 24세에 출가하여 흰개 선청(善
聽)을 데리고 중국으로 들어가 남릉에서 한 청신사가 준 〈사대부
경(四大部經)〉을 가지고 구화산으로 들어와서 한 석실에 모셔두
고 관행(觀行)을 닦았습니다.

그 때 스님께서는 바위틈에 있는 흰 흙을 쌀과 섞어서 삶아먹
고 지냈다고 합니다. 산 밑에 사는 사람들이 스님께서 고행하시
는 것을 보고 큰절을 지어주고 '화성사(化城寺)' 란 현판을 달아
주었습니다.

신라에서는 이 소식을 듣고 찾아온 사람들이 많았습니다. 각
로(閣老) 민공(閔公)이 착한 마음을 가지고 종종 올라와 100여 명
이 사는 화성사 스님들을 위해 공양하였는데 그 때마다 교각 스
님은 최고의 위치에 모셨다고 합니다. 하루는 스님께서 민공에게
가사 하나를 덮을만한 땅을 빌려 달라고 하자 쾌히 승낙하니 스
님이 가사를 펼치자 아홉 개의 산 봉우리가 다 덮어졌으므로 민공
이 9봉을 모두 희사하였습니다.

뿐만 아니라 민공의 사랑하는 아들을 출가시켜 제자를 만들고
이름을 도명(道明)이라 하였습니다. 교각 큰스님은 803년 여름 대
중에게 작별하고 함 속에 들어가

중국 안휘성 구화산 방장 인덕스님을 모시고
정토사 법회 후에 이의근 경북지사실을 방문하여
불국사에 지장상을 기증하고 받겠다는 약속을 했다.

죽었는데 그후 3년 있다가 열어보니 산사람과 같이 몸이 썩지 않고 있었으므로 탑을 세워 지금까지 보존하고 있는데 최근 탑을 수리코자 열어보니 1200년 전의 모습 그대로 남아 있었습니다.

그리하여 국가에서 중요문화재로 지정하고 특별히 보호하고 있습니다. 지금 중국 구화산에는 김지장의 육신전(肉身殿)을 참배하는 사람들이 매일 1천만 명 이상이 찾고 있으며 지장 보살의 사상을 학문적으로 정리코자 노력하고 있습니다.

이렇게 깊은 인연이 있는 나라에 와서 여러분과 함께 법회를 보게 된 것을 영광스럽게 생각하며 부처님의 은혜속에 제2의 지장이 이 시대에 출현할 것을 기대해 마지 않습니다."

서암 대종사의 꿈 법문

서암 큰스님은 대한불교 조계종 종정을 지낸 스님이다. 법좌에 올라 말씀하였다.

"〈금강경〉에 이런 게송이 있습니다.

일체유위법(一切有爲法)
여몽환포영(如夢幻泡影)
여로역여전(如露亦如電)
응작여시관(應作如是觀)

만들어진 모든 것은
꿈과 같고 허깨비 같고 물거품 같고 그림자 같고

이슬과 같고 전기와 같다.

이렇게 관하라.

이 말씀은 수보리가 모든 수행자가 열반에 들면 말을 할 수 없으므로 어떻게 설법할 수 있을까 하는 의심 때문에 부처님께서 대답하신 게송입니다.

꿈은 허망한 몸이고 허깨비는 생각이며 물거품은 번뇌이고 그림자는 업장입니다. 지·수·화·풍 4대로 만들어진 이 몸은 꿈과 같이 허망한 몸입니다. 맥박이 뛰고 심장이 고동치나 숨 한번에 끝나게 되어 있으니 나왔던 숨 못들어가면 죽고, 들어갔던 숨 나오지 못하면 죽습니다. 그러니 살았을 때 좋은 일하고 사세요. 허깨비 같은 생각, 무슨 생각이 그렇게 많아 밤잠을 제대로 자지 못하고 고민하는지, 허깨비는 원래 없는 것인데 생각 속에서 허깨비가 납니다. 갖가지 망상으로 밤과 낮을 수놓으나 생각 끊어지면 모든 것이 물거품으로 돌아가고 맙니다. 보리밭에 잡초가 우거지면 곡식이 잘 되지 않습니다. 불교는 잡초를 제거하고 곡식을 잘 기르는 종교입니다. 번뇌의 풀을 베고 보리(菩提)의 종자를 잘 기르십시오.

이 세상 모든 것은 지은대로 과보를 받습니다. 키가 크면 큰대로, 그림자가 나타나고 작으면 작은대로 나타나며 구부러지면 구부러진대로, 반듯하면 반듯한대로 나타나니 업을 곧게 밝게 짓고 구부러지지 않게 사세요.

그러므로 야부(冶父) 스님이 말씀하였습니다.

행선진재파초인(行船盡在把梢人)

수중제월 경이심두(水中提月 鏡裏尋頭)

각주구검 기우멱우(刻舟求劍 騎牛覓牛)

공화양염 몽환부구(空華陽燄 夢幻浮漚)

일필구하 요휴편휴(一筆句下 要休便休)

파가두주촌전락(巴歌杜酒村田樂)

불풍유처자풍류(不風流處自風流)

배가는 것은 사공에게 달려 있으니

물 속의 달을 건져보고

거울 속의 그림자를 만져보라.

배를 조각하며 칼을 찾는 사람이 있고

소를 타고 소를 찾는 사람이 있다.

허공에 핀 꽃 봄날 아지랑이

꿈 허깨비 뜬 거품

쓸데없는 소리 그만하고

쉬고 쉬라.

술 마시고 노래 부르고 전원의 벗이 그 가운데 있으니

풍류없는 곳에서 저절로 풍류가 난다.

이 얼마나 멋있는 말씀입니다. 자, 그렇다면 남의 풍류 구경할라 애쓰지 말고 내 풍류를 내가 만들어 놀아봅시다.

이 정토사에는 삼천불전을 짓고 삼천불상을 모신다는데 그 불상도 좋지만 마음 부처를 찾읍시다."

고산 스님의 개교 법문

고산 스님은 쌍계사 주지 스님이시면서 대한불교 조계종 총무원장을 지내신 스님이다. 정토불교대학 개교식에 즈음하여 특별법문을 요청하니 쾌히 승낙하시고 다음과 같이 법문하셨다.

"유교의 대학은 명명덕(明明德), 친민(親民), 지선(至善)의 3강령에 격물(格物), 치지(致知), 성의(誠意), 정심(正心), 수신(修身), 재가(齋家), 치국(治國), 평천하(平天下) 7조목을 가르칩니다.

명명덕이란 원래부터 우리 마음은 밝은 것인데 욕심과 사랑 때문에 어두워진 것을 밝히는 작용을 하는 것이 대학이라는 것이고, 친민은 백성들과 친애하는 방법을 가르치는 것이 대학이며, 지선은 지극히 선한 일이 무엇인가를 가르치는 것이 대학이라는 것입니다.

그리고 격물은 같은 물건도 쓰는 사람에 따라 그 격이 높아질 수도 있고 낮아질 수도 있으니, 그 방법을 가르치는 것이 대학이고, 치지는 지극히 그윽한 이치를 가르치는 것이 대학이며, 성의는 뜻에 온갖 청정을 다하는 것을 배우는 것이 대학이고, 정심은 마음을 바르게 가지는 것을 배우는 것이 대학이고, 수신은 몸을 깨끗이 가지는 방법이고, 재가는 가정을 잘 다스리는 방법이며, 평천하는 천하를 다스리는 방법을 배우는 것이 대학이라는 것입니다. 이 길이야말로 사람이 걸어가는데 있어서 가장 큰길이기 때문입니다.

그러나 불교의 대학은 깨달음의 대학이니 3강령 8조목을 깨닫는 것도 중요하지만, 그것을 배우고 알고 익히는 내가 누구인가,

내가 살고 있는 세계가 어떻게 만들어져 있는가를 깨닫는 것이 불교의 교육입니다. 그런데 그것은 부모님께 효도하고 형제에게 우애하며, 자식들을 사랑하고 세상을 복되게 하므로 깨달음이 형성되므로 그 같은 방법을 교양적인 면에서 교육하는 것이 불교교양대학입니다.

이제 여러분은 유교의 대학 정신에 불교의 교양 정신을 함께 함양하게 되어 있으니 이 세상 복인 가운데서 가장 큰복을 가지신 분들입니다. 아무쪼록 이 학교를 통하여 불교를 바로 믿고 알고 실천하여 부처님께 이 세상에 태어나신 보람을 우리들의 깨달음을 통하여 증명해 보이도록 노력하여야 할 것입니다.

덕진 스님은 이 세상 어느 누구보다도 가장 걱정 많고 파란 많은 가정에 태어나 불법의 교육을 통하여 행복을 쟁취하신 분입니다. 학장 스님의 위대한 원력을 따라 대학의 도를 반드시 성취하시기 바랍니다.

정토불교대학이니 여러분이 부처님 말씀 잘 배워서 맑은 마음 밝은 생활 성성히 깨어 있으면 바로 현세에 극락 정토가 됩니다."

성수 스님의 해탈 법문

성수 큰스님은 조계종 총무원장을 지낸 한국 불교의 고승 대덕 가운데 한 분이다. 민족 문화를 지극히 소중히 여기면서도 그것을 재생하여 후대에게 깨우침을 주고자 온갖 정성을 다 하시고 계신 선지식이다. 3천불전을 완성하고 불사의 원만성취를 기념하는 자리에 스님을 모셔 법문을 듣게 하였다. 스님은 환희심으로 단에 올라 다음과 같이 게송을 읊었다.

　철불과 목불은 불을 건너가지 못하고
　진흙 부처님은 불을 건너가지 못하며
　그림 부처님은 비바람을 견뎌내지 못한다.
　그러면 어떤 부처가
　진짜 부처인가?
　악!

하고 주장자를 높이 들었다 내려친 뒤 청중에게 물었다.

　'보았습니까? 들었습니까? 보았다면 본 놈이 어떤 놈이고, 들었다면 들은 놈이 어떤 놈인지 여기 내놓아 보십시오. 눈도 코도 없는 놈이 눈·귀·코·혀·몸·뜻을 다 만들어 냈으니 이것보다 신기한 놈이 어디 있겠습니까.

　오늘 우리는 3천불전을 개원하면서 삼천계내(三千界內) 백억 찰중(百億刹衆)의 부처님들을 만나게 되었으니 이 보다 복되고 행복한 일이 어디 있습니까.

　사람은 시간 속에 살아갑니다. 과거·현재·미래, 이 삼세의 지견을 깨우쳐 주시는 분들이 3천 부처님입니다. 그러므로 3천불 신앙은 과거는 과거대로 잘 살고, 현재는 현재대로 잘 살고, 미래는 미래대로 잘 사는 방법을 가르쳐 주는 것입니다.

　종이나 흙, 나무와 돌부처가 진짜 부처인 도리를 알게 해주는 부처, 그 부처님이 바로 3천 부처님입니다. 과거 천불, 현재 천불, 미래 천불, 그래서 3천 불전을 잘 지어 놓았으니 이제 여기에

266

살아 계신 부처님들을 한분씩 조성하여 질서있게 모시면 3세 3천불이 시간 속에서 질서있게 앉아 계시는 모습을 볼 수 있지 않겠습니까.

옛 사람이 이르기를, '한 손바닥만 가지고는 소리가 나지 않는다' 하였습니다. 두 손이 마주쳐야 소리가 나기 때문입니다. 부모와 자식 스승과 제자, 스님과 신도가 서로 마주치는 가운데 천지를 울리는 뇌성벽력이 울리고 뇌성벽력이 울리고 나면 단비가 내려 천하만물들을 포근하게 축여주게 되는 것입니다.

그러니 이제 여러분은 인연 따라 전하고 친히 한 두 분씩의 부처님을 조성하여 내 부처는 내가 모시도록 노력해 주시기 바랍니다. 감사합니다."

철웅 스님의 불살생 법문

철웅 스님은 팔공산 성전암에 계신 스님이다. 주지나 공직을 맡지 않고 오직 공부에만 노력하며 나름대로 천하를 평정했다고 자부하는 스님이다. 체구도 크고 말씀도 걸걸하여 사람들을 웃기고 울리기를 마음대로 하시는 분이였다.

1998년 정토사에서는 이 유명하신 철웅 스님을 모셔 법문을 듣게 하였다. 스님께서는 법상에 올라 대중에게 물었다.

"여러분, 여러분은 이 세상에 누구를 따라 나오셨습니까?"

어떤 사람이 말했다.

"부모 따라 났습니다."

스님이 즉대(卽對)하였다.

"그렇다면 죽을 때도 부모 따라 죽겠네요."

가가대소(呵呵大笑)가 터졌다. 스님께서 또 물었다.

"여러분, 세상에 태어나서 보니 아버지가 먼저입디까, 어머니가 먼저입디까?"

"아버지가 먼저였습니다."

"그런 말씀 마세요. 아버지와 나는 동갑입니다. 어머니하고도 동갑입니다. 왜냐고요. 아버지 어머니가 자식을 낳았다고는 하지만, 내 자식을 낳지 못한 사람은 부모님이란 말을 듣지 못합니다. 그러면 언제 부모가 생기지요. 아들 딸이 태어나는 순간 아무개 아버지 어머니가 생기게 됩니다. 그러니까 아버지와 아들, 어머니와 딸은 동갑이 되는 것입니다. 아셨습니까?"

청중들은 모두 박수를 치고 크게 웃었다. 이에 스님께서 천천히 말씀하셨다.

"하늘과 땅도 그렇고 사람과 짐승도 그렇고 이 세상 모든 것은 상대성 원리 속에서 존재하고 있습니다. 어떤 사람들은 하느님이 우리를 만들었다 하는데 내가 없어 보세요. 하느님이 어디 계신가. 하느님이 왜 우리를 만듭니까. 밥 먹고 할 일 없어 장난삼아 만들었다고 합니다만, 그것도 사람의 생각입니다. 하느님은 밥을 먹지 않아요. 옷도 입지 않아요. 왜, 모양이 없기 때문입니다. 모양으로 나타난 하느님은 진짜 하느님이 아닙니다. 진짜 하느님은 그 모습을 볼 수 없고, 그 소리를 들을 수도 없습니다. 생각해 보십시오. 몇 천 싸이클만 넘어서도 듣지 못하고 몇 백 킬로만 떨어져도 보지 못하는 사람들이 어떻게 몇 천억 사이클에 삼천대천 세계를 다 덮고 있는 하느님을 본다는 말입니까. 그런 소리 한 사람은 가짜 하느님께 홀린 사람입니다.

옛날 어떤 사람이 기차를 타고 가는데 어떤 전도사가 어찌나 떠드는지 시끄러워 견딜 수 없었습니다.

한 스님이 앉아 계시다가 물었습니다.

"무엇 때문에 그렇게 시끄럽게 하느냐?"

"예수님께서 오늘 부활했기 때문입니다."

"야, 이놈아 죽었다 살아나는 놈은 너희 아버지 그것밖에 없어. 그래 예수님이 너희 아버지 그것이라는 말이냐."

하니 그만 소리를 그치고 다른 곳으로 도망가 사람들이 배꼽을 잡고 웃었다는 말이 있습니다. 하느님은 되살아 나는 일도 없으니 처음부터 죽지 않았기 때문입니다.

그런데 여기 더 한가지 중요한 것은 하느님이 하느님인 것을 아는 놈이 있다는 사실입니다. 그것이 무엇입니까. 바로 여러분의 마음입니다. 나의 주인공은 진짜 내 마음인데 이 마음을 깨닫지 못한 사람들이 지·수·화·풍 4대로 만들어진 이 몸을 나라고 하고 그 4대 가운데서 나타난 신경을 나의 정신이라 하고 있습니다. 참으로 답답한 일입니다. 인생이 어떻게 미련한지 알 수 없습니다. 여러분, 여러분은 내 마음을 아십니까?"

"예."

"그렇다면 이제 그 마음을 이리 가져와 보세요."

또 한번 웃었다.

"네 마음과 내 마음이 원래 둘이 아닙니다. 탁구공 속에 들어있는 공기나 축구공 속에 들어있는 공기나 툭 터지고 나면 모두가 하나의 허공 속의 공기로 다 돌아가게 되어 있습니다. 그런데 가

죽 푸대를 쓰고 있을 때 사람들은 그 속에 들어있는 공기를 가지고 네 공기다 내 공기다 한 생각 지어 싸우고 있습니다. 기가 막힙니다. 이렇게 계속해서 이야기하다가는 아주 기가 막혀 죽을 것 같으니 이제 그만 하겠습니다. 아무쪼록 건강하시기 바랍니다."

청하 큰스님 법어

청하스님은 영축총림 통도사 부회장이시다. 정토사 지장전 상량식에서 다음과 같이 법문하였다.

"부처님의 말씀은 법(法)이요,
부처님의 마음은 선(禪)입니다.
부처님과 법을 모시는 집은 법당이요, 이러한 법당을 짓는 일이 곧 불사인 것입니다.
오늘 이렇게 지장전 불사를 하는 덕진 주지와 여러 불자님들은 숙세에 부처님과의 인연이 있어 이러한 법당의 상량식에 동참하여 크나큰 공덕을 짓게 된 것입니다.
울산 공원묘지의 수많은 조상 영혼들을 위로하고 앞으로도 우리들의 조상 영가들을 천도하고 장차 우리 신도님들도 이 법당과 지장 보살님의 가호로써 업장이 소멸되고 왕생극락의 길을 닦게 될 것입니다.
여러분, 한 손을 들어보십시요.
그리고 또 다른 손을 들어서 손바닥을 쳐봅시다.
자, 두 손의 손바닥이 마주쳐야 소리가 나지 한 손만으로는 박수를 칠 수도 없고 소리도 나지 않습니다.

두 손이 마주쳐야 비로소 소리가 나는 것처럼, 정토사 주지와 신도 여러분이 모두 다 같이 힘을 쓰고 모두 도와야만이 이 법당 불사도 원만히 되고 그로써 여러 시민들이 복도 짓고 편안히 살아갈 수 있습니다.

정토사 주지 덕진 스님도 울산 불교계와 시민들을 위하여서 다양한 일들을 많이 하고 있습니다. 그러므로 여러 신도님들께서도 자신만을 위하여서 복을 빌지 말고 여러 시민들의 고통을 덜어주고 어려움도 보살펴야 되겠다는 지장 보살님과 같은 마음으로 시주하고 기도하며, 봉사도 열심히 하도록 합시다.

지장 보살님은 석가모니 부처님께서 열반하시고 그 다음의 미륵 부처님께서 오실 때까지의 기간 동안을 갖가지의 어리석음에 찌들려 고뇌하는 중생들을 거두어서 수호해 주시는 분이며, 또한 그렇게 하도록 부처님께 위촉받은 분이십니다. 그러므로 현재의 부처님께서 계시지 않는 기간을 사는 우리들은 언제나 이러한 지장 보살님을 쉬지 않고 염하며, 그 명호를 불러서 지장 보살님의 곁으로 조금이라도 다가갈 수 있도록 끊임없이 노력해야만 하겠습니다.

그리고 이러한 지장 보살님에 대한 정근과 염불은 가깝게는 우리들의 현생의 어리석음을 맑히고 죄업을 소멸하고 그로써 사후의 안락과 복된 세계를 약속하게 될 것이며, 이와 더불어서 조금 멀게는 우리들의 먼저 가신 조상님들을 평안한 안식의 극락 세계로 인도하는 수승한 결과로써 맺어지게 될 것입니다.

우리 함께 수행 기도하고 부처님의 법도 지킵시다.”

성파 스님 법어

성파 스님은 현 서운암 회주이시면서 전 통도사 주지와 해동고등학교 이사장을 지낸 큰스님으로 덕진 스님 은사이시다.

「색불이공(色不異空) 공불이색(空不異色)이니, 색즉시공(色卽是空) 공즉시색(空卽是色)이라.」

이는 색은 공을 여의지 않고 공은 색을 여의지 않으며, 색이 곧 공이고 공이 곧 색이라는 말로써 항상 염불을 할 때마다 하는 〈반야심경〉의 한 대목입니다. 이러한 이치는 쉽게는 세수하다가 자신의 코를 만지는 것과 같지만, 또한 어렵게는 모든 바닷물을 한번에 마시는 것보다도 더 어렵습니다.

색이란 모양이고 상(相)이며 유(有)를 의미하는 것이고, 공이란 모양이 없는 것, 즉 무상(無相)과 무(無)를 뜻하는 것입니다.

유(有)라는 모양이 있는 것은 언제나 모양이 없는 무(無)에서 나오는 것이고, 결국 그러한 가치들은 공으로 돌아가는 것으로 이는 상호적인 작용이라고 할 수가 있습니다.

마치 팥이라는 것은 누구나 알지만 그것이 땅에 심어지게 되면 그 팥의 형태는 자취를 여의게 됩니다. 그러나 이러한 팥이 땅에서 자라나 가을에 추수할 때가 되면 수많은 팥으로 다시금 드러나지게 되니, 이는 부정을 통한 커다란 긍정의 자리 매김임에 다름 아닌 것입니다.

지금 이 자리는 불사의 자리이며, 정토사는 불사의 도량이니 이러한 불사가 원만히 회향되어질 수가 있도록 모든 불자님들께서 더욱 더 노력하셔야 될 걸로 압니다.

　그리고 부처님을 모시는 것도 중요하지만 그 보다도 더 중요한 것은 스스로가 깨달아서 부처가 되어지는 것이라고 할 수 있습니다. 생각 생각마다 부처님을 간절히 염원하는 삶을 계속하다 보면 마치 겨울의 매화가 어느 때 비를 맞은 후 일시에 개화하는 것처럼 불자님들도 간절한 마음을 잊지 않으시면 이와 같이 성불하게 될 것입니다.

　그러므로 자기 부처님을 모시는 것에서 끝내지 말고 내 자신의 부처를 찾도록 노력해야 할 것이며, 이야말로 이러한 정토사에서 삼천불전을 건립하여 삼천 부처님을 모시게 되는 바의 진정한 목적이며 의의라고 할 수 있는 것입니다.

　사람의 몸을 받고서도 닦지 않는 것은 보배산에 들어가서 아무 것도 가지지 못한 채 빈 손으로 나오는 것과 같습니다. 그러므로 이러한 보배산인 정토사에 와서 선업을 닦지 못한다면 다시 어느 생(生)에 이 몸을 제도할 수 있겠습니까?

　아무쪼록 이러한 좋은 기회를 놓치지 마시고 열심히 노력하여 모든 분들이 원하시는 바의 일체가 원만히 성취되어질 수 있도록 부처님 전에 간절히 기원하는 바입니다.”

봄빛어린 금수강산

순례시는 스님께서 전국 곳곳을 다니면서 보고 느낀대로 지은 시들을 한데 모은 것이다.

언젠가 스님께서 비행기를 타고 서울 하늘을 날으면서 별빛처럼 찬란한 서울을 보면서 '제망중중(帝網重重)' 이란 시로 읊었다. '제망중중' 이란 제석천왕의 궁전에 드리운 장엄 그물에 꿰어진 구슬들이 서로서로 비치면서 무한한 빛을 내고 있는 무한 세계를 말한다.

서울의 밤 상공에서 내려다 본다
헤아릴 수 없는 수많은 별들
하늘에서 내린 것도 아니고
땅에서 솟아난 것도 아니다
너도 나도 일하며 피운 별꽃
사색하며 공부하며 달리며 피운
반짝이는 꽃들
나란히 줄지은 별들의 행렬

무량겁 비추어 온 은하수 보다
천만배나 고운 꽃타래 화엄세계(華嚴世界)
찬란히 겹겹이 어울려서
제망중중찰해(帝網重重刹海)로구나!

이튿날 산을 찾으니 무거운 산자락에 큰 부처님이 듬직하게 서
계신다. 그래서 스님은 산사(山寺)의 모습을 이렇게 그려본다.

산(山) 보다
무거운 무게로
대웅전은 자리하고 있었다.

대불(大佛)은
짙은 아카시아 향기에
재채기를 하고 있으나
큰 스님은 듣지 못했다.

보지 않고도
봄과 같이 하고
듣지 않고도
들음과 같이 하는
이승보다 높은 곳에
사는 것 같다.

그 쯤 높이에서 보는
세상은 사바의 바람이 불고 있다.

하루 저녁을 자고 나니 새벽종소리가 메아리 친다.

더~엉 더~엉
끊어질 듯 끊어질 듯 이어지는
고요를 헤치고 온 묘음(妙音)
어제의 애환도 숙연히 재우고
간밤에 환몽(幻夢)도 사르르 녹는다.
날아갈 듯 가벼운
시원한 가슴, 맑은 세상

또 조금 있으니 종소리에 이어 목어(木魚) 소리가 요란하다.

두드리면 ―
부딪히면 ―
소리로 앓는다
물속 생명 위하여

자기 아내에게
사랑의 표시로 한 대만 때려도
못살겠다고 소리소리 치는데 ―

물이 그리워
몇 겁을 보낸 세월
깡마른 나목으로 다듬어진 흉물
두 눈이 시퍼렇게 살아도
냄새 안나는 물고기

중생이 좋아
이승이 좋아
환쟁이 손끝에서 되살아난 생명.

오대산과 적멸보궁

진달래 강물을 따라 오대산에 올라가니 적멸보궁이 그리웠다.

"졸졸졸 노래하며 나를 두고 어딜가오?"
온 산에 늘어선 진달래가 강물 보고
말한다.
"오라는 곳 없어도 갈길이 멀고 바쁘다"
하며 연분홍 꽃잎 싣고
굽이굽이 산 돌아 기약없이 떠난다.

"내 얼굴에 비치어 불그레 연지 찍어 준
진달래야 어느 분이 정을 주며
가꾸어서 그리도 곱디곱게 삼천리를
수 놓았지?"

"아무도 심지도 가꾸지도 않았지만
산 좋아 물 좋아 대한(大韓)이 좋아
절로 자라서 절로 핀다오
강물은 누가 보내서 어디로 가오
엄마 품인 산을 떠나

천만 시민 갈증 식히고
만생명 살리려고 간다오.

오라는 곳은 없으나 바삐 사는 스님들의 일상 생활이 이 속에
들어있는 것 같다. 진짜 오대산은 명산이다. 낙락장송이 늘어섰
고 월정사, 상원사를 지나 적멸보궁에 오르고 보면 천하가 다 이
산을 위해 생겨난 것 같은 느낌이 든다. 스님은 '상원사 적멸보
궁'을 이렇게 노래한다.

낙낙 장송이 하늘을 바치고
희뿌연 바위가 층층이 벽이 되어
하늘을 칸칸이 막았다
무한대궐(無限大闕)이로다.

새하얀 눈솜덩이
골골이 봉봉이 두루깔려
아늑한 님의 방
보송보송 포근한 엄마품

동서남북 아득한 방에
석가모니 부처님 부시시 일어나
"여보게 오늘만 권하는
묘유(妙有)의 방석에
방하착(放下着)하고 앉음세"
라고 하시며 다가 오신다.

278

자장율사 사뿐히 절하신다!
탄허스님 숨소리 들린다.
동방(東方)에 빛이 열린다.
진신사리(眞身舍利) 모신 보궁(寶宮)에서
석가사리 찾다말고
자기(自己)사리 찾아서 갈무리 한다.

　밤새도록 내린 비가 산사의 봄소식을 알리고 있다. 백옥 같은
목련들이 다투어 부푼 가슴을 드러내며 남상 너머로 드러난다.
한 송이 꽃을 보고 천지의 봄을 알고 오동잎 하나 속에 천지의 가
을이 들어있는 이치는 일찍이 옛 사람들이 노래해온 일이다. 스
님은 산사에서 봄소식을 어떻게 들었는지 감상해보자.

비 개인 날
나무 가지에는
지난밤
꿈 속에서 보았던 목련꽃
백옥분 단장하고
새하얀 나비 되어
사뿐히 내려앉았네
뒷켠 진달래
빠알간 꽃망울 펼쳐
하이얀 목련꽃 둘러 조화롭구나.

앞길엔 연분홍 벚꽃이
구름같이 봉실봉실
줄줄히 화사한 미소를 머금고
문안 올리니

오시는 님 함박 웃음 메아리 치고
가시는 님 정든 미소 여운 남기니
도량은 밝아서 화창한 기운
대중들 한가롭게 마음도 밝다.

동해 바다와 설악산 봉정암

대관령을 넘어서니 푸르디 푸른 바다가 유리처럼 파도치고 있
다. 시원한 바다, 잔잔한 미소, 그 가운데 온갖 것들을 다 갈무리
하고 있으면서도 이렇다 한 상(相) 하나 없이 천만년을 내려 흐
르고 있는 바다. 그 바다를 바라보면서 스님은 다음과 같은 '바
다'의 시를 짓는다.

설악산 봉정암 옆 바위에서.

푸르디 푸른 바다
유리처럼 맑은 물
너만의 신비는 아니야
너와 나의 조화이지.

지리산이 토하는
섬섬옥수 섬진강도

페놀소동 낙동강도
태풍 셀마의 흙탕물도
모두 삼킨 바다……
쓰다 달다 무표정

시원하다 더럽다
말도 없이 잔잔한 미소로
한 바다 되어 짠맛에 맑은 빛

꽃게가 춤추고 미역이 우쭐대도
차별 없이 품어 안는다.

오늘을 사는 사람
바다처럼 넓은 마음
변함 없는 실행으로
바다 닮아 가야지!

아침에 붉은 해를 보니 시인은 그대로 참지 못한다. 밝은 바다
를 바라보며 '동해'라는 시를 지으니 다음과 같다.

아침에
정열 어린 붉은 해를 토하여
갯가에 통통배 울리니
어부의 보배로운 일터가 된다.
저녁에 곱디고운 노을을 삼키어

만선의 뱃노래 장단 맞추며
어부의 억센 팔뚝에
붉으레 고운 무늬 그리고 간다.

설악산 봉정암에 이르러 세상을 바라보니 신라시대 자장 스님
이 생각났다.

설악산 봉정암 뒤 우뚝 솟은 우람한 바위
신라시대 자장스님 인도한
관음조(觀音鳥)가 방광(放光)하며 앉아서
그 아래 불사리(佛舍利) 모시니
적멸보궁(寂滅寶宮)이다.

오층 사리탑과 마주보며
눈서리 비바람도 말없이 품에 안고
금수강산 지키자 한민족 지키자
묵묵히 다짐한다.

넘어질 듯 떨어질 듯 허공찌른 자태가
참배객이 우러러 보면 살포시 절한다.
구경꾼이 쳐다보면 떨어질라 비켜라 한다.

바위 걱정말고 자기 길 돌아보고
자기 길 바로 가자.

춘천 풍경과 의암댐

　　이것이 '봉정암'에 대한 노래다. 진신사리를 두 번이나 친견하고 나르는 듯 춘천에 이르니 의암댐이 기절(奇絶)하였다. 층층 바위틈에 붉게 핀 진달래가 요란하다.

　　희뿌연 층층바위 틈에 분홍 진달래
　　연두빛 첩첩산 허리엔
　　한줄기 안개 감돌아
　　담담(淡淡)한 강물에 비치고
　　산과 산 사이마다 물굽이 돌아돌아
　　물속에 산을 담고
　　산속에도 물을 담아
　　산수(山水)가 둘이 아닌데
　　그 묘경(妙景)에 시인(詩人)이 들어
　　산과 물 사람이 하나 되었다.

　　치산치수(治山治水) 훈령(訓令)의 메아리는 그치고
　　신선(神仙) 노래 곡조가 은은하다.

　　이것이 '의암댐'의 노래다. 가는 곳마다 산과 물, 꽃과 나무, 새와 짐승들이 제맘대로 뛰어노는 나라 정말로 우리 강산은 아름다웠다.

첩첩 산간(山間)마다
굽이굽이 물길을 품고
고요하고 담담한 명경지수(明鏡止水)
연두빛 잎새들이 뭉글뭉글
불그레한 꽃무늬가 비치니
가장 아름다운 산수도(山水圖)

거문고 줄 없어도
온 산천을 휘감는 곡조 흥겨운 가락
우리 강산 화장 세계
우리 삶이 정토 극락

이렇게 경계 속에 한 세상을 보내다가 집에 돌아와 법당에 앉
으니 빈 마음은 구비 구비 허공을 나르고 있었다. 시선을 파고드
는 영상들을 스님은 다시 이와 같이 노래한다.

시선을 파묻고
파고드는 영상
쪽 달로 뜨는 엄동설한에
반달 눈썹이 서러워
고드름으로 엮어 매단 눈물 방울
설상가상으로
야무지게 다문 입술

찢어지게 가난한 선비집 맏며느리

표정없는 얼굴이
〈옥야경〉에 종같은 아내가
순종의 씀씀이로
미덕을 삼는 종가집

보게나 ―
자네 부인도
그를 닮길 바래나
말세― 말어
전생의 업보인 걸
창밖엔 달빛이 시려워
감꽃이 지네.

경주 남산과 강진 무위사

봄 여름이 지나고 나니 서남 세상이 어뗘할지 궁금하였다. 그
래 먼저 경주 남산에 들러 옛 사람들의 불심을 보았다.

신라 사람 불심(佛心)이 돌에 새겨져
돌과 부처가 불이(不二)요
인심(人心)과 돌이 불이(不二)요

부처님 목이 부러졌어요
손목도 귀도 없어요
돌도 변하고 인심(人心)도 변하니

제행무상(諸行無常)이라

　이것이 경주 남산 시다. 천년 고찰 석남사를 보고 다시 백제의
향기를 맡기 위해서 강진 무위사로 내려가다가 월출산을 보고
시 한 수를 지었다.

　첩첩이 쌓인 바위 하늘을 찌르고
　다소곳이 인사도 나누는데
　삿됨도 마장도 금시에 싹둑싹둑
　잘라버릴 칼날 바위

　희뿌연 얼굴에 태초의 무게로
　온 세상 눌러 놓는다.
　길손의 고독도 눌러 놓고
　역사의 시비(是非)도 고요히 눌러 앉힌다.

　둥근달을 토하고
　영암 아리랑도 나온다.

　이것이 월출산의 전경이다.
　오묘한 골짜기에 천년 고찰이 아늑히 자리잡고 있던 석남사에
비하면 자연 풍경이 말로 형언할 수 없다.

　오묘한 골짜기 천년 고찰,
　풍경소리 묵은 향기

묵중한 선승(禪僧)의 위엄에
애띤 여승이 절 올린다.
"인생의 진면목이 무엇입니까?"
"물어보는 자네 안에 있노라."
"깨달음의 요점이 무엇입니까"
"청청한 숲은 시원하고
졸졸졸 시냇물은 흘러만 간다."

　강진 무위사는 많이 퇴색 되었으나 살아 있는 것만도 다행이었
으니 그 가운데 관세음 보살 벽화는 참으로 천년의 혼을 그대로
우리에게 보여주고 있었다.

극락보전이 희멀겋게 퇴색되어
천 여 춘추를 무언(無言)으로 일러준다.

진열장으로 옮겨져서
유리관 속에 갇혀있는 벽화는
그 옛날 화려한 자태를 보라며
고운 미소 짓고
섬세한 문양 조화로운 색감은
화공의 정성어린 원력과 예술혼이 역력하다.

고요의 무게로 옛적의 장엄으로
길 손의 번뇌 눌러
무심(無心)의 절을 받는다.

산천(山川)도 참배객도 무심삼매
한 경지에 이른다.

남해 바다와 내장산 단풍

남해 바다는 이름 그대로 다도해라 점점히 섬들이 이어져 있었
는데 철썩 철썩 파도치는 소리는 산 속에서는 들을 수 없는 해조
음(海潮音)이었다.

파도소리 쏴아 쏴아
꾸밈없는 곡조

망망한 저 멀리서
너울너울 춤추며 다가오다가
희디 흰 백옥 한아름 쏟아 붓고
내 얼굴 감싼다.

잔잔한 속삭임에
내 마음 스며든다.

엄마품이 그리울 때
갯가로 오세요.
근심으로 찌든 마음
씻으러 오세요.
유리보다 맑은 얼굴

백옥의 파도같이
마음 씻어 드리오리다.

내장산에 가서 단풍 구경을 하고 마이산 탑사에 가니 자연석으
로 쌓은 탑들이 참으로 기묘하였다.

노랑 분홍 녹색으로
조화롭게 화장한 얼굴에
새빨간 단풍 립스티이
길손의 눈길을 사로잡는다.

하늘은 맑은 쪽빛
산은 울긋불긋 장엄한데
골짜기엔 오색 인파(人波) 일렁이어
더없이 화려한 한폭의 그림
내장산 도화지에 계절과 인심(人心)이
합작으로 그려져
이보다 더 좋은 풍경화가 또 있으랴?

이 묘경(妙景) 속에
내장사가 중심되어
천년(千年) 사연도 묵묵히
만물(萬物)의 애환도 고요히
묵중한 무게로 눌러
고이 재운다.

이것이 내장산 단풍이고, 다음은 '마이산 탑사'에 관한 노래다.

마이산 탑사와 서해 바다

쌍둥이 노적봉 사이
태고(太古)의 속살점을 드러낸 바윗돌
그 아래 머무른 도인

돌 한 덩이 들어 놓고
온 정성 다 바쳐 큰절 올리며
우리 마음 밝아져라 빌고

돌 한 덩이 올려 놓고
고해중생(苦海衆生) 구하소서 큰절 올리니
수만 개 모인 돌은 대탑(大塔)이 되어
신비 절경 이루어
만인 왕래 좋은 인연 맺고

일심발원 평생정성 깃든 마음은
원탑(願塔)이 되어
후세인에 내내
선행정진 귀감이 된다.

이것이 마이산의 전경이다. 다시 서해 바다 쪽으로 돌아서 염
전을 보고 내소사를 보았는데 여기는 또 당풍(唐風)이 어린 불교

예술이 꽃피고 있었다.

　바닷물이 네모 칸칸에 담기어
　정돈된 거울이 된다.

　햇볕 좋아 날아가고
　고운 노을 이별하다가
　꿀보다 더 달콤한
　먹거리의 왕이 된다.

　이것이 염전이다. 변산반도에 있는 내소사의 정경은 다음과
같다.

　땅심이 솟아난 바윗덩이 위용이
　본성(本性) 드러내어라 일러주고
　천수고목(千壽古木) 느티나무 부동(不動)한
　표정이
　무상을 속삭인다.

　수행자 목탁 울림이
　노을을 삼키니
　참배객 걸음마저 고요롭다.
　그렇게도 그리워하던
　고향이 따로 없어,

한 생각 쉬어 보니
고향이 발아래 와 있다.

서산 앞바다에 이르러 돌꽃(石花, 일명 굴)을 보고 노래를 지으니

돌에서 꽃이 핀다
벌 나비 오잖아도
소곤소곤 맺어
알알이 야물차다.

들판은 이별하고
숲속도 인연없어
갯바위에 짠물이 좋아서
물만 먹고 사노라네
물만 먹고 영글었네!

꽃잎은 울퉁불퉁 돌멩이
알갱이 말랑말랑
향기보다 색깔보다
숨쉬는 매력에……

임금님 수라상에
조상님 제사상에
친구네 초대상에
원효 대사 하신 말씀

석화(石花)라 이름하니
머금직한 차담일세.

한끼 공양 때웠으니
단료형고 위성도업(但療刑枯 爲成道業)이로다.

속리산 절경과 섬진강의 마음

　다시 거리의 단풍 구경을 하며 속리산에 이르렀는데 속리산 단
풍은 노랗지 않고 빨갰다.

은행잎 고운색 황금보다 빛나고
샛빨간 단풍잎 새색시 입술보다 더욱 곱다.

한해의 역사(力事)를 마감하면서
오색 단장한 아름다움을 주고
말없이 내색 없이 미소 짓고
사르르 초연하게 사라져 간다.

인생을 마감하며
세상 위해 후세 위해
어떤 아름다움을 줄 것인가?
언젠가 과연 초연한 마음 밝은 미소 지으며
마감할 수 있을까?

이것이 거리의 단풍이고, 속리산 단풍은 다음과 같다.

빨갛게 새빨갛게 단장한 잎새로
누구에게 입맞춤 하려나.

가을 햇볕과 남몰래 사랑을 나누다가
빨갛게 되었지.

대전 국제박람회 문명 바람이
말티고개 감돌아 넘어 오면서
우리사랑 시샘내어
한들한들 흔들어 놓는다.

그래도 내 붉은 정열은
자연섭리 무게로 묵묵히 지내는데
오가는 길손들이 스스로 도취되어
‘곱디 고와라’ 고 흥분과 감탄을
마구 마신다.

섬진강에 이르러 내 모습을 비추어 보고 독백하니 ‘섬진강’ 과
‘독백’ 이란 두 시가 이루어졌다.

유리보다 맑은 물
산도 나도 님도

그 속에 있다.
구비 구비마다 은싸락의 모래벌
백금인 듯, 석영인 듯 찬란히
반짝인다.

지리산과 제주도

칠불사(七佛寺) 아자방(亞字房)에서 일곱 태자가
부처님 된 법리(法理)가 흘러서
신령한 물

쌍계사 범종소리 고뇌(苦惱)를 씻고
작설차가 머금던 청량수(淸凉水)
화개장터 하동장터 휘감아 돌며
목도들판 적시어 알곡식을
영글게 한다.
남도민의 젖줄이며, 나의 향수이다.

스님은 이곳에서 꿈 아닌 꿈을 '독백'으로 풀고 내친 걸음에
제주도에 이른다.

혼침 속에도 꿈
뜬눈 속에도 꿈
뉘라서 꿈을 그리며

엮을 수가 있으리.
꿈 깨라는 꿈 속에서
언제나 벗어 날까?

이것이 '독백' 이다.

한라산 하얀눈은 겨울이건만
유채꽃 방긋웃음 봄빛 완연해
해녀의 물장구에 여름인 듯이
길섶에 황금밀감 가을이로세
아~ 이 진풍경 동시에 보니
묘할사 사계절이 동시(同時)이구나.

한라산 우뚝 솟아 찬구름 이고
망망한 푸른바다 오똑한 범섬
드넓은 보리밭을 밀감 숲 감싸
천지연 폭포수의 시원한 노래
아~ 아 이 모두를 한눈에 보니
팔도에 강산들이 함께 있구나.

제주는 한반도를 축소 하였지
시간과 공간으로 모두 줄였지.

이것이 제주도 찬가다. 오나 가나 우리 나라는 역시 좋았다.

맑은 훈풍에 새싹 돋아
씨뿌리는 우리 부모 좋아라.
뭉게구름 소낙비에
밭 가꾸는 우리 형제 좋아라.
푸른 하늘 오색단풍
오곡백과 황금물결 좋아라.
퍼얼퍼얼 흰눈 내려
새하얀 우리 강산 좋아라.

남북이 교류왕래 합의하니
화합번영 한민족이 좋아라.

스님은 해바라기가 해를 바라보듯 다시 정토사 부처님을 향해
나아가면서 '해바라기'의 노래를 불렀다.

아침에 창너머
도련님 문안 공손히

햇님 마중 햇님 시중
근심걱정 잊고서
소망이 영글어간다.

둥근 얼굴 넓은 품 안
자녀(子女)가 하도 많아

종횡으로 정열하여
계행가풍(戒行家風)이 빛난다.

늙으막에 자녀 등살 못이겨
햇님은 외면 했지만
청춘에 깃든 정 대일여래(大日如來) 사랑향기
믿음직하다 덕(德)스럽다.

시인 덕진 스님

스님은 일상 생활 가운데서 시상이 떠오르면 즉시 펜을 들어
시를 쓴다. 날마다 밥을 먹고 차를 마시면서도 시를 쓴다.

 '다반사' 라 말하면서
다(茶)를 모르는 이들이여,
정좌하여 녹차 달이고
맑고 고운 차를 머금어
그윽하고 묘한 맛에
흠뻑흠뻑 젖어보면
다 마시고 밥 먹는 데 도가 있음을 알 것이다.

〈연꽃처럼 햇살처럼〉 중에서

차를 타고 비행장에 나가거나 시내를 나갈 때는 의례 태화강을
지나게 되는데 그 때마다 눈에 보이는대로 귀에 들리는대로 시
를 쓴다.

가지산 봉봉 마다
문수산 골골 마다
울산시민 가가호호
속속들이 살펴서
번뇌티끌 씻어낸다.

찌푸림 없는 환한 얼굴로
시민의 애환 감싸고
우리 업(業) 밝힌다.

신라시대 자장율사
물길 옆 큰 가람 세워
온 백성 화합
큰 평화 누리라고
태화사(太和寺)라 칭하고

도량(道場)을 감도는 물
태화강이라 불렀는데

웅장한 당우(堂宇)
우람한 범종 여운 흔적 없이
강물만 유유히 이름을 지킨다.
이 무상(無上) 곡조에
너도나도 멋 모르고
인연춤을 춘다.   〈연꽃처럼 햇살처럼〉 중에서

　이렇게 역사적인 태화강을 읊는가 하면 현실적인 태화강에 대
해서도 독백한다.

　속삭이듯 고한다
　내말 따르기 보다
　그대 안에 부처를
　먼저 찾아 보세요!

　내가 흘러 절경이요
　식수되고 또 용수되어
　산업발전 이루었지
　시민들의 운동장 연인들의 사랑터
　사람들은 요리조리 잘도 이용하지만
　아끼고 지켜주는 이는 드물다.

　부처님 오신날은 등불 밝혀 경배하고
　가을엔 고기방생으로 활기주는 불자(佛子)들
　아!
　강(江)에 대한 애정이 실낱같이 남아 있구나.
　어느 분, 어느 양반들
　'태화강 살린다, 보전한다' 고 반짝 소동 보이다가
　얼굴 잊은지 오랠세.

　여보게, 시민들아!

가는 정 있어야 오는 정 있다는 옛말도 잊었는가?
치산치수(治山治水) 잘하는 자가 성군(聖君)이라 하더구나.

〈연꽃처럼 햇살처럼〉 중에서

심지어는 절 앞에서 까욱 까욱 우짖는 까치 소리를 듣고도 시를 짓는다.

까치가 까욱 까욱
반가운 소식 전하러 왔다.

반야(般若)의 전령인가
해탈의 소식인가
정진의 경책이외다.

까욱 까욱 찌찌찌
염불도 한철이요
좌선도 한철이요
해탈의 길목에서
그날 다시 봅시다.

〈연꽃처럼 햇살처럼〉 중에서

그래서 부산여대 김용태 교수님은 다음과 같이 덕진 스님의 시에 대해 평하고 있다.

"첫째로는 덕진 스님은 시에 대한 깊은 애정을 갖고 있기 때문이다. 그 애정이 바로 훌륭한 시가 되는 것은 아니지만 그러한 애정을 바탕으로 한다면 시에 대한 구체적인 방법들은 노력과 연구로써 터득될 수 있는 것이고 동시에 질적 수준도 향상될 수 있다고 판단했다.

둘째로는 덕진 스님은 스님으로서 구도자적인 생활, 또 포교활동, 봉사활동 등등만 해도 바쁜데 그 바쁜 중에서도 시에 대한 정열은 식지 않고 타오르고 있으니 그러한 정열의 결과가 너무 오래도록 부정적으로 평가되면 혹시 좌절이나 포기를 할 수도 있다고 생각했기 때문에 나는 그 시들 중에서 긍적적으로 평가할 수 있는 것을 찾아보고자 노력하였고, 그 결과 그러한 긍정적인 시를 찾을 수 있었기 때문이었다.

셋째로는 덕진 스님의 시들은 시종일관 진실에 뿌리를 두고 있다고 확신했기 때문이다.

시는 사상도 철학도 아니지만 사상이나 철학이 없는 시인의 시는 허공에 뿌려지는 꽃이나 다름없는 것이다. 인생을 관조하고 자아를 성찰함이 없이 언어를 결합하는 기교로써 말을 유희하는 것보다는 말의 기교가 좀 서툴더라도 진실이 있을 때 그것은 훌륭한 시로 자랄 수 있는 것이기 때문이다.

넷째로는 덕진 스님의 시들은 모두 깊은 신앙의 표현들이었다. 특별히 시를 만들려고 의식적으로 노력한 것이 아니라 신앙을 통해서 일어나는 구도적 보살심을 자연 발생적 언어로 표현해 놓은 것들이었다. 즉, 덕진 스님께 있어서는 그의 구도자적 생활이 바로 시요, 시가 또 한 수행의 과정이었다. 따라서 이러한 시는 일반적 예술성의 측면에서만 바라볼 것이 아니라 특수한

종교적 입장에서 바라보아야 한다고 생각했기 때문이다.

　다섯째로는 권선(勸善) 포교적인 시들이 있다. 문학적 성격보다는 포교적, 교화적 성격이 표출된 시들이다. 이는 포교나 교화를 목적한 것이 있는가 하면 아예 그것을 의식하지 않고 시에 대한 본격적인 이해의 부족으로, 권선 교화의 정신을 짧은 언어로 잘 표출해 놓으면 훌륭한 시가 되는 줄 알고 있는 경우의 시들도 있다. 불교시로써는 3급이다.

　여섯째로는 가짜 선시가 있다. 시도 모르는 자들이 선도 훔치고 시도 훔쳐서, 선도 욕되게 하고 시도 욕되게 하면서 선시라 하고 속여 먹고 있는 경우가 그것이다. 불교시라고 해서 다 선시가 아니요, 승복을 입고 있다고 해서 다 선승은 아닌 것이다. 선으로 시를 속이고, 시로써 선을 속여서 자신을 속이고 남을 속이는 가짜 선시가 그것이다. 최저급의 불교 주변시다.

　그렇다면 이 덕진 스님의 시는 어디쯤에 해당하는 시일까?

　이는 시에 대한 이해가 충분한 사람이면 자연히 알 수 있을 것이다. 그러나 독자들은 비평가의 말을 들어보고 싶을 것이다. 솔직히 말하자면 덕진 스님의 시는 둘째, 다섯째에 해당하는 시들이다. 이 시집의 시편들 일부는 신앙적 구도적 원력의 표출로써 시적 서정성이 충분히 담겨 있는가 하면 다른 일부들은 권선적 교화적인 교시적 기능의 시들이라고 할 것이다.

　그런데, 나는 여기서 주로 전자만을 이끌어 와서 언급하기로 한다. 그 이유는 덕진 스님이 아닌 다른 시인들의 경우도 그들의 시가 다 성공된 것은 아니듯이 덕진 스님의 습작의 시들도 마찬가지인 것이고, 또 이와 반대로 말한다면 많은 습작 가운데서 한

두 편만 훌륭한 시가 있다면 그것은 바로 시인으로서의 발전 가
능성을 논할 수 있기 때문인 것이다.

　‘까르르 까르르’
　정진삼매에 동참하는
　귀뚜라미 청순한 노래

　텅 빈 세숫간에서
　무얼 먹고 힘을 내었을까
　어디서 수련하여 목청을 다듬었을까?

　관 세 음 보 살
　관 세 음 보 살
　까르르 까르르
　까르르 까르르

　염불소리 노래소리
　노래소리 염불소리
　내가 귀뚜라미가 되고
　귀뚜라미가 내가 된다.
　　　　　〈귀뚜라미〉 전문

　물아일체가 된 정신의 세계를 잘 표현해 놓았다. 귀뚜라미 소
리와 관세음 보살을 부르는 소리가 하나가 된 세계이다.

이를 가리켜 삼매경이라고도 하고 무아경이라고도 한다. 이 시는 단순한 수사적 기교로써 감정이입(感情移入)을 넘어서 삼매경에서 획득한 융합의 상태를 보여주고 있다. 대상과 내가 융합되는 이러한 경지를 두고 상징주의 시에서는 '만물조응(萬物照應)'이라고 하지 않았던가.

우주의 만물은 그 이름이나 모양은 서로 각각이지만 기실은 서로가 서로를 있게 하는 하나의 힘 속에 존재하는 것이다. 그렇지만 눈으로 사물을 보는 이상적 사고 속에서는 그 사물들이 서로 무관한 각각의 존재로 파악되는 것이다. 이러한 분별 의식의 세계는 깊은 신앙이나 구도자적 염원의 절정에 이르면 일단 초월되는 법이다.

이 시는 바로 일상적 분별의 세계를 초월한 정신 속에서 이루어진 것이다. 시인이란 예나 지금이나 대상과 하나가 되는 자유를 획득했을 때 훌륭한 시를 쓰는 것이 아닌가. 이 시는 별로 기교도 없이 단순하면서도, 한 구도자의 정신 세계가 청각적 이미지로 선명하게 형상화 해놓고 있다. 또 앞의 시와 같은 계열의 시로써 구도자의 원력이 애절하게 서정화된 시 한 편을 더 골라 보기로 한다.

님이 그리워서 이름을 불러요
고요하고 잔잔하게 이름 불러요
나약한 철부지들 이끌어 주소서
우롱차게 거듭거듭 이름 불러요.

님의 모습 새록새록
허공 속에 녹아서
땅속에 스미어서
이름 불러요.

저 멀리 바다건너 계셔도
살금살금 염주를 세면서 건너가요.
님을 우르러 보며
온 몸을 다 바쳐 절을 올려요

님에게 온갖 것을 다 바쳐도
바치면 바칠수록
그 모두가 새롭게 진귀하게
저에게로 되돌아옴을 느껴요

〈님의 이름 불러요〉 전문

님을 그리워하는 구도자의 간절한 목소리, 기어이 님에게 도달하고자 하는 원력(願力)이 충만한 시다.

마치 만해 한용운의 시풍과도 같다. 그러나 만해의 시편들이 보살이 동사(同事)의 방법으로 중생으로 화현한 자유자재의 세계를 획득한 것이라고 한다면 덕진 스님의 이 시는 철저한 구도자로서 무애자재한 님의 품에 안기고자, 지심귀명(至心歸命)하는 시다. 수식도 기교도 없지만, 시인의 마음이 하도 진실하고 진지하기에 우리의 마음 속에 깊이 와 닿는다.

깊은 신앙의 체험을 통해서 얻은 시라고 하겠다. 이러한 시들이 이 시집의 주류를 이루고 있지만 이러한 시들만 쓴 것이 아니라 현실을 직시하고 그 비판 의식을 풍자적으로 표현해 본 것도 있고, 또 국토를 순례하면서 자연을 예찬한 시편들도 있다. 우선 '시인' 이란 제목의 시가 퍽 재미있어 인용해 보기로 한다.

시인은 시를 쓸 때도
명상을 할 때도
아무 일 아니 할 때도 시인이다.

임기도 퇴진도 근무처도
정한 바 없어서 좋다.
노임도 품위유지비도 없어서 좋다.

이것저것 맘대로 그려낼 수도 있고
품고 있을 수도 있다.

그래서 대 자유인
그래서 시인

그래서 대 해탈자이다.
그래서 시인이 좋다.

〈시 인〉 전문

이 짤막한 한 편의 시는 바로 덕진 스님의 시인관(詩人觀)이자 시관이라고도 할 수 있다.

시인들이 시인을 말할 때 얼마나 요설이 많은가. 화려한 수식어를 동원하기도 하고 실감나지 않는 자찬어를 나열하기도 하여 시인의 위대성을 강조할 때가 얼마나 많은가. 그러나 그러한 많은 요설들 보다 이 한 편의 시는 진정한 시인의 세계를 남김없이 일러주고 있다. 그러면서도 이 시의 문자 뒤에는 은근히 정치 시인, 평리 시인, 직업 시인(?) 등등 불순 시인들을 부끄럽게 만들고 있다. 훌륭한 고급적 풍자가 아닌가. 이 시 한 편 만으로도 덕진 스님은 훌륭한 시인이다. 시인에 대한 흠모와 비판이 함께 담겨있는 이 시야말로 시와 시인을 두고 오래 오래 생각하지 않고서는 이루어질 수가 없는 시가 아닐까.

오랜 구도자로서 정견(正見), 정념(正念)을 통해서 얻어낸 시라고 하겠다. 덕진 스님은 앞으로 이 '시인' 이란 시 같은 이러한 대자유의 시인이 될 것을 예고하는 것이 아닐까. 또 비판적이고 풍자적인 시 한 편을 더 인용해 보자.

가려 놓은 병풍을 기어이 넘보고
형형 색색을 붙여 나팔을 불어
귓전 요란하게
눈시울 찌푸리게 한다.

국민의 알 권리라 합시고
천진한 동자에게 흉악범죄 알려주고

착실한 농부에게 책임 없는
시세정보로 농사 용기 꺾어
일손 놓게 한다.

등산꾼 낚시꾼 농사꾼에
천기예보로 돕기도 한다.

좋다고 삼키지도 못하고
싫다고 얼굴 붉혀 쫓을 수도 없으니
그래서 방송도 신문도
불가원(不可遠) 불가근(不可近)이로고나

〈방송과 신문〉 전문

　오늘날 우리 언론의 지나친 상업성이나 그 혐오성을 간단한 비유들로써 풍자해 내고 있다. 표현은 비록 부드럽게 하고 있지만 날카로운 비판의식이 도사리고 있다. 성직자의 양심과 그 양식이 훌륭히 반영되어 있다. 제3연은 얼마나 아이러니컬한 표현인가. 웃음을 금할 수가 없다.
　우리는 한시도 신문 방송을 떠나지 않지만 그것을 혐오할 때는 또 얼마나 많은가. 글자 그대로 불가원 불가근의 신문 방송을 웃음끼 있게 꼬집고 있다. 또 이러한 시들과는 다른 우리의 국토나, 성지들을 순례하면서 얻은 자연 예찬적인 시편들이 일부 있다. 그 중의 한 편만 골라 보기로 하자.

길 섶에 샛노란 개나리
나무 아래도 강 건너에도
연분홍 진달래의 고운 빛 짙은 향기
큰 스님은 '아우아우 저 꽃 보아라'
연달아 연달아 감탄사
그 옆에 상좌승은
'어머나 우리 스님 너무너무 멋져요'
삼천리 진달래 꽃이
우리 스님 웃음 꽃 피게 한다.

〈춘천 가는 길〉 전문

소박한 동심의 세계를 자연을 통해서 표현한 간결한 시다. 그러나 상좌승을 등장시켜 '어머나 우리 스님 너무너무 멋져요' 라고 한 표현은 얼마나 경이적인 반전이며 새로운 이미지를 불러 일으켜 주지 않는가.

스님의 부동의 경지, 아름다운 것을 보아도 그만, 더러운 것을 보아도 그만, 이런 큰스님이 진달래꽃을 보고 감탄을 하는 모습은 상좌승에게는 새로운 놀람이다. 우리 큰스님께서도 꽃을 보고 감탄하실 줄 아는 저런 멋이 있을까. 새로운 발견, 경이감, 감탄, 미추가 원래 하나임을 익히 알고 있는 큰스님은 짐짓 이렇게 감탄으로 상좌승을 기쁘게 해주는 것이 더욱 재미가 있다. 얼핏 보기엔 단순하고 소박한 시 같지만 만만찮은 예술적 기법을 가지고 있는 시다."

결론적으로 김교수는 〈연꽃처럼 햇살처럼〉의 시집에서 "이

시집의 시편들을 요약해서 말한다면 첫째, 구도적 원력의 고백
이 중심을 이루고 있고 둘째, 현실 비판, 현실 응시적인 시편들
셋째, 자연친화적인 것이 그것이다. 그러나 이 세 가지가 모두 구
도자적인 수행을 통해서 얻어진 보살행과 보리심의 표현인 것이
다. 그 외 신변적 고백, 행사의 찬양같은 시편들은 더 정제되어야
할 것이다. 보리심과 보살행을 바탕으로 한 덕진 스님의 시가 정
말 그가 보인 '시인'의 시처럼 대자유를 얻기를 기대하며 덕진
스님의 문학적 정진을 바란다"고 하였다.

　덕진 스님은 자신의 시에 대하여 다음과 같이 쓰고 있다.

나의 시(詩)는 그때 느낌이다
그대를 찬양한다
자연도 찬양한다
진리의 연설이다
우리의 교훈이다

시는 느낌이지만 감상에 빠지지 않는다
시는 찬미요 인도자요
사랑의 회초리요
사자후(獅子吼) 교훈이다

야들야들한 감촉으로
껴안기도 하지만
서슬 번득이는 곤봉으로 후려쳐서

환하고 탄탄한 길로 이끌어 간다.

고뇌 씻는 청량제
병 고치는 선약(仙藥)
무명 밝히는 빛이 된다.

중국 풍경

　중국에 가서는 상해의 옥불사와 서안의 진시황 병마용지, 그리
고 북경의 만리장성을 보았는데 모두가 대륙풍이 있었다.

　섬세한 장엄 영롱한 빛
　자애로운 미소에
　참배객이 여로의 고(苦)를 씻는다.

　저기 저 달 속에 계수나무 박혔으니
　옥도끼로 찍어내어 금도끼로 다듬어서…
　어머니가 불러주신 노래 속에
　달나라에 귀한 옥이 있는 줄 알았는데
　이웃나라 부처님 되어 계시니
　그리던 먼 나라가 눈 앞에 있구나

　좋은 꿈 이상세계도
　산절한 뜻 있으면 도달하고
　안락정토(安樂淨土) 영원생(永遠生)도

원력으로 정진하면 이룬다고
부처님께서 가만가만 일러 주신다.

이것이 상해 옥불사의 전경이고, 다음은 서안 진시황의 병마용
이다.

동서고금(東西古今)에 자신을 최고로 만들고
모든 인류(人類) 중에 자신에게 가장 많은 투자를 한 사람

그 많은 투자가 중원대륙 7억 인구의
무진재산(無盡財産)이 되었다.
수많은 병마(兵馬)가 두 눈 부릅뜨고 지킨다.

병마토기 빚다가 채찍에 쓰러지는
선량 무고한 백성의 신음이 쟁쟁하다.
"황제폐하 만만세"라는 아부꾼의 함성까지
뒤범벅이 되었다.
"이 병마가 나라와 황제를 지킨다.
대역사(大力事)에 참여하여 쉬지말고 충성하라"는
위정자의 궤변이 시황제의 욕구를 채운다.
"충성이다 위민(爲民)이다"라는 구호의 처방은
독재자가 가장 필요로 하는 것
고금에 독재자가 잘 쓰는 처방이다.

다음은 '만리장성' 이다.

산 위에 장벽의 산
인산인해 고통이 쌓인 산
욕심과 차별의 한(恨) 많은 장벽

흙돌 모아 담쌓기 보다
선심덕(善心德) 상하(上下)융통 절실한 담
영구 평화의 담 되었으면?

달나라 별나라에서
중원국토 표시 내려고

온 인류 구경거리
힘의 과시 보이려고 쌓은 담장

부질없다 책망 말고
주관의 장벽돌 말문 닫힌 장벽
마음 속의 장벽이나 허물어 보자.

캄보디아 앙코르 성지순례기(聖地巡禮記)

프놈펜과 킬링필드

1996년 2월5일 아침 7시 김포공항에서 천진불회(天眞佛會) 스
님 일행 15명이 여행사의 안내인을 만났다. 출국수속 과정이 다

른 여행객보다 엄격하고 까다로웠다. 왜냐하면 비수교 국가이며 사회주의 국가인 캄보디아가 목적지였기 때문이었다. 세계 10대 불가사의 중의 하나인 앙코르 와트 사원을 참배하고 유적을 탐방하고자 가는 것이었다.

베트남 항공사의 보잉기를 타고 10시에 이륙하여 4시간 동안 창공과 구름 속을 비행하여 오후 3시경 베트남의 호치민(사이공)시의 공항에 도착하여 공항 청사에서 2시간을 기다렸다가 캄보디아 수도 프놈펜으로 가는 48인승 프로펠러기에 탑승했다. 프로펠러 소음에 귀를 막다가 창 밖으로 내려다보니 검붉은 벌판에 드문드문 나무가 있고 저수지 같은 웅덩이도 보였다.

그렇게 전후좌우 끝없는 평원이 전개되다 약 40여 분 후 역시 검붉은 벌판과 푸른 강, 그리고 숲이 뒤섞인 평원 가운데 나무와 집들이 뒤엉켜서 모자이크 된 시가지가 보이는데 그곳이 바로 프놈펜이었다. 공항에서 입국수속을 마치고 나니 현지 시간 오후 5시경이었다.

처음 탐방지는 킬링필드(죽음의 광장)의 백골탑(白骨塔)이었다. 문자 그대로 죽음이 널려 있는 벌판이었다고 생각된다. 1974년 폴 포트가 반란을 일으켜서 정권을 찬탈하고 자신의 반대 세력권의 사람을 무려 백만 여 명이나 무더기로 학살했다고 한다. 당시 캄보디아 전체 인구가 4백 여 만 명에 지나지 않았다고 전하니 그 참혹상과 잔인함이 가히 상상이 된다. 그리고 그 학살당한 시체를 프놈펜 외곽 들판에 쓰레기처럼 버렸다고 하니 폭도의 잔악함과 그 당시의 처절한 절규가 들리는 듯하다.

그 이후 사이누크 왕이 다시 정권을 회복하여 안정시키고 이러한 비극이 다시 없어야 한다는 교훈과 함께 무차별 학살된 영혼들을 위로하는 의미로 벌판에 널리고 묻혀진 뼈와 해골들을 모아서 탑 속에 몇 층의 시렁을 만들어 그 위에 쌓아놓았다.

아직도 본래 모습대로 보존된 해골들이 소복하고도 층층이 쌓인 것을 바라보며 개인의 권력 욕망과 정치적 대립이 낳은 비극적 참상을 가만히 생각해 본다. 그러면서 민족 화합과 평화, 법질서 확립의 소중함을 새삼 느끼게 되었다.

우리 일행은 망자를 위하여 반야심경을 독송하고 모든 원한과 고통에서 벗어나 극락왕생하기를 축원하였다. 그리고 나서 일행이 프놈펜 시내로 들어오니 오토바이와 자전거가 상당히 많이 다니고 승용차는 드문드문 다니는 모습이 눈에 띄었다. 낡은 트럭과 버스도 가끔씩 보였다. 얼마 후 동방프라자라는 한국 식당(한국인 경영)에서 쌈밥으로 저녁을 먹었다. 안내자의 말로는 한국 식당이 프놈펜에 세 곳이 있다고 했다.

2월 6일 아침, 호텔 근처에 사원이 눈에 띄어 안내자 없이 다섯 스님이 함께 가 보았다. 사원 입구 거리에서는 처음 보는 여러 가지 식품들을 팔고 있었다. 법당은 뒤편 문도 창문도 없는 낡은 집과 같았다. 훤히 터진 교실 안에서는 어린이들 수십 명이 공부를 하고 있었고 교사는 흑판에 무어라 적으며 복창을 시키고 있었다.

그리고 사원의 스님이 오셨다. 우리는 서툰 영어로 겨우 참배 승낙을 받는 데 성공했다.

큰법당 문을 열어 주어서 참배하니 그 스님은 향불을 피워 우리 일행에 한 분 한 분마다 향불을 나눠주어서 우리는 향을 향로에 꽂았으며 정중히 삼배 후 삼귀의와 반야심경을 봉독하고 보시 공양도 올렸다. 불단(佛壇)에는 부처님과 부처님 상수 제자상이 모셔져 있었으며 우리들을 주시하는 듯했다.

영원히 최상을 누리려는 대역사(大力事) 앙코르 사원

오전에 공항으로 나가서 앙코르행 비행기를 탔다. 작은 프로펠라기에 일행이 탑승했다.

나르는 비행기 창밖으로 아래를 보니 시야에는 호수와 평원 그리고 숲지대가 교차로 보이다가 큰 호수가 끝나는 지점 가까이의 시엠래프(SiemReap) 공항에 착륙했다.

조금 전에 보인 호수가 ‘톤렛삽’ 이라는 호수였다.

공항에 도착하자 소형버스가 대기하고 있었다. 일행은 버스를 타고 야자수가 가끔 보이고 이름 모를 활엽수가 띄엄띄엄 보이는 벌판을 달려서 한참만에 조그만 호텔에 도착하여 여장을 풀고 근처 식당에서 점심 식사를 마쳤다. 그리고 앙코르 성지에 갔다.

거대한 나무들이 즐비한 밀림의 길을 한참 달렸다. 출입구에서 입장권을 사서 경찰관이 있는 경비 초소에 입장권을 내고 약 2km를 갔다.

먼저 앙코르 돔에 갔다. 거대한 돌담과 돌 궁전 대문간으로 들어갔다. 한 덩이가 몇 톤씩 되어 보이는 다듬어진 큰 바위들이 검게 변한 담장을 이루고 성곽처럼 줄지어 쌓였다.

그러나 수십 미터로 보이는 몇 아름 굵기의 나무들이 돌담 성벽에 뿌리를 걸치고 휘감고 서 있다. 나무 뿌리가 돌틈을 비집고 자라서 담장과 건축물이 무너진 곳이 대부분이다. 무시무시한 돌담과 석조각물들이 허물어진 폐허의 숲속이다.

돌과 나무가 경쟁하는 가운데 어우러진 인공 축조물은 폐허가 되어가고 자연 밀림은 왕성하게 자라나는 광경이다.

해지기 전에 바켕 유적지로 향했다. 버스에서 내려서 벌판 가운데 우뚝하게 솟은 작은 돌산에 계단을 걸어서 올라갔다. 산 정상을 모두 사원으로 건축하였다는데 아직도 사방에 작은 탑과 중앙에 큰 탑사원이 있다.

여기에서 사방으로 보니 앙코르 유적에는 평원과 밀림과 들판이 보인다. 석양의 노을빛이 아름다워서 일행과 관광객이 모두 노을과 탑을 촬영하기에 바빴다.

이튿날 앙코르와트 사원에 갔다. 흐름이 멈춘 강물 위에 돌로 짜여진 교량을 건너서 거대한 사원, 거대한 궁전이 보인다. 중앙에 높이 솟은 대장 탑 모양의 궁전이 있고 사방에 같은 모양의 탑사원이 버티고 있다.

초등학생 또래로 보이는 런닝과 팬티만 걸친 채 새까맣게 그을린 맨발의 어린이들이 '웰 컴, 생큐' 하며 다정한 어조로 우리 일행에게 접근한다.

안내자의 말에 의하면 이곳 소년들은 이유없이 돈을 달라고는 하지 않고 가방을 들어주고 사진을 찍어 주는 등의 시중을 들어주고 나서 봉사료 조로 돈을 얼마씩 달라고 요구한다는 것이다. 그러면서 스님들께서도 이곳 소년을 하루 시자로 두시고 1~2달러만 주면 된다고 했다.

불교의 인과법을 존중하고 불로소득을 바라지 않는다는 정신이 살아있는 것으로 보인다.

그러나 시자를 자청하는 소년이 따라가다가 경비 경찰을 만나자 빨리 달아나 버려서 우리에게 불쾌한 인상을 주었다. 경찰은 구걸 행각을 하지 말라고 단속한다는 것이다.

앙코르와트 사원은 사방에 인공으로 파낸 강물이 있고 그 속에 한 변이 100미터도 넘는 직선으로 이어진 돌집 속에 방이 줄지어 있는데 이런 석조물이 사방으로 둘러서 있다.

석실로 줄지어 담장을 이룬 중간의 거대한 탑 아래 대문간을 지났다. 좌우로 초원이 펼쳐진 가운데 난간이 있는 돌길을 지나서 근본 건축물로 들어섰다.

밖에서 보기에는 사방에 난간이 있는 거대한 사각형 기단 위에 사방으로 돌 궁전이 이어져 있다. 네 모퉁이마다 근엄하고 거대한 인물이 사방을 굽어보는 인물상의 탑이 우뚝우뚝 솟아 있다. 한 머리통에 얼굴이 사방으로 하나씩 있어서 이것을 사면불(四面佛)이라 부른다. 중심에도 거대한 인물상(佛像)이 하늘을 찌를 듯이 높이 솟아 있다. 일행은 건축물 안으로 들어갔다. 즉, 거대한 불상이 앉아 있는 밑으로 들어갔다.

수십 미터의 길이와 5~6미터 높이로 석벽이 장엄하게 펼쳐지는데 벽 전체가 정교하고 섬세한 조각 작품으로 장식되어 있었다. 벽은 쌓아 올린 수 톤 무게의 큰 바위가 차근차근이 쌓여 있는데 바위끼리 연결한 부분이 종이 한 장 들어갈 틈도 없이 정교하다.

큰 바위 자체에다 시바신, 비슈누신을 비롯한 인도 힌두신앙의 신들과 왕의 행렬, 천녀들의 모습 각종 짐승, 꽃 등등 신과 사람과 자연을 총망라한 상을 아름다운 미술 조각으로 새겨 놓았다.

과연 사람이 이렇게 거대한 일을 할 수 있을까? 분명 사람이 했을 것인데 얼마나 많은 사람이 동원되고 얼마나 많은 장인(匠人)과 장비가 동원되었을까? 상상을 초월할 만큼 장대한 규모의 구조물 앞에 모두들 말문이 막혀 버렸다. 그러므로 앙코르와트 유적을 세계의 불가사의라고 말했으리라.

건축에 쓰여진 돌은 수 백 리 밖에 있는 것을 코끼리로 이용해 싣고 왔다고 전해진다. 그리고 코끼리상도 여러 곳에 보인다. 거인이 우뚝 앉아 있는 모습의 돌탑 속에 궁전이 있다. 조성 당시에는 그 때의 왕이 돌아가신 부모님을 모시기 위한 궁전이고 그 옆의 큰 돌 궁전은 자신의 사후에 묻힐 궁전으로 조성하였다고 하는데 그 왕은 이렇게도 무궁무진하게 돌을 다듬어서 궁전을 짓느라고 왕실과 나라가 멸망했다고 한다.

그 후 태국의 왕이 지배하면서 앙코르 궁전에 부처님상을 모시고 사원(寺院)이 되었다고 한다. 지금도 중앙 석실과 그 외 중요한 공간에는 불상이 모셔져 있어 향 피우고 참배한다.

앙코르와트 사원은 그 자체가 정교한 솜씨로 빚어낸 조각품이다. 사람 키보다 훨씬 큰 바위를 마음대로 주무르듯 약 5~6층 건물만큼 크고 높은 인물상을 아주 자애롭고 아름다우면서도 위엄있게 조각했으니

캄보디아 앙코르와트 밭에서.

설계와 미술, 돌 다루기 등등의 기술과 예술적인 솜씨는 현대인
도 가히 따라갈 수 없다고 생각된다.

이곳 평원 밀림 속에 이와 비슷한 규모의 사원이 여러 곳에 있
다고 한다. 모두 견학하지는 못했지만 같은 얼굴이 사방으로 보
는 사면불로 모든 탑의 상부에 있었다. 사면불이 그 당시 사방세
계를 지켜주는 신앙의 구심점이 되었다고 추측해 본다.

이곳 앙코르 유적지는 그야말로 불가사의이다. 캄보디아의 최
대 문화재이며 관광수입도 최상이라 한다. 앙코르 사원을 조성
한 국왕들은 사람의 양심이 아닌 인간을 초월한 생각이며 국민
을 자신의 이용물로 생각하고 부려먹었다는 생각이 문득 든다.
이곳 앙코르와트 사원은 먼훗날까지 인류의 큰 유산이 될 것이
다. 이튿날 톤렛샵 호수로 갔다.

수 상 촌(水上村)

― 캄보디아 톤렛샵에서 ―

흙탕물 거울에 얼굴을 보고
그 속에 대소변하고 낯 씻고 세탁까지…

뙤약볕 물바람에 검고 검은 얼굴
그물 잡은 팔뚝에 역동하는 힘줄
생명끈이 질기어 자연속 던져 둔다.

고깃배에도 유람객에게도

천진미소로 손 흔든다.
햇살 좋아 물결 좋아 정이 들어서
조각배에 띠움막 짓고…

벽없는 간단방에 아들딸 줄줄이
망망장단 뱃노래에
한세상이 한가롭다.
그 속에 대소변하고 낯 씻고 세탁까지…

뙤약볕 물바람에 검고 검은 얼굴
그물 잡은 팔뚝에 역동하는 힘줄
생명끈이 질기어 자연속 던져 둔다.

고깃배에도 유람객에게도
천진미소로 손 흔든다.
햇살 좋아 물결 좋아 정이 들어서
조각배에 띠움막 짓고…

벽없는 간단방에 아들딸 줄줄이
망망장단 뱃노래에
한세상이 한가롭다.

미얀마 성지순례

2001년 1월 4일부터 11일까지 7박 8일 동안 미얀마 종교성의 정식 초청으로 부처님의 사리를 모셔왔다. 덕진 스님과 강사 정암 스님, 그리고 신도회장 서진태님, 부회장 박말연님, 동문회장 소복심님과 일행 18명이 함께 갔다.

1월 4일 TG639편을 타고 오전 9시에 출발, 방콕 현지 시간으로 2시 45분에 도착하였다. 다시 6시간을 기다려 TG305를 타고 양곤에 도착하니 현지 시간 오후 5시 45분이었다. 먼저 종교성 차관과 국장을 모시고 저녁 공양 후 호텔에 들어갔다.

미얀마 사람들의 체구는 그다지 크지 않으나 몸이 한국인처럼 생겨 몽골리안 계통 사람과 같이 다정하게 느껴졌다. 모두가 독실한 불자들이라 스님들을 보면 깍듯이 인사하였다.

이튿날 7시, 국내선 비행기를 타고 파간으로 갔다. 파간은 우리 나라 옛 경주와 같아 800년 전까지 존재하던 불교 유적군 가운데 특히 크고 작은 탑이 자그만치 1만8천 개나 남아있었다. 그 가운데 복구가 완료된 것만도 2천8백 개에 달하는데 그 중 대표적인 쉐지곤, 마누하, 탓빈유, 아난다, 바파야, 틸로밀로 파고다와 몇 개의 사찰에 들렀다. 탑은 대부분 순례지로써 많은 관광객들이 구경왔으며, 사원은 수도원으로써 스님들이 공부하는 곳이었다.

특히 세지곤 파고다에서 '윈가바'라고 하는 성불의 길을 굽이굽이 돌면서 맨발로 걸어서 염불하면서 약 반시간 정도에 다 돌았다. 참으로 신심나고 재미도 있는 신행 정진의 시간이었다.

우리 나라 같으면 법당은 대중 수행처이고 요사는 스님들만 사는 곳인데, 요사에는 일반인의 출입이 금지되어 있는 수도원으로 되어 있었다.

그러나 우리는 가이드들의 특별한 배려로 간혹 스님들의 수도처를 들렀는데, 하루에 한끼씩만 먹고 공부해서인지는 몰라도 대부분의 스님들이 대중방에 나와있지 않았다. 지도자 몇 사람만 나와 안내를 할 뿐이었다.

파간은 과거 굉장한 불교 도시로 발전하였으나 800여 년 전 몽고병난을 만나 쑥밭이 되었고 최근 300년 사이에는 풀도 없는 사막으로 변했다가 1950년대부터 기후 풍토가 달라지고 유네스코에서 세계유적지로 정하면서 복구하게 되었다고 하였다. 특히 아난다 사원과 틸로밀로파고다는 참으로 아름다웠으며 마치 천주교의 빌딩을 연상하게 하였다.

제3일은 국내선 비행기를 타고 만달레이로 가서 버스로 몽야로 이동 백만불사원 딴보디와, 세계 최대의 와불인 보디따따웅을 방문 20만 평이 넘는 불교유적지를 돌아 보았다.

14세기 샨족들이 마련한 불교유적들은 이름 그대로 7보궁전이었고 푸른 숲과 하얀 탑의 조화는 한 장의 그림과도 같았다.

우리 일행은 예불 독경하고 우나라다 큰스님께 호신불과 불심과 큰스님의 법력이 서린 은방울 구슬도 각각 받았다.

보디따따웅선원에 이르러 우나라다 큰스님을 친견하고 부처님 진신사리를 이운하는 대법회를 가졌다.

불그스레한 가사를 거무티티한 몸에 걸치고 한 손에 발우를 들고 한 손에는 부채를 들고 닥밥하는 스님들의 행렬은 미얀마가 아니고는 보기 드문 풍경이었다. 깨끗한 복장에 부채를 든 모습이 조금 다르기는 하지만 부처님 당시 1,200대중이 탁발하던 모습이 연상되어 불교의 전통의식이 이곳에 살아있는 것을 실감하게 되었다.

제4일, 우리 일행은 아침 공양을 마치고 다시 만달레이로 돌아와 사가잉언덕 사원의 화려함을 보았다. 49불상 등을 모신 동굴에서 염불정진하고 시주물도 올리고 오후에 세계 최대의 석경전(石經典) 쿠도도 파고다 729개와 세계에서 가장 큰 옥불을 모신 치욱탓지, 화려한 금불상을 모신 마하무니 파고다에서 순금박을 사서 직접 붙여보고, 많은 참배객들도 염불 독경하고 학생은 단체로 주문을 외우는 모습은 부처님께서 살아서 등장하신 듯한 신비감과 환희심을 주었다. 이곳을 순례하고 국내선으로 양곤으로 이동하였다.

쿠도파고다는 보리수나무처럼 깎은 하얀 옥돌덩이에 부처님의 경전을 새겨 하얀 탑속에 세워놓았는데 그 정교함이야말로 우리나라 고려 팔만대장경에 지지 않을만 하였다.

치욱탓지의 옥불은 미얀마이기 때문에 가능하지 그렇게 큰 옥을 어느 곳에서 구할 수 있다는 말인가. 높이가 2층집 만하니 그 체구야 짐작이 가리라.

마하무니 사찰의 금불상은 원래는 철로 만든 것인데 많은 사람들이 매일 금을 붙이다 보니 지금은 700관이 넘는 엄청난 금불상이 형성되었다 한다.

좌우로 늘어선 불구점들을 보니 얼마나 많은 사람들이 왕래하고 있는지 짐작이 간다. 전세계 곳곳에서 모여온 환자들이 자기 아픈 곳에 금을 붙임으로써 병을 치료하고 있다지만 거기 와서 다른 사람들의 신행하는 모습을 보고 깨달음을 얻어가는 것을 보니 신행과 기도가 자연히 포교의 일환으로 인식되었다.

실로 미얀마 사람들은 우리처럼 사람들을 많이 모아 놓고 강연을 한다든지 법문을 하는 불교보다는 조용히 부처님 앞에 나아가 염불을 하며 예배 공양을 하므로써 실천적인 불교를 하고 있다는 것이 크게 특징적인 것으로 이해되었다.

제5일, 우리는 전용버스를 타고 미얀마 종교성을 방문하여 기념품을 전하고 종교성 박물관에 오래된 불상 불구의 진귀한 유물 수 백점과 패다라 나무잎에 적은 인도 경전과 패엽경을 직접 써보기도 하면서 남방 경전과 문화를 조금씩 이해했다. 세계 각국의 대장경을 모두 모아 놓은 곳을 둘러 보면서 그곳에서 우리나라 한글대경도 보니 감회가 새로웠다. 미얀마 최고의 상징인 종정 딤바폐하를 예방하고 준비해 간 선물을 공양올리고 감사장도 받았다. 종정 스님은 나이는 많으셨지만 정말로 정정하였고 말씀도 소곤소곤 조용히 하였다. 청정 자비의 광명이 저절로 그 몸 가운데서 풍겨 나왔다.

낮에는 위빠사나 명상센터인 마하시 수도원을 방문하였는데 그 속에 세계 각국에서 몰려온 6천여 명의 수행자들이 공부하고 있다고 하였다. 명상센터여서 그러는지 그야말로 조용하였다. 대개 이 명상은 마하시 스님이 개발한 전통적인 불교 명상 방법인데 옛날에는 스님들만 하던 것을 개방하면서 세계적인 명상센터로 크게 발전하였다고 하였다. 우리도 여기서 한참동안 좌선 명상을 했다.

오후에는 6차 불교 경전을 결집한 마하파따나 동굴을 방문하였는데 미얀마에 10만 게송을 외우고 있던 스님이 있어 동남아 여러 석학들이 인증한 가운데 인도 칠엽굴을 연상하며 이 동굴을 만들고 제6차 결집을 하게 되었다는 것이다.

앞에는 송출자(誦出者)가 나와 외우도록 한 단이 있고 그 옆에는 각각 질문자들이 앉아있는 장소가 있으며, 좌우 전면에는 500명의 성승(聖僧)들이 앉아 이를 증명하는 자리가 있었다. 오늘도 삼장법사 시험을 보고 있다.

잠시 쉬는 시간을 기다려 그분들께 우리 일행이 볼펜을 하나씩 선물했다. 주는 자, 받는 자 모두 기뻐했다.

지금도 이 자리는 국내 최고의 석학들이 모여 불교를 포교하는 자리로 사용하고 있다 하였다.

오후에는 부처님의 진신사리가 모셔져 있는 까바의 파고다에 가서 우리 일행 20명이 똑같이 마정수기(摩頂受記)를 하였다. 은 쟁반에 부처님 사리와 사리불과 목건련의 사리를 모셔놓고 머리 위에 얹어 축원한 뒤 내려놓는 의식인데 미얀마 종교성 사람들이 직접 와서 우리들을 친절하게 안내해주고 또 기념사진까지 찍어주었다.

그리고 마지막으로 치욱타치에 이르러 미얀마 최대의 와불상(臥佛像)을 보았는데 이 또한 장엄하였다. 눈매가 살아있는 듯이 선명하고 얼굴에 생기와 자비의 미소가 넘쳐서 모두 감탄했다.

제6일에는 부처님의 머리칼이 모셔진 보타따웅 파고다를 방문하고 또 미얀마 불교의 상징인 쉐다곤 파고다를 순례한 뒤 공항으로 이동 TG306호를 타고 태국으로 돌아왔다.

부처님의 머리칼은 지금으로부터 2590년 전 부처님께서 마갈

타국 붓다가야에 앉아 도를 깨치시고 삼매에 들어 있었을 때 미얀마의 행상 제수(帝須)와 발리카(跋利迦)가 부처님을 뵙고 공양한 뒤 기념품으로 받은 머리칼 8가닥을 모셔 탑을 세운 것이니 아마 우리 불교 역사로 보아서는 가장 오래된 실물 탑이 아닌가 생각되었다. 놀랄만한 일은 쉐다곤 파고다는 역시 그 머리칼 몇 가닥을 가져다 안에 넣고 세운 황금탑인데 그 높이가 자그만치 99.6m나 된다는 사실이다. 이 탑 주변에 붙어있는 크고 작은 탑이 수 백이며, 불상도 일천 수 백이다. 온 국민의 신앙기도처며 순례지, 관광지, 의지처, 자랑거리가 되고 있다.

비행기를 타고 내려다보면 방콕 시내에서 가장 먼저 눈에 띄는 건물이 바로 이 쉐다곤 파고다다.

제작년까지 300년 만에 개금을 하였는데 거기 들어간 금값이 8천억원에 달했고 낙성 후 들어온 기금을 계산해 보니 1조4천 억원이 넘게 들어왔더라는 것이다. 진실로 부처님의 복은 무량하다는 것을 또 한번 느끼게 되었다.

1년 내내 25℃부터 36℃의 여름 날씨를 가지고 태풍 한번 없이 3모작 4모작을 하고 사는 미얀마 사람들. 그들의 얼굴에는 근심과 걱정이 보이지 않았다. 너무나도 다정하고 순수하여 그대로 주저앉아 함께 살고싶은 생각이 간절하였다. 양말없이 샌달로 거리를 다니고 사원에서는 입구부터 맨발로 다녀보니 시원하고 발이 편했다. 우리 인간은 왜 옷과 장신구와 기계 문명에 얽매여 살아야 할까?

덕진 스님은 생각 따라 시 한수를 읊었다.

인도불교가 망했다 하나
미얀마에 이르러 그 전통이 살아있네
푸른숲 따뜻한 날씨
다정한 인민들의 소박한 삶은
오히려 과학문명을 까마득히 등진 채
원시시대를 살아가고 있었다.
태풍도 폭우도 굶주림도 헐벗음도
욕되지 않게 살아가는 사람들이여,
부처님의 복과 지혜 속에
영원하리라.
영원하리라.

부처님 뜻을 따라 생활하고 부처님의 수행을 그대로 본받아 실행하고 온 국민이 불자이며, 대도시 시내에는 숲속에 나무와 탑들이 같이 보이고 그 속에 시민의 주택이 있다. 하얀소 두마리가 끄는 수레는 장거리 도로에나 논밭에도 보인다.

컴퓨터와 기계 문명과 경쟁하느니 보다, 자연과 친하고 자연산물로 살아가도 마음만 편하고 신체도 강건하다.

덕진 스님은 인도 부처님 사성지와 미얀마 불교 성지순례를하고 미얀마에서 진신사리도 모시고 왔다. 그런 기행문과 연작시가 많은데 일부만 소개한다.

히말라야 산기슭 네팔 땅
인도와 국경도시 바이라와에서 이십키로

더 넓은 평원 작은 나무 성글게 섰는데
퇴색된 스레트지붕 오두막 집안에
마야 왕비는 무우수을 부여잡고 아기 왕자가 탄생하는
조각상이 초라한데 호롱불 수십개가
외로움과 감동을 함께 태운다.

구룡토수(九龍吐水)로 목욕시켰던 연못가에
아름드리 보리수 푸른빛 물위에 뜨고
순례자의 얼굴도 함께 뜬다.
굴뚝처럼 우뚝 솟은 황토색 돌기둥에
아쇼카 대왕의 교지(校旨)가
카로슈티 문자 네줄로 새겨졌다.

그 뜻은
"신들에게 사랑받은 인자한 왕은
즉위 이십년에 이곳에 와서 몸소 예배드렸다.
이곳은 붓다 석가모니 탄생지이니 돌기둥에 돌로
마상(馬像)을 만들고 세금을 감면하여
생산의 8분의 1만 부과한다" 라고
학자들이 해석했다.
비석은 부러져서 인류의 큰 스승도
위대한 제국의 대왕도 무상함을 외친다.

그 옆 옛날 사원터에 박물관을 짓다 말고

낡은 휘장만 둘러 놓았다.
뜻을 받드는 자 재물이 없고
재력가는 뜻이 없구나!

수백보 앞에 왕릉처럼 볼록한 터 위에
남근(男根)처럼 솟은 탑.
행인마다 어루만지며 소원성취 빌었던 손자욱이 미끄럽다.

룸비니원 사방 십리 곳곳에
한국절과 외국절이 순례객을 맞이한다.

이 넓은 초원에 만인 스승 석가모니 탄생하시니
빛은 길고 길며 감동은 가슴마다 크게 울린다.

<부처님 탄생지 룸비니원> 전문

인도대륙 동북부 가야시에서 12킬로
깨달음 이루신 곳이라 '붓다가야' 라 한다.

넓은 들판 가운데 촌락
그 중심에 우뚝 솟은 대보리사(大菩提寺)
높은 탑 사각면마다 수백의 불상이 층층이
조각되어 온도량 곳곳에서 보는 이 시선마다
굽어 살펴 보시고
사각뿔형 탑속 하단의 작은 불당(佛堂)엔

참배객이 줄지어 섰다.

그 옛날 싣달태자 길상초 깔고 앉아
명상 중에 모든 번뇌 물리치고
진리 통달 부처이룬 그 자리에
그때의 보리수 손자 나무가 우람하고 싱싱하다.

그 나무 아래 금강보좌(金剛寶坐)엔
고운무늬 실크 융단 깔려있고
불교상징 깃발들은 나무를 장엄했다.

다른편 정원의 마루판 위엔
검은 얼굴 붉은 가사 삭발한 스님들
나와 함께 팔다리 모두 뻗쳐
배까지 대고 오체투지(五體投地) 예배하며
님의 苦行 쬐끔이나마
따라하며 땀방울 쏟는다.

그 맞은편 담장 넘어 네모진 무찰란다 연못
흐린물에 푸른 연잎 붉은 연꽃 조화로워
야~ 멋지다 박수갈채.

연못 중심에 뱀의 긴 몸으로
둥글둥글 감아 올린 좌대위에

명상중인 부처님 두상까지
뱀의 넓은 머리 위로 덮고 있다.

그 앞에 부산불교연합회 큰 스님과 불자들
자비방생 축원염불 장장하게 울린다.

부처님 四大聖地에 조형물 중에서
가장 온전히 보전된 대탑과 연못
그 사이 잔디에서 일행의 촬영은
기쁨과 추억.

권력과 종교가 무상한데
그런 중에 원형대로 보존됨은 불심의 힘
세계불교 성지 중에 참배객이 가장 많다.
깨달음 빛
지혜의 힘
자비의 인연
한량 없구나!
영원하구나!

〈붓다가야 대탑〉 전문

미얀마 몽유화 지역 대평원 중심 아늑한 산에
근엄하신 부처님 황금가사 덮으시고
단정히 누워 계시니 장장 사백척(尺) 높이 일백척

밝은 얼굴로 굽어 보시니
불자들의 주문소리 낭낭하구나.

그 아래 하늘 찌를듯한 높은 파고다와
주변에 전각들이 조화롭다.

삼천그루 보리수 마다 불상은 일산을 쓰고
그 중심에 세 마리 큰 코끼리 탄 좌불상은
자비로운 미소로 화답한다.

앞들판에 사찰이 설립한 학교와 병원
주민에게 인성교육 자비진료 중심되었다.

이 거룩한 大作佛事를 원력 지혜로 이루시고
지역 문화재도 총괄하시는 만백성의 스승이신
우나라다 큰스님 평범한 체격의 동양인인데
지혜 힘과 복덕은 어디에서 나올까?

우리에게 신비로운 진신사리 주시고
선물과 미묘법도 주시니 환희와 감동의 절을 올렸다.

아~ 꿈도 아닌 저승도 아닌
현실 속에 부처님 나라!
아름답고 평화로운 불국정토!

〈보디 따따웅 대사원과 우나라다 큰스님〉 전문

항공기 창아래 그므레한 평원지나
푸른점 붉은점이 무늬 놓인 벌판을
가르는 은빛 강물 반짝인다.
한가로운 고도(古都)바간
위용 떨치던 바간 왕조의 도읍지가
쇠망한지 팔백여 년 궁전도 민가도
흔적없고 진녹색 활엽수와
붉은 벽돌로 쌓은 탑들만이 오뚝 오뚝
서로를 지켜 본다.

화려한 황금사원 쉐지곤 파고다에
맨발로 엎드려 부처님 뵈옵고
순례객은 윈가바를 돌면서 일심으로
석가모니불 석가모니불
의상대사의 화엄 일승 법계도를
돌듯이 꼬불고불 돌아돌아
自性 찾아 성불의 길로 다시 나선다.

잔시타워 왕의 손자가 더위 막아 지은
글선방을 보며 先人 수행을
새삼 본받는다.
일천여년 전 마누아 왕은 아누랏다 왕에게
패전하여 감금되었다.
감옥에서도 삼십척 좌불상을 조성 했건만

사방 벽에 맞닿아서 절할 틈도 없다.
감방의 벽전체에 섬세하고 아름다운
불상과 만다라를 새겨 놓은 마누아 파고다
적군 왕에게 권력은 빼앗아도 불심과 신앙생활
보장해준 아누랏다 왕은 성군(聖君)이였다.

파간지역 최고(最古)인 부파야 파고다
옥불상을 보고 아아~ 아름다워라
일행은 감탄하는데 법당 뒤
이라와디 강물은 장광설법(長廣說法) 유유하다.
쉐산도 파고다 높은 꼭대기는
수백년간 벌판을 구어 보다가
몇해전 지진에 부러져서 새단장 했으니
만고유산(萬古遺産)도 무상자연 어김없다.

석가부처 오래 모시고 팔만대장경 암송하신
아난다존자의 거대한 입상이 각각 사방에
버티고 서 계시는 아난다 파고다
참배자가 존상을 우러러 보면 멀거나 가깝거나
보는 이 시선마다 존상의 시선과 마주 하니
신기한 조형술에 새삼스레 감탄한다.

사방을 둘러봐도 지평선 아득한데
붉은 벽돌 탑들 만이 겹겹이 점점이 …… 이천 팔백여 개

파간왕조 시대에는 집집마다
정성 모아 탑세우고 매일같이
집안 안녕 나라 번영 빌고 빌었지.

불법승탑(佛法僧塔)
원력탑 조상탑 기념탑 등등
수천개가 있었다고 전해온다.

<탑의 고도(古都)바간> 전문

제10편 | 기　타

포교를 위한 도예전과 신허 스님의 법어

　신허 스님은 통도사 주지 스님이시다. 정토사 주지이신 덕진
스님께서 창건 12주년을 기념하여 '포교를 위한 도자기 전시회'
를 계획하자 다음과 같은 법어를 내려주셨다.

　　修印淨土 再六年法輪轉
　　尊身顯煥 巍巍海上孤峰
　　妙塔莊嚴 耀耀星中圓月
　　住深法性 慈光明太虛空

　　정토사를 창건 수행하며
　　12년간 교화에만 정진하였도다.
　　거룩한 몸 빛이여,
　　높고높아 바다에 우뚝 솟은 산이요
　　오묘한 탑 장엄하니
　　빛나고 빛나는 별 가운데 둥근 달이라
　　깊이 법성에 안주하니
　　자비 광명 태허공에 비치네

도자기는 봉선사 출신 강화 무애원 설봉스님께서 마련하였는데 스님께서는 불기 2534년 6월 세종문화회관에서 처음 초청전을 하신 이래 불기 2539년 4월 전통공예대전에서 금상을 받을 때까지 부산 상공회의소, 대전 MBC, 부산 KBS, 대구시민회관 등에서 많은 전시회를 가졌다. 모두가 소년·소녀 가장 돕기, 국군 포교 기금, 불교 방송 기금마련 등을 위한 헌신적인 작품 활동이었다.

이번에도 정토사 포교기금을 위해 봉사하셨는데 여기에 출품된 작품들은 경봉 스님의 '달마대사'와 '반야심경', 월하 대종사의 '불은충만(佛恩充滿)', 박정희 대통령의 '민족중흥'과 성파 스님의 '산대석양 반변홍', 석천선생의 '생활도자기'가 중심을 이루었다.

一心精進求正覺
平常敎化眞慈悲

한마음으로 정진함이 깨달음을 구함이며
평소에 항상 포교함이 참된 자비이다.

목련의 집 운영

함께하는 사람들 급식관 목련의 집은 지난 1998년 11월 울산 지역의 실업문제를 해결하기 위한 실업극복 지원센터로 출발하여 2년 간 저소득 실직자에게 급식과 관련한 여러 가지 후원 사업을 병행, 실업의 제 1선에서 활동해 왔다.

　그러나 지금 IMF는 끝났다고 하나 2년 전 보다 어려운 불우세대는 여전히 줄지않고 도움을 기다리고 있다. 또한 4, 50대의 구직난은 가족 해체로 이어져 그나마 자식에게 의존하시던 노인분들마저 한 끼의 식사를 마련하기 위해 온종일 거리를 헤매시며 종이를 모으고 계시고, 손자 손녀를 떠맡으신 분들은 당신들의 식사를 챙기기엔 너무나 힘든 현실에 있다.

　그래서 이러한 불우노인 및 생계 곤란한 세대를 대상으로 보다 많은 도움을 드리고자 뜻을 같이 하는 분들과 '함께하는 사람들'이란 새로운 명칭의 시민봉사 단체로 조직을 확대 개편하게 되었다.

　세상을 살아가는 모습들은 저마다 다르지만 모든 사람들이 한 번쯤은 겪을 수 있는 고통과 어려움을 함께 나누며 살고자 최선의 노력을 다하고 있는 곳이 목련의 집이다.

　목련의 집에서는 다음과 같은 일을 주로 하고 있었다.

　① 무료 급식 〈목련의 집〉

　무료 급식은 180여 명의 자원봉사자의 참여로 이루어지며 매일 일백수십 명 이상 이 급식을 받고 있다. 급식은 주 6일(월~토) 중식을 제공하며, 주 대상은 지역내 생계 곤란한 세대 및 불우 노인세대, 행려인 등이다. 본 급식관(목련의 집)은 전액 후원으로 운영되고 있어 급식물품 및 후원금의 지원이 필요하였다.

　② 도시락 나눠주기 ③ 무료 진료 상담 ④ 법률 상담 ⑤ 이·미용 봉사, 한글학교 운영 등을 하고 있다.

덕진 스님의 법어

1. 죽을 몸이면 산 사람을 위해서 써라

스님은 매년 새해가 되면 간절한 마음으로 부처님께 발원하고 또 신도님들께서 기도를 오게되면 한 사람의 이름도 빠뜨리지 않고 축원해 주신다.

"희망찬 새해가 찬란한 빛 비추니 온 정성 가다듬어 발원하옵 나이다.

부처님 대자비 광명이 방방곡곡에 가득하여 온 국민 개개인의 마음속 깊이 비추어 탐진치의 어둠을 밝혀서 슬기롭고 환희에 차게 하옵소서.

세계도 자연도 변화하는 가운데 변함없는 불심(佛心)으로 창조와 발전을 이루도록 원력을 세워 차근차근히 실천하겠습니다.

또한 아집과 편견을 버리고 '내 것이다, 내 편이다' 라는 틀을 벗어나 가슴을 활짝 열고 대화하며 화합과 번영을 향하여 힘차게 힘차게 나아가고자 발원합니다.

부처님의 계율을 새삼 되새겨 예의범절 지켜 질서규범 정착되고, 정직과 겸손으로 서로 믿고 돕게 하소서.

부처님 자비정신으로 생명을 존중하고 생명을 상하게 하는 질병, 사건 사고는 없도록 예방점검을 철저히 하게 하옵소서.

천수천안(千手千眼)으로 우리 강산을 살피고 우리 얼을 지켜 주는 부처님.

아직도 님의 묘법(妙法)을 모르는 자, 님의 자비로운 품안으로 오게 하시고, 바른 신행을 못하는 자에게 바로 배워 쉼없이 정진하게 하시고, 배우고 행하는 자에게 대승보살의 원력으로 불교를 조리있게 전하여 온 겨레를 정법의 도량으로 인도하여 정각 성취 그 날까지 정진에 정진을 거듭하게 하소서.

만인의 자애로운 어버이신 부처님.

우리 모두 번민과 불화는 없고 밝은 소망 이룩되어 가정과 직장마다 행복한 웃음 가득한 밝은 세상 보람찬 나날 되게 하소서.

그리고 언제나 어디서나 부처님처럼 자신을 잘 가꾸고 중생을 제도하는 참다운 불자(佛子) 되게 하소서.

나무 마하 반야바라밀

나무 석가모니불."

이것은 을해년 새해 아침 발원문이다.

그런데 이렇게 기도하고 발원하여도 뜻대로 잘 안되는 때가 있다. 한 보살님이 아들의 대학 입시기도와 남편의 진급을 발원하고 백 일 동안 열심히 기도하였는데, 아들은 겨우 일류 대학에 붙었으나 남편은 진급이 되지 않았다. 남편은 진급이 되지 않았다고 화를 내면서 날마다 술로 살고, 아들 또한 일류대학에 들어갔으나 마음에 드는 학과가 아니라고 하며 1년 간 다시 재수한다고 고집을 하니 그 사이에서 어머니만 걱정하게 되었다.

"스님, 어찌하면 좋습니까. 죽고 싶은 생각 뿐입니다."

"모든 것은 부처님께 맡기고 다시 기도하십시오. 부처님의 마음은 바다와 같은 분이라 구정물이고 흙탕물이고 다 받아들입니다. 높고 낮은 것을 가리고 귀하고 천한 것을 구분하는 것이 인간의 마음이지만 부처님은 흥망성쇠 길흉화복 속에서 한 가지도

버리지 않고 한 마음 한 뜻으로 감싸 안고 계시니 모든 생각을 다 비워버리고 열심히 기도하십시오."

과연 그는 이듬해 봄 남편은 진급하고 아들도 희망하는 학과에 진학하게 되었다. 중생의 마음은 천차만별하여 분별심이 많으나 부처님의 마음은 큰 거울과 같이 생긴대로 비춰주기 때문이다.

한 보살님이 남편에게 딱지맞고 자식에게 배신당하고 자살하려 하다가 마지막에 부처님께 고하고 죽어야지 하고 불공을 왔다. 부처님께 마지를 올리고 한 시간이 넘도록 울다가 일어나 밖으로 나오자 웬 중풍환자가 일어났다 앉았다 일어났다 앉았다 몸부림쳤다. 보살님께서 조금 부축을 해주니 지팡이를 짚고 걸어가면서 '보살님 고맙습니다, 보살님 고맙습니다' 하고 백배 사례하였다.

이때 그 보살님은 '죽을 몸이면 산 사람을 위해 쓰라' 하시던 덕진 스님의 법문을 생각하고 '그래 세상은 열 두 가지로구나. 이 몸이 닳도록 몸부림쳐도 배신하는 사람이 있는가 하면 잠깐 한 순간 붙들어줘도 고맙다는 사람이 있으니 죽을 바에는 차라리 산사람을 위해 이 몸을 쓰다 가리라' 하고 지금까지 환자들을 보살피고 있다.

금은보화 소중한가
벼슬권력 귀중한가
무엇보다 소중한 것 생명이 최상이라
생명은 우주 안에 내 생명은 우리들 속에
내 생명 귀중하듯 타 생명도 귀중하다.

생명의 질서 속에 내 마음 찾고
생각 흐름 관찰하여 마음 다스려 행동하면
귀한 생명 잘 가꾸어 모두 모두 행복이라.

순리따라 현실에 만족하면
우주법칙 따름이요
심신(心身)의 안녕이요
가정은 밝아지고 나라는 평안하다.

모든 것 다 변하는 법칙 이 몸도 환경도
아니 변함이 없어라(제행무상: 諸行無常)
모두 모두 인연따라
서로 서로 의존하니(제법무아: 諸法無我)
내 것이 무엇이며
내 것 네 것이 어디 있으리오.

부처님께서 일러 주신 이 도리를 체달하면
만물의 근원 알고 만생명을 구원하여
때때마다 안락이요 곳곳마다 정토로다.

2. 결과는 저절로 이루어진다

덕진 스님은 개산 4주년을 맞이하여 간단히 기념 법회를 가진
뒤 대공덕주 최한형 거사의 공덕비를 세우기로 하였다. 그래서
학성선원 원장 우룡(雨龍) 큰스님을 찾아가 말씀드렸더니 우룡
큰스님께서도 크게 칭찬하시며 다음과 같은 글을 써 주셨다.

극락국토는 탁악세(濁惡世)에 건립되어져야 그 참모습의 의의
가 살아나고 보리는 중생의 번뇌 속에서 꽃을 피워야 진실한 보
리도의 자비라 칭송되어지는 것이다.

그러므로 조사의 설법은 조고(照顧)하라고 일갈(一喝)하신다.
노송 밑을 반환(盤桓)하는 납승(衲僧)의 분상(分上)을 떨쳐버리
고 시중불교(市中佛敎)를 외치며 포교의 원력으로 기도정진 중
이던 덕진 화상이 울산 공원묘지 고혼의 왕생극락을 염원하던
중 조경(造景)의 원로이신 복취 최한형(卜醉 崔漢炯)거사와의 성
스런 상봉으로 공원 내에 정토사를 창건하여 시민들의 생전에는
극락의 본래 면목을 찾게 하고 또한 고혼의 극락발원 종소리를
지하까지 울려퍼지게 하니 이 참으로 쇠세(衰世)의 대중지연화
(大中之蓮花)라고 부를만 하다.

더구나 복취 거사는 정토사의 기지(基地) 천 백 평을 희사했으
며 종각 등 대소신축 불사에 지대한 정성으로 무주상보시를 몸
소 실행하여 모범을 보이니 이 아니 최씨 가문에 불보살의 가피
가 충만치 않겠는가. 일전에 덕진화상이 귀적(貴蹟)을 안고 와서
기문(記文)을 청하니 부득이 석면에 몇자 부치노라.

불기 2535년 (음)12월 18일 우 룡 찬

이것이 정토사 연기의 사적비(事蹟碑)다. 비는 거사님께서 늘
오르내리시던 길가 공원에 세워졌다. 지금도 생각하면 훤칠한
머리에 두툼한 안경을 끼고 미소 지으며 다담(茶談)을 즐기던 복
취 최한형 거사님의 영상이 떠오르곤 한다 하셨다.

참으로 기분 좋은 날이었다. 그런데 무슨 일이 있어 시내에 나오니 네거리에서 한 아이가 큰 소리로 외쳤다.

"스님."

누군가 하고 돌아보니 아홉 살 난 어린아이가 고사리 같은 손을 합장하고 인사하면서 '스님 사랑해요' 하며 품안에 안겼다. 스님은 이 세상에 태어나서 장가는 가지 않았지만 자식 낳은 기쁨을 느꼈다. 햇살처럼 밝고 따스해 보이는 아이들, 천진난만한 어린이들을 요즘 도시에서는 닭장 같은 우리에 가두어 놓고 종일 모이만 주는 방식으로 가르치다 보니 식물인간이 되어버리고 만다.

그래서 스님은 이 총명하고 덕스러운 아이들을 지식의 노예나 물질의 노예가 되지 않도록 해야겠다고 다짐하였다. 어린이는 나라의 꽃으로서 부처님의 진리로써 바른 길을 가르치고 인도해야 다음 세대가 정의로운 사회를 만들어 가기 때문이다.

법화경에 보면 정장 정안 두 어린이가 미사(迷邪)에 빠진 어머니와 아버지를 구제하는 장면이 나온다.

"어머니 절에 갑시다."

"아버지 합장하고 공양하세요."

옛날에는 어머니 아버지가 '너희들 명과 복을 빌어주기 위해서 절에 간다' 했는데 요즈음은 아이들이 어머니 아버지의 잘못된 신앙관을 고쳐주기 위해서 절에 모시고 오는 경우가 종종 있으니 참으로 세상은 많이 달라졌다. 그러나 이러한 일들이 모두 다 마음 편하게 그냥 이루어지는 것은 아니다.

한번은 김천 직지사에서 전국 어린이와 정토사 어린이 300명이 여름수련회를 가졌는데 전국에서 1,500여 명이 모였다. 2박 3일 동안의 과정을 마치고 돌아오는데 아이 하나가 없어졌다. 아무리 좋은 일을 했더라도 한 사람이 상처를 입으면 좋은 일도 없는 것만 같지 못할 것인데 사람이 없어졌으니 큰일이 났다. 모든 사람들이 어리둥절하여 동분서주하고 있었는데 한 시간이 지난 뒤에 그 애가 김천 시내로 가는 버스를 타고 한 바퀴 돌고 직지사로 다시 와서 내리게 되어 환호성을 올렸다. 만일 이 한 어린이를 아주 잃어버렸다면 어떻게 될 것인가. 큰 일은 작은 일부터 시작되기 때문에 많은 사람들을 모아서 야물고 알찬 교육을 하는 것도 중요하지만 한 사람도 희생자가 나지 않게 하는 것이 더욱 좋은 교육이다.

그래서 스님은 늘 어린 불자들에게 '천진불이 되라' 고 하신다.

임신년 새해에
더 밝은 표정
맑디 맑은 미소
한결 더 정다운 얼굴
부처님의 빛
우리의 빛
대한의 빛

이 빛 속에 우리 어린이가 뛰어 온다.

우리의 재롱동이가
마을에 산사(山寺)에
손에 손잡고
함박 웃음 꽃피운다.

스님께 선생님께 절하고
부처님 품에 안긴다

자비의 손으로
꼬옥꼬옥 껴안으시며
굳게 믿고 행하여
천진불(天眞佛)이 되어라.

이 시는 불기 2536년 대한불교 어린이 지도자연합회에서 발간하는 월간 '연꽃지'에 실린 글이다.

태양은 똑같은 태양인데 정월에 보는 해는 더욱 새롭게 보인다. 희망을 갖고 관찰하기 때문이다. 부처님은 천지팔양경에서 '날마다 좋은 날이고 달마다 좋은 달이다' 하셨는데 그 각오와 계획을 초지일관 실행하지 못하여 중도에서 물러서는 사람들이 종종있다. 무슨 일이고 확신을 가지고 분명히 알아 바르게 행하면 결과는 저절로 이루어지게 되어있다. 그러나 신행이 분명치 못하면 중도에서 반드시 좌절하기 쉬운 일이 생긴다.

이러한 일들을 이거나가는데는 절대로 기도와 정진이 필요하다. 매년 연초에 시작하는 기도에 나아가서 1년 계획을 철저히 세우고 초하루 보름 법회와 교양대학에 나아가 자기의 부족한 것을 부처님의 말씀을 듣고 깨달으며 또 집에서 힘 닿는대로 염불 참선하여 자신의 업장을 소멸하여 꾸준히 나아가면 무거운 것은 가벼워지고 가벼운 것은 없어져서 마치 흰구름이 청산에 걸리지 않고 넘어가는 것 같이 될 것이다.

그러므로 스님은 모든 일은 믿음과 이해로써 다지고 원력으로 성취할 것을 가르치고 있다. 그 가운데서도 특히 어린이 불교에 대한 스님의 관심은 누구보다도 강하다. 어린이 불교를 통해 좋은 나라를 만들라고 하신 스님의 시를 보면 그 마음이 더욱 간절해진다.

우리 보배, 나라 기둥 어린이에게
맑은 심성에 아름답고 미묘한 불심 심어
정서 안정 인격 원만 날로 자라서
효도자녀 가정화목
충성소년 민족자존
우리 얼 우리 불교 지키고
발전하는 거룩한 불사(佛事)

영세교육은 불교로부터
사회안정은 포교로써
매주 마다 절에 가고
가족 모두 불심 가득
생활 속에 염불수행

일일이 미덕이요

좋은 나날 좋은 나라

  이 글은 불기 2536년 봄, 어린이 포교기금 마련을 위한 초대장
에 발표한 것이다.

덕진 스님의 포교 일대기

  2000년 12월16일 대한불교 조계종 포교원에서 제정한 포교대
상 공로상에 덕진 스님이 발탁되어 포교대상을 수상하였다. 이
날 조계종 총무원에서 발표한 덕진 스님의 포교실적은 다음과
같았다.

  ① 어린이 포교
1982년 부산 금화사 주지로서 금화사 어린이 법회를 개설.
        매 일요일마다 150~200여 명의 어린이를 지도.
        (당시 부산지역 어린이회: 총 6개회)
        부산 어린이 법회 지도교사와 지도법사들이 모여 통도
        사에서 여름 합동 어린이 수련회를 개최.
        (2박 3일로 6개 어린이회 300여 명 참석, 부산 MBC TV
        생방송으로 어린이 포교의 확산에 기여)
        지역 법사와 교사들이 모여서 부산 불교 어린이 지도자
        회 창립.
        11월 회장에 정관 큰스님을 초대하고 덕진 스님은 부회

장으로 활동.

어린이 법회 전문 교재인 〈어린이 불교〉 발간.

1983년 현재까지 매주 어린이 법회를 개최하고 여름·겨울 불
교학교 개최(매회 300~400명 참석).

1986년 부산 불교 어린이 지도자회를 전국 조직인 대한불교 어
린이 지도자 연합회로 확대시켜 현재까지 14년 동안 감
사, 부회장, 회장직을 계속 맡아 전국 어린이 지도자 연
수 교육, 어린이 불교교육 교재 〈연꽃, 동련〉 발행 및 개
발에 직접 지도하고 있음.

1992년 2월 대한불교 어린이 지도자 연합회 회장 취임.

1994년 울산지역 '어린이 글짓기, 그리기 대회'를 개최.

1999년부터는 울산광역시와 울산광역시 교육청과 연계
하여 부처님 오신 날 기념행사의 일환으로 개최하고 있
음.(매년 1,000여 명 참석)

2000년 12월 어린이 법회 전문 교재 〈어린이 법요집〉 출간.

〈어린이법회지침서〉(지도자용) 2001년 초 출간 예정.

부산 금화사, 울산 보명사, 울산 정토사, 대한불교 어린
이 지도자 연합회(전화 051 - 808 - 4570)

② 청소년 포교

1981년 금화사 주지로서 보현 불교학생회 창립.

1983년 울산 보명사 학생회 지도(보명 학생회가 1992년 정토사
로 옮겨 수효학생회로 계속 지도 중. 매주 70여 명 참석)

1990년 동부 경남 교사 불자회 창립(상임 지도법사로서 현재까

지 활동 중)

1998년 선재 연구모임(본부 서울) 회장을 맡아서 청소년 대화지
〈속삭임〉 발행 및 청소년 전문지도자 육성 교육에 기여.
2000년 10월 15일 청소년 인터넷방송국 aeten.net과
isenjae.net를 개국

③ 군인 · 경찰 포교

• 부산지역 향토예비군 법사단원으로서 1987년부터 부산 망미
동 소재 국군 부산병원에 입원하고 있는 장병 환자들에게 매
월 1회씩 법회에 참석하여 4년 간 설법.

• 부산지역 향토예비군 법사단 총무(3년), 단장(4년)을 맡았으
며, 각 부대와 예비군 교육장에 설법과 물품을 수십회 기증.

1996년 울산 776부대에 울산 조계종 사원연합회 스님들의 뜻을
모으고, 기획 및 실무를 맡아 건평 80평의 군법당 호국사
를 건립 기증함.

1987년 경승당 창설시부터 울산 남부경찰서 경승실장을 맡아
경찰 포교와 남부서 대용 감방(재소자 300~400명)에 매
월 위문 및 설법.

1996년 울산 구치소 종교위원중 불교 분과 위원장을 맡아 법회
실시(불교도서 약 500권 보시)

④ 교육포교

1980년 의시 · 재 · 불공 등이 신도들에게 제대로 의미전달이 되
지 않음을 보고 〈한글 불경요집〉을 편찬하여 이후 모든

의식에 적용하였으며, 현재 우리말과 원문으로 된 의식집
          을 편찬하여 우리말로 의식을 집전하는데 앞장서고 있다.
1993년 울산 불교 교육원의 설립이사로서(당시 사원연합회 사
          무국장) 설립과 교육과정 마련에 결정적 역할(교육국장,
          문화국장, 사무국장, 행정국장 역임)
1997년 3월 정토불교대학 설립(매년 2회 모집, 1년간 교육, 매회
          150~200여 명 수강, 현재 6기 졸업, 7기~8기 수강 중)
          5기부터는 야간반(100~200명)도 입학 수강하고 있음.
          정토사를 창건하여 종단에 증여함. 현재 주지
          (정토사 전화 052 - 258 - 9944)

⑤ 문서포교

• 월간《금화불교》13호까지 발행(주지직 이동으로 중단).
• 월간《보명법보》14호까지 발행(주지 사임으로 중단).
• 월간《대원》(대중불교)지 197년 최대 보급 전국1위 선정수상.
•《불교천자문》쓰기편 · 자전편 편저, 우리출판사 발행(1995
  년), 현재까지 2만 6천 권 보급.
•《한글불경요집》(1988년) 편저 2만여 권 보급.
• 1992년《문학세계》로 시인 등단. 1996년《연꽃처럼 햇살처럼》
  시집 출간.《두 번째 화살을 맞지 말라》(1998년, 수행포교 체
  험담) 출간, 수천 권 보급, 우리출판사 발행.
• 월간《정토회보》, 통권 114호(2000년 12월 현재)까지 매월 4천
  ~5천부 발행.
• 경전에서 가려 뽑은《지혜문 행복문》출간(1999년).

• 각종 불교서적 3만여 권 보급

⑥ 복지포교

1987년 정토복지회 결성 일백수십 명 회원과 함께 매월 2~3회
　　　어려운 이웃돕기 실시
1998년 5월 '울산 실업극복 센터'를 울산 시민단체와 함께 설립
　　　하고 공동대표로서 실직자, 불우세대 등에 무료급식, 의
　　　료봉사, 취업알선 등에 공헌함.
2000년 9월 2일 정토불교대학에 간병인 교육 과정을 개설하여
　　　100명의 수강생에게 이론 및 실습교육 3개월 과정을 마
　　　치고 정토 간병회를 창립하여 직업 및 봉사활동을 하고
　　　있음.(정토간병회 052 - 258 - 9944)
　　　11월 11일 (봉사단체) '함께하는 사람들' 창립 공동대표
　　　로서 노인무료 급식소 '목련의 집' 운영. 매일 백 수십
　　　명씩 점심 · 저녁 제공. 독거노인, 소년 · 소녀가장, 환자
　　　가정 등에 김장 2천 포기 제공. 울산시에 봉사단체 등록,
　　　계속 각종 복지봉사 추진 중.

　지역불교 포교 1985년부터 연이어 울산사원연합회 소임 부장
주장을 두루 맡아했고, 2001년 3월 19일에 울산광역시 조계종 사
원 연합회 회장이 되었다.

불교천자문(佛敎千字文)

　1994년 3월부터 스님께서는 팔만대장경 가운데서 불자들이 가장 많이 읽고 중요하게 여기는 경전 가운데 나오는 한자를 뽑아서 '불교천자문'를 만들기로 하였다. 그래도 불교문화권에 속해있던 우리 나라 문화는 한자가 큰 비중을 차지하고 있기 때문이다.

　아침 저녁으로 외우는 예불문(禮佛文)과 반야심경(般若心經)·천수경(千手經) 그리고 불교 공(空) 사상의 지표가 되는 금강경(金剛經), 효행경으로는 부모은중경(父母恩重經), 정토신앙의 표본이 되는 아미타경(阿彌陀經), 불교신앙의 표본이 되는 법화경의 관세음보살보문품(觀世音菩薩普門品), 화엄경의 보현행원품(普賢行願品) 등 여덟 가지 경전에 나타난 한문을 반복하여 읽게 간추려 정리하였다.

　불교천자문은 출간된 해 여름부터 연말까지 불교서적 중에서 베스트셀러가 되었고, 수년간에 2만5천여 권이 보급되었다. 특히 〈사경편〉을 수많은 불자들이 수행기도로 사경을 한다. 〈자전편〉은 상기 경전을 보는 필수 참고서로써 소지한다.

한 정 섭 | 편저자

- 동국대 불교학과 卒
- 불교통신교육원 대표
- 태고종 포교원 부원장
- 불교정신문화원장
- 한국불교교화원 이사장
- BBS교리강좌 · 자비의 전화 담당
- 나란다 삼장불학원 원장
- 상락향수도원 원장
- 조계종 전국신도회 법사
- 불교사상연구회 이사
- 불교통신대학 대학원장
- 계간지 세계불교 편집겸 주간
- btn 불교상식백과 출연
- 저서 : 《초발심자경문 강의》《치문경훈역해》《사집역해》
　　　　《법화삼부경》《금강경오가해》《생의 실현》《불교영험설화》
　　　　《불교설화대사전》《불교신행상담》《고승법어》《선의성서》
　　　　《구사론 · 유식론》《삼론 · 기신론》《소설 비구 · 비구니》

덕진(德眞)스님 | 정토불교의 선구자

- 법호(法號) - 山河
- 경남 하동 출생
- 불보종찰 통도사 승려, 통도사 극락선원 수선
- 부산 금화사 주지
- 부산 지역 향토 예비군 법사단 단장
- 울산 남부 경찰서 경승실장
- 1992년 『문학세계』로 등단 시인
- 울산 불교교육원 사무국장 및 교육국장
- 대한불교 어린이지도자연합회 회장
- 선재연구모임 회장
- 계간 『선재』, 월간 『속삭임』(청소년 교양지) 발행인
- 現 울산지방 경찰청 경승 실장
- 現 울산 정토사(창건) 주지
- 現 정토 불교대학 학장
- 現 봉사단체 '함께하는 사람들' 공동대표
- 저서 : 《한글 불경요집』(편저) 《佛敎千字文》(자전편 · 쓰기편)
　　　　시집《연꽃처럼 햇살처럼》《두번째 화살을 맞지 말라》
　　　　《지혜문 행복문》

불국토의 새벽을 여는 사람

초판 인쇄 · 2001년 9월 25일
초판 발행 · 2001년 10월 9일

편　저 · 한 정 섭
펴낸이 · 김 동 금
펴낸곳 · 우리출판사

등록 제9-139호
서울시 서대문구 충정로3가 1-38호
TEL. (02) 313-5047 · 5056
FAX. (02) 393-9696
E-mail: woribook@chollian.net

ISBN 89-7561-154 - X 03220

정가 10,000원

＊ 잘못 제작된 책은 교환해 드립니다.